Ruth Markel
Der Weg nach oben

Ruth Markel

Der Weg nach oben

Das Karriere-Programm für Frauen

ECON Verlag
Düsseldorf · Wien · New York

Titel der englischen Originalausgabe:
Room at the Top
Originalverlag: Penguin Books Canada Ltd; 1985
Übersetzt von Anni Pott

CIP-Kurztitelaufnahme der Deutschen Bibliothek

Markel, Ruth:
Der Weg nach oben: D. Karriere-Programm für Frauen/ Ruth Markel.
(Übers. von Anni Pott). – Düsseldorf ECON Verlag, 1987.
Einheitssacht.: Room at the top (dt.)
ISBN 3-430-16331-5

Gesetzt aus der Times der Fa. Linotype GmbH
Satz: Formsatz GmbH, Diepholz
Papier: Papierfabrik Schleipen GmbH, Bad Dürkheim
Druck und Bindearbeiten: Bercker, Kevelaer
Printed in Germany
ISBN 3-430-16331-5

Dieses Buch ist zum einen meiner Mutter Helen gewidmet.
Sie war mir in vielerlei Hinsicht stets ein Vorbild.
Ihr verdanke ich die Kraft zur Prinzipientreue und Entschlossenheit.
Außerdem danke ich Phil, Shelly und Danny für ihre
kontinuierliche Unterstützung.

Inhalt

Dank 13
Einleitung 15

I. Kapitel Die Arbeitskrise 17
Definition der Arbeitskrise 26
Sind Sie bereit? 30
Zusammenfassung Ihres beruflichen Werdegangs 31
Die Zielsetzung 34
Arbeitsblatt: Das Festlegen der Ziele 36
Zusammenfassung 36

II. Kapitel Wo stehen Sie jetzt? 37
Träume 39
Das Bewerten Ihres gegenwärtigen Umfelds 40
Wichtige Faktoren, die Ihre Karriere beeinflussen 43
Diplomatie 44
Kommunikation 45
Qualität 46
Präsenz zeigen 47
Das Gespür für den rechten Zeitpunkt 47
Der Plan für den Aufstieg 50
Arbeitsblatt: Abschätzung der Möglichkeiten 53
Zusammenfassung 54

III. Kapitel Die optimale Arbeitsleistung 55
Optimale Leistungen an Ihrem derzeitigen Arbeitsplatz . . 55
Entwickeln einer positiven Arbeitseinstellung 55

Entwickeln fachlicher Kompetenz in Ihrer derzeitigen Position 57
Die richtigen Verbindungen 57
Der richtige Umgang mit Ihren Vorgesetzten 59
Wie werde ich zu einer Teamarbeiterin? 63
Entwickeln Sie Ihre Fertigkeiten als Teamleiterin 66
Aufbau der Unterstützung im privaten Bereich 68
Probleme beim Reisen 69
Beachten Sie das Firmenimage 72
Diplomatie, Kommunikation, Qualität, Präsenz und Timing . 73
Arbeitsblatt: Ihr derzeitiger Stand 76
Zusammenfassung 78

IV. Kapitel Die angemessene Vorbereitung 79
Wie Sie sich darauf vorbereiten, von Ihrer derzeitigen Position fortzukommen 79
Die Unfähigkeit, Arbeiten zu delegieren 79
Die Unfähigkeit, für eine Ersatzkraft zu sorgen 83
Das Problem, im Büro entspannt und umgänglich aufzutreten 86
Negative Körpersprache 87
»Was für eine Zeitverschwendung!« 88
Das System zur Unterstützung im privaten Bereich festigen 89
Die berufstätige Ehefrau und Mutter 89
Die berufstätige alleinstehende Frau 91
Diplomatie, Kommunikation, Qualität, Präsenz und Timing . 93
Katalog der Stärken und Schwächen berufstätiger Frauen . 95
Arbeitsblatt: Delegieren – Einarbeiten einer Ersatzkraft – Hilfsquellen 96
Zusammenfassung 98

V. Kapitel Der Aufstieg 99
Wie erreichen Sie von Ihrem derzeitigen Arbeitsplatz aus das angestrebte Ziel? 99
Verdeutlichen Sie Ihr Interesse am Weiterkommen und Ihre Bereitschaft zur Mobilität 100
Machen Sie es sich zur Aufgabe, die Techniken der Personalführung zu erlernen und anzuwenden 102

Kontaktpflege zu einem Mentor oder einer Mentorin . . . 105
Teilnahme an freiwilligen oder ehrenamtlichen Aktivitäten und gesellschaftlichen Ereignissen 109
Umgang mit Kunden, Kollegen und Lieferanten 110
Einarbeitung in neue Technologien 110
Einkommensmodalitäten auf den verschiedenen Managementebenen 112
Diplomatie, Kommunikation, Qualität, Präsenz und Timing . 113
Arbeitsblatt: Kontaktpflege zu einem Mentor oder einer Mentorin 118
Zusammenfassung 118

VI. Kapitel Spielregeln 119
Diplomatie – der größere Rahmen 120
Sozialisierung im Büro 122
Eine gute Leistungsbeurteilung 123
Teilnahme an gesellschaftlichen Ereignissen und freiwilligen oder ehrenamtlichen Aktivitäten 123
Freude an der Arbeit – unser Lebenselixier 127
Arbeitsblatt: Wie steht es um Ihre Wünsche? 135
Zusammenfassung 136

VII. Kapitel Erweiterung der Grundlagen für Ihren Weg zum Erfolg 137
Fortbildung 137
Inhaltliche Planung Ihres Fortbildungsprogramms 138
Formale Abschlüsse (Zeugnis oder Diplom) 142
Betriebsinterne Seminare und Programme 144
Workshops und Konferenzen 145
Finanzierung Ihres Fortbildungsprogramms 146
Arbeitsblatt: Auswahl der Fortbildungsmaßnahmen 148
Öffentliches Auftreten 149
Leitung und Durchführung effizienter Besprechungen . . 152
Vorstellungsgespräche 154
Arbeitsblatt: Fortbildungsmaßnahmen 158
Zusammenfassung 159

VIII. Kapitel Wenn Veränderungen angezeigt sind . . . 161
Die Geheimnisse der Verhandlungsführung 161

Arbeitsblatt: Ihre Erfahrungen bei Verhandlungen 163
Sechs Ratschläge zum »Überleben« bei Verhandlungen . . 165
1. Überprüfung und Verfeinerung Ihrer Zielsetzungen . 166
2. Das gute Gespür für die Verhandlungstaktik der Gegenseite 166
a) »Täuschungsmanöver« 167
b) Verschleppungstaktik 167
c) Der Verhandlungsspielraum 168
d) Das Ende der Verhandlung 168
e) Der Vertragsabschluß 169
3. Das Beherrschen des Schlüsselvokabulars 169
4. Das Bemühen um eine positive Gesprächshaltung und ein angenehmes Verhandlungsklima 169
5. Die Übereinstimmung von verbaler Information und Körpersprache 170
6. Die gute Beobachtungsgabe 171
Arbeitsblatt: Das Beobachten von Verhandlungen 173
Arbeitsblatt: Sind Sie bereit, selbst zu verhandeln? 175
Verhandlungen über Beförderungen, Gehaltserhöhungen und Sonderzulagen 176
Fazit 181
Arbeitsblatt: Ihr Verhandlungsplan 183
Zusammenfassung 183

IX. Kapitel »Da hast du bitterlich geweint« 185
Was tun bei Rückschlägen? 185
Sich nach einem Fehler wieder erholen 188
Konflikte 192
Empfehlungen für den Umgang mit Konflikten 195
Arbeitsblatt: Lösungsansatz für Konflikte 196
Zusammenfassung 196

X. Kapitel Die Gratwanderung 197
Ziele 200
Ihre Ziele müssen zu Ihrer Selbsteinschätzung passen . . 201
Entwickeln Sie Flexibilität 202
Individuelle Bedürfnisse und Gegebenheiten 204
Ihr persönliches Tempo 204

Die Wahl des Arbeitsplatzes 205
1. Selbständigkeit 206
2. Großunternehmen 206
3. Kleinere Unternehmen 207
Sich neu orientieren 208
Der Preis für den Erfolg 210
Erfordernisse des Arbeitgebers 214
Die Entscheidung liegt bei Ihnen selbst 215

XI. Kapitel Den Blick nach vorn richten 217
Selbstvermarktung 223
Entwicklung diplomatischer Umgangsformen 224
Erfolgreiches Arbeitsverhältnis zwischen Männern und Frauen 225
Beherrschung der neuen Technologie 227
Ihr persönliches Wohlbefinden 228
Gesellschaftliche Veränderungen und Arbeitsbedingungen . 230
Fazit 231

Dank

Dieses Buch ist das Ergebnis gemeinschaftlicher Anstrengungen. Neben meinem eigenen Interesse, Unternehmerinnen und Managerinnen Seminare und Workshops anzubieten, haben dazu ganz maßgeblich auch zahlreiche persönliche und berufliche Erfahrungsberichte karriereorientierter Frauen beigetragen, die praktisch aus allen Bereichen, sowohl aus dem öffentlichen Dienst als auch aus der Privatwirtschaft, kamen. Letztlich basiert das Buch auf ihren Erfahrungen, ihren Fragen, ihren Problemen und ihren Lösungen. Mein besonderer Dank gilt jenen Frauen, die sich zu einem Interview zur Verfügung stellten und dabei sehr bereitwillig und offen Auskunft gaben.

Wie bei allen Arbeiten, die das Ergebnis gemeinsamer Anstrengungen sind, ist es auch im vorliegenden Fall sehr schwer, jeden Einzelbeitrag angemessen zu würdigen. Dennoch komme ich nicht umhin, wenigstens einige Frauen auch namentlich zu nennen, denen beim Entstehen dieses Buches mit Sicherheit eine Schlüsselrolle zukam.

So lieferten mir die von Carolyn Brunton durchgeführten Interviews viele aufschlußreiche Fallbeispiele. Lucinda Vardey stand mir als Beraterin und Mitarbeiterin in außergewöhnlicher Weise stets kreativ, kritisch und vorausschauend zur Seite.

Mein besonderer Dank gilt auch Cathy Aylard für ihre außerordentliche Kompetenz und Geduld angesichts einer Unzahl verschiedener Entwürfe und der ständigen Terminnot.

Der Entstehungsprozeß eines Buches kann ohne die Unterstützung von Familie, Freunden und Freundinnen manchmal erheblich erschwert werden. Gerade hier aber fand ich während der gesamten

Arbeit an diesem Projekt stets ein geduldiges Ohr sowie die nimmermüde Bereitschaft zu konstruktiver Kritik und hilfreiche Ratschläge. Eine bessere redaktionelle Hilfe hätte ich nicht bekommen können.

Durch die abschließende Überarbeitung von David Kilgour wurde das Buch wesentlich verständlicher und leichter lesbar.

Nicht zuletzt geht mein Dank an Cynthia Good. Sie hatte von Anfang an stets das nötige Verständnis und trug dadurch maßgeblich dazu bei, daß dieses Projekt insgesamt zu einer erfreulichen Erfahrung wurde.

Einleitung

Der Weg, den wir Frauen gehen mußten, war in der Tat sehr lang. Die Frauenbewegung ermöglichte es uns, durchzuhalten und die Gleichberechtigung voranzutreiben. Inzwischen sind wir dabei, zu lernen, wie sich unsere verschiedenen Rollen am Arbeitsplatz und zu Hause, innerhalb unserer Familien, gegenüber Ehemännern, Liebhabern, Freunden und Freundinnen, Kolleginnen und Kollegen miteinander verbinden und ausfüllen lassen.

Dennoch sehen sich Frauen am Arbeitsplatz noch immer unzähligen Problemen gegenüber. In all den Jahren stellte ich bei den von mir veranstalteten Seminaren immer wieder fest, daß es viele Frauen, und zwar ganz gleich, ob es sich dabei nun um Sekretärinnen oder Managerinnen handelt, bis heute nicht gelernt haben, die eigene Karriere als Langzeitperspektive und als Investition in die eigene Zukunft zu betrachten. Hierin wird ein auffälliger Unterschied zu Männern deutlich, die von ihrer Erziehung her dazu angehalten werden, die Planung der beruflichen Zukunft als etwas Selbstverständliches anzusehen.

Dieses Buch soll mit dazu beitragen, hier Abhilfe zu schaffen. Da ich weitgehend auf Arbeitsmaterialien zurückgegriffen habe, die ich auch in meinen Seminaren verwende, finden sich in diesem Buch eine ganze Reihe von Arbeitsblättern und Fragebögen. Ich bin fest davon überzeugt, daß sich Karrieren nur dann zielgerichtet aufbauen lassen, wenn jede Frau schon in der Planungsphase selbst aktiv an den Vorbereitungen beteiligt ist. Letzten Endes hängt es nämlich von Ihrem ganz persönlichen Stil, Ihren individuellen Zielsetzungen und Interessen ab, ob Sie schließlich auch Erfolg haben werden. Solange Sie diese grundsätzlichen Fragen noch nicht für sich selbst geklärt haben, ist es müßig, sich an die Strategieentwicklung für eine wirklich befriedigende Karriere zu wagen.

Es wird hier ein Muster für die Aufstiegsplanung entworfen, das für jede berufstätige Frau – gleich, in welcher Position und mit welcher Berufserfahrung – von Nutzen sein soll. Selbst wenn Sie nicht die Absicht haben, diese Grundlagen nun auch umgehend in die Tat umzusetzen, ist es dennoch ratsam, sich bewußtzumachen, daß Sie irgendwann in Ihrer Laufbahn zwangsläufig den in diesem Buch behandelten Problemen begegnen.

Sie finden einzelne Schritte und zu beachtende Regeln für den Aufbau Ihrer Karriere – bei der Realisation werden Sie Erfolge, manchmal Enttäuschungen erleben –, doch auch die angemessene und selbstverantwortliche Übertragung auf Ihre Situation ist von grundsätzlicher Bedeutung.

Zu lange haben Frauen die Rolle der Kindererzieherin und des zu beschützenden Wesens ausfüllen müssen, als daß sie sich der Illusion hingeben sollten, es käme vielleicht doch noch eines Tages jemand, der sich für ihren beruflichen Aufstieg stark macht – dafür müssen sie schon selbst sorgen.

I. Kapitel
Die Arbeitskrise

Während eines meiner Seminare über Managerqualifikationen diskutierte ich mit den Teilnehmerinnen die möglichen Motivationen für Frauen, außerhalb der Familie einen Beruf auszuüben. Mein Anliegen dabei war es, aufzuzeigen, daß jede Frau ganz unterschiedliche Gründe hat, die sie veranlassen, eine bezahlte Anstellung zu suchen. Dabei erzählte eine junge Frau namens Judy, es habe in ihrem Leben einmal einen Zeitpunkt gegeben, in dem ihr persönliches Motiv zur Berufstätigkeit ihr selbst noch nicht ganz klar war. Als Teenager arbeitete sie damals vier Wochen lang in einer Fabrik, um sich so das Geld für ihre erste Pelzjacke zu verdienen, die sie unbedingt haben wollte. Sie erinnerte sich noch sehr gut an die Enttäuschung, die sie verspürte, als sie die Jacke dann schließlich besaß. Sie glaubte, daß die Pelzjacke den Preis, den sie dafür zahlen mußte, nicht wert war: Immerhin hatte sie einen langen Monat ihres Sommers opfern müssen, eingesperrt in einer stickigen Umgebung.

Ich wies in diesem Zusammenhang darauf hin, daß heutzutage die meisten Frauen vor allem aus materiellen Gründen arbeiten, um sich die verschiedensten Wünsche erfüllen zu können. Wenn es uns gelungen ist, diese Träume Wirklichkeit werden zu lassen, müssen wir jedoch oft unsere Einstellung zur Arbeit neu definieren.

Die Antwort auf die Frage, was ich von meinem Beruf erwarte, hängt zusammen mit der Frage, warum ich arbeite und mit welcher Einstellung ich meine Arbeit verrichte. Sicherlich gibt es viele Frauen, die lediglich eine Stelle annehmen, um sich kurzfristig Wünsche zu erfüllen. Sie arbeiten etwa, um sich einen Urlaub in sonnigen Gefilden leisten zu können, um sich ein neues Auto zu kaufen oder um Hypotheken auf Haus und Grundstück abzutragen.

Dennoch geht es für die meisten Frauen heute längst nicht mehr darum, ob sie arbeiten wollen – sie müssen arbeiten.

Eine geraume Zeit lang konzentrierte sich das Hauptproblem der Frauen auf die auch heute noch aktuelle Frage: Wie gelingt es mir, mich wieder in den Arbeitsmarkt einzugliedern? Es ging also vor allem darum, eine Hilfestellung bei der Arbeitsplatzsuche für solche Frauen zu finden, die lange zu Hause waren und nun wieder in ihren Beruf zurückkehren wollten. Allerdings ist diese Gruppe eine Minderheit. Statistiken zufolge müssen jene etwa 52 Prozent der Frauen, die gegenwärtig in Nordamerika außerhalb ihrer Familien berufstätig sind, in allererster Linie des Geldes wegen arbeiten. 1978 waren mehr als 40 Prozent der berufstätigen verheirateten Frauen mit Männern zusammen, deren Einkommen bei weniger als 15 000 Dollar pro Jahr lag. Diese Frauen trugen – und tragen – damit einen ganz wesentlichen Anteil zum Familieneinkommen bei. Im Bundesstaat Ontario waren darüber hinaus volle 39 Prozent der berufstätigen Frauen entweder alleinstehend, geschieden oder verwitwet, sie arbeiten also, um sich selbst ernähren zu können, vielfach auch noch Menschen, die von ihnen abhängig sind.

Trotzdem sind wirtschaftliche Notwendigkeiten keineswegs immer die einzig ausschlaggebenden Faktoren. Denn auch für Frauen mit einer günstigeren Ausgangssituation bedeutet ein Beruf – ganz gleich, ob sie nun zur Mittelschicht oder den Privilegierten gehören – stets auch ein Stück Anerkennung, das Gefühl, eine Aufgabe und eine eigene Identität zu haben, oder auch ein gewisses Statussymbol.

Für diese Frauen ist die Arbeit mehr als nur bloßer Zeitvertreib oder ein Beitrag zur »persönlichen Vervollkommnung«. Für sie wurde der Beruf längst zu einem Teil ihres Lebens, der eigenen Lebensansprüche und der Erwartungen, die sie selbst und andere an ihre Qualifikation und Kompetenz knüpfen. Die Berufstätigkeit ist für Frauen wichtig, unabhängig davon, ob sie noch über Nebeneinkünfte aus Vermögensbesitz, Erbschaften, Beihilfen oder andere Quellen verfügen.

Anerkennung verdient auch jene Gruppe von Frauen, die ihre häusliche Umgebung verlassen, um ehrenamtliche Aufgaben in gemeinnützigen Organisationen zu übernehmen. Nicht selten haben sie öffentliche Gelder zu verwalten, fungieren als Kapitalbeschaffer oder bekleiden leitende Positionen in großen Freiwilligenverbänden. Irgendwann stellen auch sie fest, daß es für sie kein Zurück zur »Nur«-Hausfrau mehr gibt. Sie profitieren dann von den gleichen Ansätzen zur Planung der eigenen beruflichen Laufbahn wie jene Frauen, die einer bezahlten Arbeit nachgehen.

Doch zunächst sollten wir einmal etwas näher untersuchen, wieviel Zeit wir eigentlich für unsere Berufstätigkeit aufwenden. »Ein Bild sagt mehr als tausend Worte« – nach diesem Motto werden Ihnen die Abbildungen 1 und 2 dabei behilflich sein, herauszufinden, wie sich Ihre Arbeit in Ihren Lebensrhythmus einfügt. Ich glaube, Sie werden überrascht sein, wieviel sie von der Ihnen insgesamt verfügbaren Zeit tatsächlich beansprucht.

Abbildung 1 stellt eine typische Woche im Leben von Valerie, einer aktiven Karrierefrau, dar. Nachdem Sie sich diese Abbildung angeschaut haben, sollten Sie einmal prüfen, wieviel Zeit bei Ihnen auf die entsprechenden Teilbereiche entfällt.

Unterteilen Sie den Kreis in Abbildung 2 entsprechend dem jeweiligen Zeitumfang, den jede einzelne der verschiedenen Tätigkeiten in Ihrem Fall in Anspruch nimmt. Viele von Ihnen werden dabei feststellen, daß die Hälfte und teilweise sogar mehr als die Hälfte der Zeit durch den Beruf ausgefüllt ist, der im Leben der meisten erwerbstätigen Frauen eine zentrale Rolle spielt. Und dennoch planen die wenigsten von uns ihre Arbeit, ob nun kurz- oder langfristig, mit der gleichen Sorgfalt, die wir etwa unserer Familie oder den Freunden und Freundinnen gegenüber zeigen.

Doch im Hinblick darauf, daß der Beruf zumeist einen solch beträchtlichen Teil unseres Lebens in Anspruch nimmt, ist es schon angebracht, einmal mit einem gewissen Abstand und auch etwas eingehender zu betrachten, was wir da eigentlich täglich von montags bis freitags, in der Regel von neun bis siebzehn Uhr, so alles machen. Auch wenn viele Frauen sich nur allzugern einreden, sie arbeiteten ja nur für kurzfristige Ziele, spielt ihr Arbeitsverhältnis letztlich doch eine sehr bedeutende Rolle in ihrem Leben. Hat sich eine Frau dies erst einmal bewußtgemacht, sollte sie sich auch etwa folgende Fragen stellen: Was investiere ich in meinen Beruf? Wie kann ich mehr daraus machen? Wie könnte ich meine Arbeitszeit wertvoller gestalten?

Hat eine Frau irgendwann für sich selbst akzeptiert, daß ihre Berufstätigkeit keineswegs nur eine Übergangsregelung ist, sondern vielmehr eine Langzeitperspektive, dann wird sie anfangen, sich mit

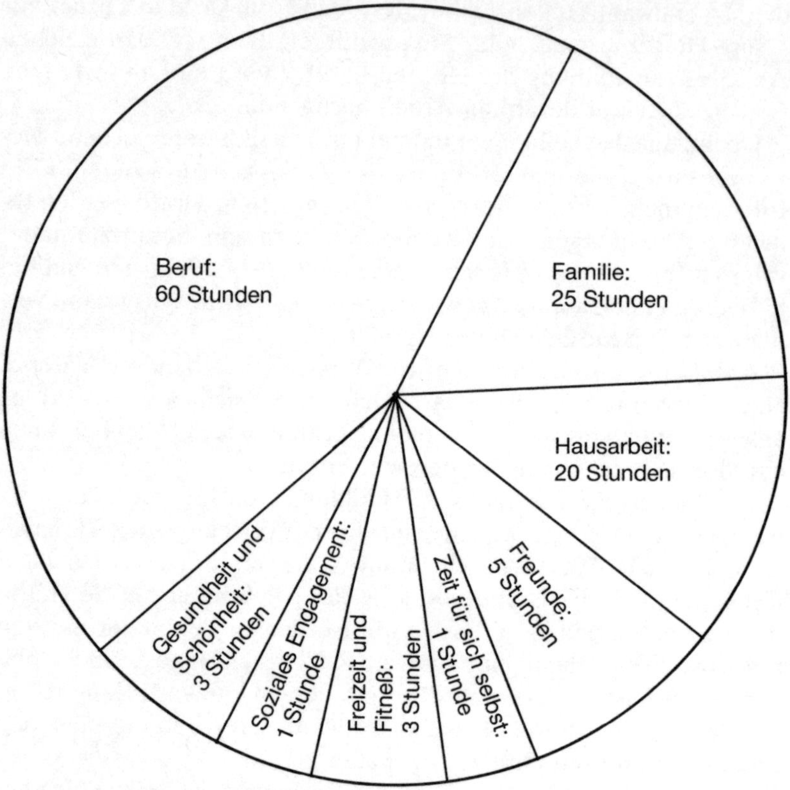

Abbildung 1
Jeder Sektor des Kreises bezeichnet den wöchentlichen Zeitaufwand pro Interessen- oder Aktivitätsgebiet einer vielbeschäftigten Karrierefrau, Valerie, die sich pro Nacht etwa sieben Stunden Schlaf gönnt.

etwas tiefer gehenden Überlegungen auseinanderzusetzen. Auch die Ansprüche in bezug auf Verantwortung, Bezahlung, Status, Unabhängigkeit und Umsetzung persönlicher Interessen werden wachsen. Ehe sie jedoch diesen Punkt erreicht, wird sie zunächst eine Übergangsphase durchlaufen, die ich als »Arbeitskrise« bezeichne.

Zur Verdeutlichung dieses Problems nun einige Beispiele: Kathy, Joan und Sandra sind drei Frauen mit völlig verschiedenen persönlichen und beruflichen Erfahrungen, dazu unterschiedlichen Alters. Dennoch verbindet sie eine Gemeinsamkeit: Sie durchlaufen eine

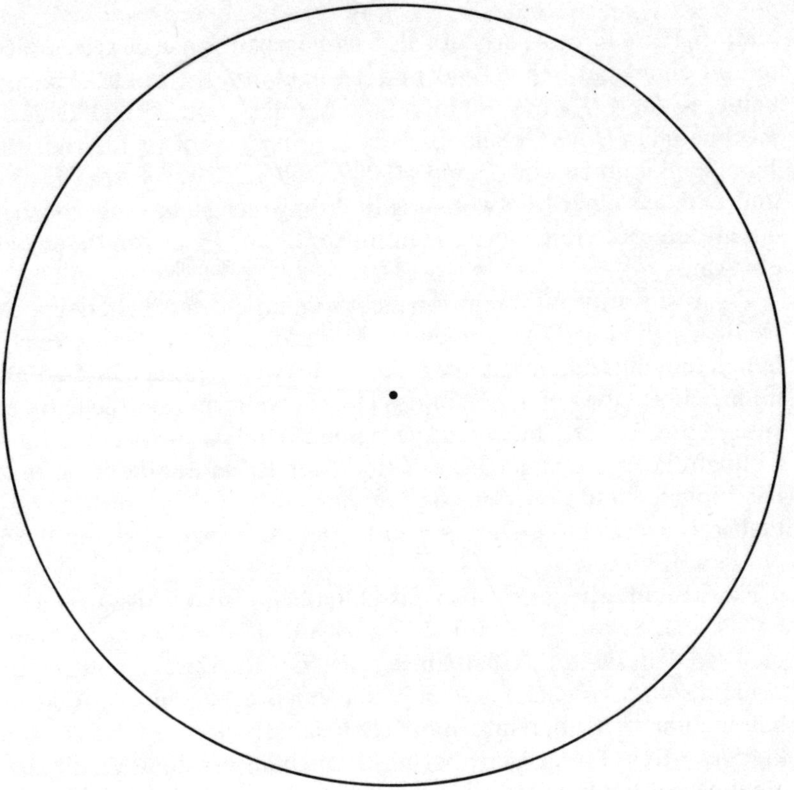

Abbildung 2
Dies ist Ihre Woche. Wieviel Zeit verwenden Sie selbst für jede der im folgenden aufgeführten Aktivitäten? (Lassen Sie dabei die Anzahl der Stunden, die Sie schlafen, außer Betracht.)

Ihr Beruf
Ihre Familie
Ihre Freunde
Ihre Fitneß- und/oder Freizeitaktivität bzw. Hobbys
Ihre Gesundheits- und Schönheitspflege
Ihre Hausarbeit
Ihr soziales Engagement bzw. sonstige freiwillige Aktivität
Ihre Zeit für sich selbst
Sonstiges

Arbeitskrise. Jede der Frauen sieht sich in ihrem Berufsleben mit einem anderen individuellen Problem konfrontiert, dem sie sich stellen muß.

Kathy

Kathy ist 28 Jahre alt, arbeitet als Sachbearbeiterin in der Kreditabteilung einer städtischen Bank und ist mit Don verheiratet, sie haben keine Kinder. Kathys Jahresgehalt beträgt rund 18 000 Dollar. Rechnet man Dons Gehalt dazu, dann bringen es die beiden auf ein Jahreseinkommen von knapp 50 000 Dollar. Kürzlich sind Kathy und Don aus einer Mietwohnung in ihr eigenes Haus umgezogen – ein mittelgroßes renoviertes Haus in der Stadt. Jeder von Ihnen hat ein Auto.

Zwar ist Kathy mit ihrem Job nicht sonderlich glücklich, dennoch weiß sie genau, daß der Lebensstandard, den sie und Don erreicht haben, nur aufrechterhalten werden kann, wenn sie auch in Zukunft mitarbeitet. Obwohl der Kauf des Hauses weiterhin stattliche Investitionen erfordert, möchten die beiden nämlich nicht auf liebgewonnene Vergnügungen, wie Kino- oder Restaurantbesuche, auf das Einladen und Bewirten von Freunden oder auf die jährliche Urlaubsreise verzichten. Darüber hinaus legt Kathy besonderen Wert auf gute Kleidung.

Momentan arbeitet sie also ausschließlich für kurzfristig erreichbare Ziele. Schon bald wird aber auch für sie der Zeitpunkt kommen, an dem sie ihre Arbeit hinsichtlich der Karriereplanung überdenken sollte. Folglich muß Kathy die entsprechenden Anstöße erhalten, um sich über ihre möglichen langfristigen Zielsetzungen klarzuwerden. Da sie sich aber bisher niemals ernsthaft damit auseinandergesetzt hat, daß sie wahrscheinlich für den größten Teil ihres Lebens berufstätig sein wird, durchlebt sie den Alltag derzeit eigentlich wie mit Scheuklappen.

So gesehen ist Kathy ein Opfer ihrer *Selbstzufriedenheit.*

Joan

Joan ist 52 Jahre alt. Sie hat ihre Arbeit vor zehn Jahren wiederaufgenommen, um ihren drei Kindern einen Collegebesuch finanzieren zu können. Ihr Ehemann Bill hat ein eigenes Teppichreinigungsunternehmen. Ihr Haus liegt in einem Vorort und ist inzwischen hypothekenfrei, weswegen die beiden schon ein von finanziellen Sorgen weitgehend entlastetes Leben führen können.

Die Kinder haben mittlerweile das Studium beendet, und Bill trägt sich mit dem Gedanken, das Geschäft aufzugeben, um sich zur Ruhe zu setzen. Joan glaubt, er sähe es ganz gerne, wenn sie mehr

Zeit mit ihm verbringen könnte. Da die Kinder inzwischen auch auf eigenen Beinen stehen und Bill über ein gutes Einkommen verfügt, hat Joan eigentlich auch keinen finanziell zwingenden Grund mehr dafür, noch immer außer Haus zu arbeiten. Problematisch wird ihre Situation jedoch dadurch, daß sie im Laufe der Jahre an ihrer Arbeit in der Personalabteilung eines mittelständischen Unternehmens Spaß gewonnen hat und diese Beschäftigung nicht aufgeben möchte. Dazu wurde wegen einer Beförderung jüngst die Position einer Abteilungsleiterin frei. Weil die Personalpolitik des Unternehmens traditionell so ausgerichtet ist, derartige Stellen nach Möglichkeit betriebsintern zu besetzen, weiß Joan, daß man ihr diesen Posten wahrscheinlich anbieten wird.

Bevor sie jedoch irgendeine Entscheidung treffen kann, muß sie zunächst ihre Einstellung zu ihrer Arbeit neu überdenken. Nimmt sie die neue Position an, dann verlagert sich für sie ein Großteil ihrer persönlichen Verantwortung von ihrer Familie auf die berufliche Karriere.

Joan sieht sich also in einem *Zwiespalt*.

Sandra

Sandra ist 33 Jahre alt. Sie absolvierte ein Universitätsstudium und hat eigentlich seit jeher Karriereambitionen. Nach ihrer Scheidung (sie heiratete im Teenageralter einen Kommilitonen) macht sie sich im Hinblick auf die Arbeitswelt keine Illusionen mehr. Sie ist eine durchaus selbstbewußte Frau. Ihre Aufgabe als Gruppenleiterin von elf Angestellten in der Verkaufsabteilung ihres Unternehmens versieht sie mit Einsatzbereitschaft und Selbstvertrauen. Außerdem hält sie regelmäßig anspruchsvolle Vorträge vor Konzernmanagern und -managerinnen.

Sandra weiß, daß es für sie nur einen Weg gibt, nämlich den nach *oben* – trotzdem macht ihr die Angst vor dem eigenen Erfolg noch zu schaffen. Sie scheut die Personalpolitik und das Konkurrenzgerangel im Spitzenmanagement und hat vor allem auch die Sorge, von ihrem Mitarbeiterstab isoliert zu werden. Zwar könnte sie mit dem, was sie erreicht hat, eigentlich recht zufrieden sein, auf der anderen Seite reizt sie jedoch das Geld einer höher dotierten Position sowie das, was sie sich damit leisten könnte. Unabhängig davon sieht Sandra natürlich auch die Notwendigkeit, sich selbst fordern zu müssen. Außerdem weiß sie, daß sie sich die entsprechenden

Qualifikationen, die für einen solchen Aufstieg erforderlich sind, erst noch aneignen müßte.

Sandra durchlebt offensichtlich eine *Frustrationsphase*.

Sowohl Kathy als auch Joan und Sandra durchleben gegenwärtig eine Arbeitskrise, die sie dazu zwingt, sich ernsthaft mit den Prioritäten in ihrem Leben auseinanderzusetzen. Kathy muß aus ihrer Selbstzufriedenheit wachgerüttelt werden, Joan hat sich mit ihrem Zwiespalt auseinanderzusetzen, und Sandra muß ihre persönlichen Frustrationsprobleme lösen. Dabei werden sich alle drei zwangsläufig über die eigenen kurz- und langfristigen Zielsetzungen klarwerden müssen.

Alle drei Frauen befinden sich in einer Art Übergangsphase. Kathy hat einen Job. Ihre Aufgabe ist es nun, sich Gedanken über konkrete Aufstiegsmöglichkeiten zu machen. Joan muß sich entscheiden, ob sie wie bisher in dem bequemen Trott weitermacht – wobei ihre Karriere erst an zweiter Stelle hinter der Familie, von der sie im Grunde genommen aber nicht mehr wirklich gebraucht wird, rangieren soll – oder ob sie die Prioritäten neu festlegt und sich den neuen Herausforderungen stellt. Auch Sandra muß umdenken. Ehe sie ihre Karrierepläne jedoch zielstrebig realisieren kann, wird sie noch einiges an psychologischem Ballast abwerfen müssen. Und um dann tatsächlich voranzukommen, muß sie ihren weiteren Werdegang umfassend planen. Dazu gehört auch, daß sie sich weiterbildet, um die notwendigen Qualifikationen zu erwerben. Dies setzt natürlich ihre Bereitschaft voraus, einiges an zusätzlicher Arbeit auf sich zu nehmen.

Einerseits können diese Arbeitskrisen nervenaufreibende und auch unproduktive Erfahrungen sein, die letztlich nicht viel ändern, andererseits aber können sie durchaus dazu beitragen, daß jemandem wirklich die Augen geöffnet werden, seine Probleme zu erkunden und besser zu lösen.

Berufstätige Frauen entwickeln bestimmte Gewohnheiten und auch Wünsche. Sie werden für ihre Arbeit bezahlt und gewöhnen sich daran, die damit verbundene finanzielle Unabhängigkeit zu genießen. Allerdings ist Geld heutzutage längst nicht der einzige Grund, warum Frauen arbeiten. Sie suchen außerdem nach beruflicher Befriedigung und hoffen, ihren Gesichtskreis zu erweitern und zukunftsorientiert planen zu können. Dafür müssen sie wissen, wie sie entweder firmenintern oder eben auch in einem anderen Unternehmen befördert werden können.

Ich habe bereits erwähnt, daß viele außer Haus arbeitende Frauen sich in Wirklichkeit keine ernsthaften Gedanken über ihren Beruf machen, weil ihnen nicht bewußt geworden ist, daß es möglicherweise die schönsten Jahre ihres Lebens sind, die sie am Arbeitsplatz verbringen. Diese Frauen haben es aus den verschiedensten Gründen versäumt, langfristige Perspektiven in ihrer Berufstätigkeit zu entwickeln:

1. Viele Frauen wurden nach dem herkömmlichen Rollenverständnis dazu erzogen – und zwar nicht nur durch die Eltern, sondern auch durch Freunde und Bekannte oder ihre Ehemänner –, die Schaffung eines gemütlichen Zuhauses und familiärer Geborgenheit als eine ausreichende und anerkennenswerte Lebensaufgabe anzusehen, von der sich jede Frau ausgefüllt fühlen sollte.
2. Die Entscheidung, Kinder zu haben, und auch die Frage des Zeitpunktes dafür machen eine langfristige Karriereplanung für Frauen sehr schwierig.
3. Viele Frauen räumen den Bedürfnissen und der Karriere ihrer Ehemänner Vorrang ein. Einige arbeiten deshalb nur als Teilzeitbeschäftigte, um sich noch ausreichend um die Kinder und den Haushalt kümmern zu können. Andere geben ihre Berufstätigkeit ganz auf, sobald ihre Männer versetzt oder pensioniert werden.
4. Häufig suchen Frauen auch gezwungenermaßen von vornherein nach flexiblen Kurzzeitregelungen, damit die Bereiche Familie und Berufsplanung nicht miteinander kollidieren.
5. In familiären Streß- und Drucksituationen neigen Frauen sehr schnell dazu, die Zeit für ihre berufliche Tätigkeit zu reduzieren.

Wenn die vorgenannten Faktoren für unser Verständnis von Berufstätigkeit nach wie vor bedeutsam und zutreffend sind, so handelt es sich eigentlich um »alte Hüte«, die der Vergangenheit angehören sollten. Die meisten Frauen kennen derartige Überlegungen sehr wohl, und sie werden bei unseren berufsorientierten Entscheidungen auch nicht außer Betracht bleiben. Dennoch ergaben sich in den letzten Jahren einige dramatische Veränderungen, die vermehrt Arbeitskrisen zur Folge hatten, weil dieses althergebrachte Rollenbild nicht in entsprechender Weise angepaßt wurde.

Definition der Arbeitskrise

Eine Arbeitskrise kann durchaus in Zusammenhang mit anderen schwierigen Situationen oder kritischen Ereignissen auftreten, die für ihre Entstehung jedoch nicht in typischer Weise ursächlich sind. Sie stellt sich dann ein, wenn eine Frau bestimmte Fakten in Zusammenhang mit ihrer Rolle als bezahlte Arbeitskraft erkennt, die ihr bis dahin nicht bewußt waren. Eine solche Erkenntnis löst oft einen gewissen Grad an Verwirrung und Frustration aus und führt dann zu einer Übergangsphase, etwa in der Art wie bei Kathy, Joan und Sandra beschrieben.

Im folgenden sind nun die Hauptfaktoren genannt, die eine Arbeitskrise herbeiführen:

1. Die Arbeit hat nicht mehr den Stellenwert einer Ersatzfunktion. Viele Frauen lernten von klein auf, sie fänden ihre größte Erfüllung als Mutter und Ehefrau. Sie maßen ihrem Beruf dann zumeist auch nur eine untergeordnete Rolle bei, die sich im Grunde nicht wesentlich von ihren übrigen Interessen und Aktivitäten unterscheidet, beispielsweise von Abendkursen oder der Mitgliedschaft in einem Verein. Während einer Arbeitskrise wird jedoch plötzlich die Frage wichtig: Was erwarte ich eigentlich vom Rest meines Lebens? Genau in diesem Moment nämlich stellen viele Frauen zum erstenmal überhaupt fest, daß der Beruf längst voll in ihre Welt integriert ist. Tief im Innern spüren sie, es geht schon lange nicht mehr darum, ob sie arbeiten wollen, sondern darum, daß sie es müssen. Überdies werden den Frauen immer mehr die Anerkennung und Erfüllung bewußt, die mit einer verantwortlichen Berufsausübung einhergehen können und in dieser Weise wohl kaum anderswo erreicht werden.

2. Die Rolle als berufstätige Frau ist ein vitaler Bestandteil Ihres Selbst geworden. Hat eine Arbeitskrise erst einmal begonnen, dann wird Ihnen vielleicht plötzlich bewußt, wie sehr die Rolle, die Sie an Ihrem Arbeitsplatz ausfüllen, auch mit den Rollen in Ihrem Privatleben verbunden ist. Ein sehr gewichtiger Teil des eigenen *Ich* beginnt eine gleichberechtigte Stellung unter den Rollen zu fordern, die ich übernommen oder an die ich mich gewöhnt habe. Die eigene berufliche Identität ist aus ihrem Schattendasein herausgetreten und hat sich in den Mittelpunkt all der anderen Rollen – etwa Ehefrau, Mutter, Liebhaberin – gedrängt.

Begonnen haben kann es damit, daß der Beruf, zunächst unbemerkt, Auswirkungen auf neue Freundschaften oder auf die Aktivitäten und gesellschaftlichen Ereignisse, an denen Sie teilnahmen, hatte. Beeinflußt davon könnten auch Ihre Gesprächsthemen und Ihr Selbstvertrauen sein. Dieses berufliche Ich formt sicherlich auch die Art Ihrer Selbstdarstellung – wie Sie sich kleiden oder wie Sie sprechen. Dies alles geschah zum großen Teil von Ihnen unbemerkt, wurde nicht bewußt gesteuert.

3. Bin ich bereit? Ein weiterer Aspekt dieser Übergangsphase ist die persönliche Ängstlichkeit. Sie werden das Gefühl bekommen, nicht gut genug vorbereitet zu sein, um Ihre Aufgaben bewältigen zu können. So haben Sie vielleicht deshalb Sorgen, weil Sie über keine Erfahrungen auf dem Gebiet der Personalführung verfügen, weil Ihnen die Kenntnisse fehlen, um eine Gewinn-und-Verlust-Rechnung zu lesen, weil Sie von Budgets im allgemeinen nichts verstehen. Schließlich steht da noch die Möglichkeit im Raum, daß man von Ihnen erwartet, vor Publikum oder in der Öffentlichkeit zu sprechen – und diese Perspektive erschreckt Sie.

Der erste Schritt, um eine solche Angst bewältigen zu können, liegt in der Erkenntnis, daß Ihre zukünftige Aufstiegschance höchstwahrscheinlich lediglich das Erlernen von einigen wenigen neuen Kenntnissen und Fertigkeiten erfordert. Haben Sie sich diese Tatsache erst einmal vor Augen geführt, dann überlegen Sie in aller Ruhe, wie Sie die erforderlichen Kenntnisse erwerben können – beispielsweise durch reguläre Weiterbildungsmaßnahmen.

Darüber hinaus ist es auch wichtig, sich bewußtzumachen, daß zumindest ein Teil der mit einer Arbeitskrise zusammenhängenden Ängste nicht ausschließlich berufsbedingt ist. Durch die Übernahme zusätzlicher Verantwortung im Büro etwa können sich durchaus auch einige problematische Veränderungen in Ihrem sonstigen Lebensrhythmus ergeben. Zu nennen wären in diesem Zusammenhang Überstunden, ein möglicher Umzug in eine andere Stadt oder auch eine Veränderung Ihres bisherigen Anteils am Gesamteinkommen, sofern Sie mit einem Partner zusammenleben. All diese Faktoren können im persönlichen wie im familiären Bereich mühsame Neuorientierungen erforderlich machen.

Wenn Sie irgendeine dieser Erfahrungen gerade selbst machen, dann können Sie sicher sein, daß Sie sich mitten in einer Arbeitskrise befinden. Trotzdem sollten Sie nicht verzweifeln. Obwohl diese Krise unter Umständen eine Menge Schmerzen, Selbstzweifel und Verwirrungen mit sich bringt, finden die meisten Frauen dennoch wieder aus diesem Dilemma heraus, indem sie sich auf feste Ziele und eine erfolgversprechende Aufstiegsstrategie konzentrieren. Es gibt ihn, den Weg, der aus dieser Krise herausführt:

1. Feste Ziele setzen. Eine Frau, die die zunehmenden Alarmsignale ihrer Arbeitskrise erkannt hat, sollte darangehen, zunächst einmal einen gut durchdachten Karriereplan aufzustellen, der auf angemessenen, realistischen Zielsetzungen basiert, die weder zu hoch noch zu niedrig angesetzt sind.

2. Entwickeln einer Aufstiegsstrategie. Am Anfang Ihres Weges zu einer Planung des beruflichen Aufstiegs sollten zwei Grundgedanken stehen:

a) Setzen Sie sich aktiv mit Ihrer Karriere auseinander, planen Sie langfristig.

b) Untersuchen Sie kontinuierlich, ob und welche Fortschritte Sie jeweils gemacht haben.

In den nachfolgenden Kapiteln möchte ich Ihnen nun demonstrieren, wie Sie einen langfristigen Karriereplan entwickeln können, der Ihrem beruflichen Aufstieg nützlich sein soll. Gleichzeitig möchte ich Sie aber auch auf einige der Hindernisse aufmerksam machen, die sich Ihnen in den Weg stellen könnten. Sie haben jedoch den ersten, entscheidenden Schritt bereits hinter sich, wenn Sie entdecken, daß Sie offensichtlich in einer Arbeitskrise stecken. Von dem Moment an nämlich, in dem Sie die Notwendigkeit, langfristig zu planen, erkannt haben, befinden Sie sich bereits auf dem richtigen Weg.

Meines Erachtens muß eine der ersten Veränderungen zur Bewältigung der Arbeitskrise darin bestehen, daß Sie Ihre Arbeit als einen Aktivposten begreifen lernen. Wenn Sie nämlich, analog zu einer langfristigen Planung, damit beginnen, in sich selbst zu investieren, indem Sie sich neue Kenntnisse und Fertigkeiten aneignen, dann erhöhen Sie damit gleichzeitig auch den Kurswert Ihrer Arbeitskraft.

Eines aber sollten Sie sich von vornherein klar bewußtmachen: Sie werden sich niemals auf Ihren Lorbeeren ausruhen und sich völlig entspannt zurücklehnen können, denn der Markt ist ständigen Veränderungen ausgesetzt, die sich Ihren Kontrollmöglichkeiten teilweise entziehen. Sie werden also immer wieder gezwungen sein, bei sich selbst eine Bestandsaufnahme über das vorzunehmen, was Sie an Fähigkeiten und Kenntnissen anzubieten haben. Dies schließt auch die permanente Bereitschaft zu entsprechenden Verbesserungen und zur Fortbildung ein, damit Sie in der Lage sind, auf die jeweils veränderten Marktsituationen angemessen zu reagieren. Wenn es Ihnen gelingt, stets auf dem laufenden zu sein und Ihre Kenntnisse zu erweitern, dann sind Sie den Launen des Marktes nicht hilflos ausgeliefert. Es ist unverzichtbar, daß Sie lernen, Ihre Schwächen selbst einzuschätzen, und alles daransetzen, diese zu korrigieren. Nehmen Sie eine ständige Neubewertung Ihrer Stärken vor und versuchen Sie, Ihre Kenntnisse und Fertigkeiten weiter zu verbessern. Dabei sollten Sie stets darauf achten, was unter derzeitigen und was unter zukünftigen Bedingungen erforderlich ist, um erfolgreich zu sein.

Die Wichtigkeit einer langfristigen Planung soll in den nachfolgenden Kapiteln verdeutlicht werden. Ehe Sie jedoch damit beginnen, über Ihre berufliche Zukunft nachzudenken, ist es notwendig, sich über das Hier und Heute im klaren zu sein. Deswegen sollen im folgenden zunächst einige Fragen beantwortet werden, die Ihnen helfen, Ihre derzeitige Situation richtig einzuschätzen. Diese Fragen dienen nicht nur dazu, Ihre Arbeitseinstellung bewußtzumachen, sie sollen Ihnen darüber hinaus behilflich sein, Ihren zukunftsorientierten Ambitionen einen geeigneten Rahmen realisierbare Zielsetzungen zu geben.

Nachdem Sie diese Fragen zunächst mehr oder weniger spontan, aber konzentriert beantwortet haben, ist es zu empfehlen, sich für etwa eine Woche nicht gar so intensiv mit ihnen zu beschäftigen. Wenn Sie sich die Fragen dann erneut vornehmen, werden Sie feststellen, daß sich in der Zwischenzeit einige Ihrer Gedanken und Gefühle noch deutlicher herauskristallisiert haben. Mit etwas Abstand ergibt sich dann oft schon ein ganz anderes Bild.

Bei der Bearbeitung der nachfolgenden Fragen zu Ihrer beruflichen Situation ist es am besten, wenn Sie vorausschauend, vielleicht in einer Zeitspanne von zwölf Monaten, denken. Beachten Sie aber bitte auch, daß eine *realistische* Einschätzung Ihrer gegenwärtigen Lage die notwendige Voraussetzung für das Erstellen eines Zwölfmonatsplans ist. (Die Fragen beziehen sich ausschließlich auf Ihre Arbeit.)

Glauben Sie, daß Sie freiwillig arbeiten?

Kurzfristig gesehen (weniger als zwölf Monate)	Ja ○	Nein ○
Langfristig gesehen (mehr als zwölf Monate)	Ja ○	Nein ○

Besteht für Sie eine permanente Verpflichtung zu arbeiten?

Vollzeit	Ja ○	Nein ○
Teilzeit	Ja ○	Nein ○

Bei der Beantwortung der ersten Frage sollten Sie überlegen, ob Sie Ihren Beruf dauerhaft, das heißt praktisch für immer, oder nur derzeit auf freiwilliger Basis ausüben. Anders ausgedrückt: Wird die Bedeutung, die Sie Ihrer Berufstätigkeit zumessen, durch irgendwelchen familiären Druck, durch Ihre finanzielle Lage oder dergleichen beeinflußt, oder betrachten Sie die Arbeit lediglich als einen selbstverständlichen Teil Ihres Lebens? Können Sie sich vorstellen, daß Sie Ihre momentane Beschäftigung noch zwölf Monate lang ausüben werden? Wenn das so ist, fühlen Sie sich bei diesem Gedanken wohl?

Bei der Beantwortung der zweiten Frage ist es wichtig, sehr selbstkritisch zu sein. Denken Sie über die möglichen Vorteile, die ein Zwölfmonatsplan für Sie hätte, nach. Durch diese Übung sollen Sie mit einem Denkansatz zur langfristigen Planung Ihrer Arbeitssituation vertraut gemacht werden. Möglicherweise haben Sie nunmehr zum erstenmal überhaupt wirklich Überlegungen in diese Richtung angestellt.

Sofern Sie die Frage nach einer dauerhaften Vollzeitbeschäftigung mit »Ja« beantwortet haben, benötigen Sie möglicherweise noch etwas Rüstzeug, mit dem Sie Ihre Aufstiegschancen effektiver planen können. Dazu aber später mehr.

Sofern Sie bei dieser Frage Ihr »Ja«-Kreuzchen bei der Teilzeitbeschäftigung gemacht haben, werden Sie sich fragen wollen, welchen Vorteil eine Teilzeitbeschäftigung für Ihren Lebensstil mit sich bringt – ist es das Geld, das Interesse am Beruf oder der Wunsch, aus dem Haus herauszukommen, oder sind es alle drei Punkte? Sie sollten sich außerdem die Frage beantworten, ob denn die Teilzeitarbeit Ihre Aufstiegschancen günstig beeinflußt oder ob Ihren Möglichkeiten dadurch eher enge Grenzen gesetzt werden?

Nachdem Sie die Antworten hierzu nochmals kritisch überprüft haben, besteht der nächste Schritt darin, detailliertere Fragen zu stellen, die Ihnen behilflich sein werden, Ihre Ziele neu abzustecken und sich selbst einmal aus einer völlig neuen Perspektive zu sehen, nämlich aus der einer Frau, zu deren größten Aktivposten auch die Kenntnisse und Fähigkeiten am Arbeitsplatz gehören.

Zusammenfassung Ihres beruflichen Werdegangs

Der Sinn der Arbeit, einmal Ihren beruflichen Werdegang zusammenzufassen, liegt darin, daß sie Ihnen selbst verdeutlicht, welchen Stellenwert Ihre Arbeit überhaupt für Sie hat. Dabei wird sich auch klarer herauskristallisieren, was Ihnen an Ihrer Arbeit wichtig ist.

Denken Sie bei der Beantwortung der folgenden Fragen einen Moment lang darüber nach, wie Sie sich und Ihre berufliche Situation bisher erfahren haben:

1. Seit wie vielen Jahren sind Sie berufstätig?
   Vollzeit:
   Teilzeit:
   Unterbrechungen (Kinder, Arbeitslosigkeit, Reisen, Sonstiges):

2. a) Wo haben Sie zum erstenmal gearbeitet?
   b) In welcher Position (Büroangestellte, kaufmännischer Beruf, Position aufgrund Universitätsabschluß, Fachprüfungen oder dergleichen)?

3. a) Als Sie zum erstenmal gearbeitet haben, taten Sie dies vorrangig aus:
   ◯ wirtschaftlicher Notwendigkeit,
   ◯ beruflicher Befriedigung,
   ◯ persönlicher Bereicherung, das heißt, um außer Haus Anregungen zu finden?
   ◯ Sonstiges (bitte angeben).
   b) Arbeiten Sie noch immer aus den gleichen Gründen? (Falls nicht, was sind dann Ihre derzeitigen Gründe?)
   c) Sehen Sie in den nächsten zwölf Monaten im Hinblick auf die Gründe, warum Sie arbeiten, irgendwelche Veränderungen auf sich zukommen? (Wenn ja, welche?)

4. a) Gab es für Sie während der letzten zwei Jahre berufliche oder die Position betreffende Veränderungen?
   b) Sofern es berufliche oder positionelle Veränderungen gab, was war die Ursache dafür:
   ◯ Beförderung aufgrund guter Leistung,
   ◯ Veränderung nach eigener Entscheidung,
   ◯ die Tatsache, zur rechten Zeit am rechten Platz gewesen zu sein (zum Beispiel Ausscheiden des oder der Vorgesetzten),
   ◯ Versetzung innerhalb des Unternehmens?
   ◯ Sonstige (bitte angeben).

5. Hat die Angst, als »hartgesottener weiblicher Chef« abklassifiziert zu werden, Sie jemals daran gehindert, eine Führungsposition anzustreben?

6. a) Haben Sie Kinder?
   b) Haben Sie Vorbehalte, eine berufstätige Mutter zu sein?
   c) Wenn dem so ist, betrachten Sie Ihre Kinder – oder Ihre mögliche Entscheidung, Kinder haben zu wollen – als etwas, was Sie davon abhält, in Ihrem Beruf Ehrgeiz zu entwickeln?

Wir haben alle unterschiedliche Vorstellungen von unserer Arbeit. Ihre Antworten auf die vorgenannten Fragen werden Ihnen verdeutlichen, auf welche Faktoren Sie bei Entscheidungen hinsichtlich Ihrer Arbeit achten müssen.

Fragen Sie sich, welche Aussagen diese Übersicht über Ihren beruflichen Werdegang enthält: Ergibt sich daraus die Tendenz, daß Sie sich gerne verändern? Oder zeigt sich eher eine Beständigkeit hinsichtlich des Arbeitsplatzes, den Sie wählten, und sind Sie stets damit zufrieden gewesen?

Wie haben Sie Frage 3 beantwortet? Ganz gleich, wie die Antworten ausfielen, vielleicht waren Sie darüber sogar selbst überrascht. Sie sollten daraus erkennen, was in Ihrem Fall die eigentliche Motivation für Ihre Berufstätigkeit ist. Die meisten von uns werden nicht leugnen können, daß sie vorrangig wegen finanzieller Gründe berufstätig sind. Sollten auch Sie hauptsächlich deswegen arbeiten, dann kann Ihr Zwölfmonatsplan vielleicht darauf ausgerichtet werden, wie Sie mehr Geld verdienen können. Geht jedoch aus Ihrer Antwort hervor, daß Sie nicht ausschließlich aus finanziellen Gründen, sondern auch wegen der Befriedigung, die berufliche Tätigkeit verschaffen kann, arbeiten, dann stehen Sie vor dem Problem, einen Job zu finden, der beiden Interessen gleichermaßen entspricht – Ihren persönlichen Ansprüchen und einer angemessenen Bezahlung.

Was auch immer die Gründe dafür sein mögen, warum Sie arbeiten – in dieser Phase ist es entscheidend, genau zu wissen, welche Gründe dies in Ihrem Fall sind. Sie können keine noch so intelligenten Pläne schmieden, ohne daß Sie dabei Ihren eigenen Bedürfnissen und Wünschen Rechnung tragen. Wenn Sie beispielsweise beabsichtigen, Kinder zu haben mit einer zeitlich angemessenen Freistellung von der Arbeit, so müssen Sie Ihre Strategie um diese Priorität herum aufbauen. Sofern Sie irgendwelche Vorbehalte haben, wie etwa die Angst, als »weiblicher Chef« abklassifiziert zu werden, so kommen Sie nicht umhin, sich mit diesen Vorbehalten intensiv auseinanderzusetzen.

Abbildung 3 zeigt einige der üblichen Ziele von Frauen, die im Geschäftsleben aufsteigen möchten. Sie soll Ihnen helfen, für sich ganz persönlich herauszufinden, welche davon für Sie wichtig sind. Sollten Sie dagegen ganz andere Zielsetzungen haben, so denken Sie auch darüber nach – diese müssen dann unter Umständen zusätzlich in Ihrem Plan berücksichtigt werden.

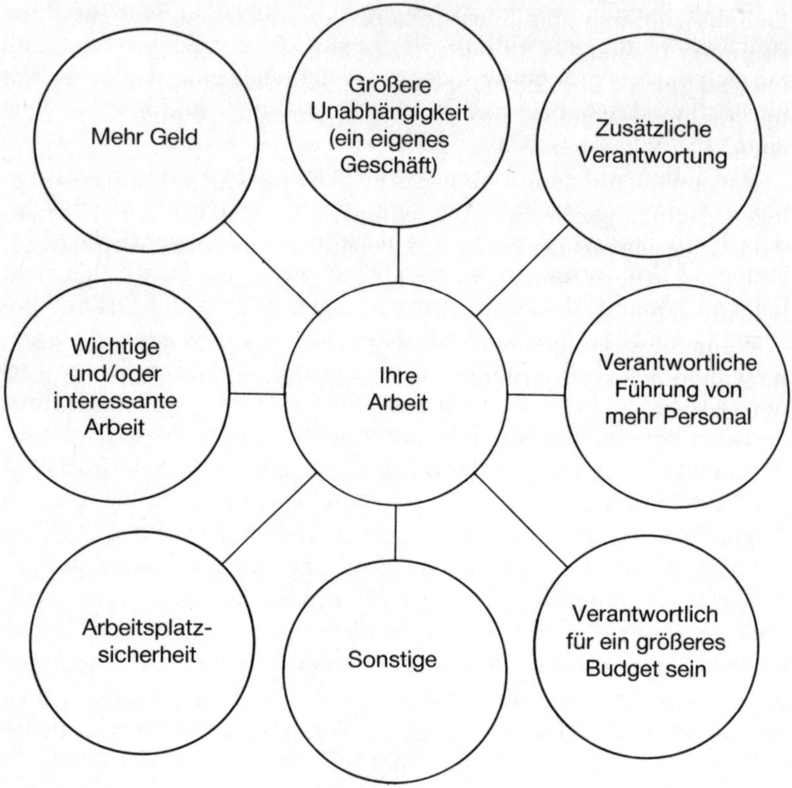

Abbildung 3
Welche Karriereziele sind für Sie wichtig?

Die Zielsetzung

Sich Ziele zu setzen ist eine Sache, sie dann auch zu erreichen eine andere. Wenn Ihr Ziel darin liegt, »glücklich zu sein«, dann ist dies nicht konkret genug. Ein realistisches Ziel ist eines, das in irgendeiner Form meßbar oder feststellbar ist. Den Begriff »Glück« zu definieren ist allein schon schwierig genug, noch viel mehr der Versuch, ihn zu messen oder abzuschätzen. Setzen Sie sich deshalb zunächst mit begrifflich fest umrissenen, einfachen Zielen auseinander – eine

Gehaltserhöhung oder auch größere Verantwortung auf einem bestimmten Gebiet (z. B. Budgets, Leitung von Personal). Erst danach sollten Sie über einige spezifische Schritte nachdenken, die Sie unternehmen können, um die angestrebten Ergebnisse zu erreichen.

Ratsam bei alledem wäre es auch, sich einen Zeitplan zurechtzulegen. Binnen welcher Frist möchten Sie Ihr Ziel erreichen? Wann wollen Sie jeweils die einzelnen Teilschritte auf dem Weg dorthin vollzogen haben? Sind Sie in der Lage, die Effizienz jedes einzelnen Schrittes abmessen zu können?

Wenn Sie das folgende Arbeitsblatt ausfüllen, mit dem dieses Kapitel abgeschlossen wird, dann sollten Sie auch alle diese Fragen mit berücksichtigen.

Arbeitsblatt
Das Festlegen der Ziele

1. Sofern es Ihnen freistünde, sich beruflich zu verändern, wofür würden Sie sich entscheiden? – Für:
   ○ die gleiche Arbeitsstelle,
   ○ eine Arbeitsstelle in höherer Position,
   ○ ein Ausscheiden aus dem Arbeitsleben,
   ○ ein eigenes Geschäft,
   ○ weniger Arbeit,
   ○ Arbeit mit weniger Verantwortung,
   ○ Arbeit mit mehr Verantwortung?
   ○ Sonstiges (bitte angeben).

2. Bis zu welcher Position glauben Sie – unter Berücksichtigung Ihrer persönlichen Ziele und Karrierepläne – innerhalb Ihres Unternehmens aufsteigen zu können?
   In sechs Monaten:
   In einem Jahr:
   In zwei Jahren:

3. Welches Ziel möchten Sie in den nächsten zwölf Monaten erreichen?

4. Stellen Sie einen Plan auf, dieses Ziel schrittweise zu erreichen:
   Schritt 1: Datum:
   Schritt 2: Datum:
   Schritt 3: Datum:

Zusammenfassung

– Ihre Arbeit ist Ihr Aktivposten – halten Sie daran fest, und bauen Sie ihn aus.
– Setzen Sie sich aktiv mit Ihrem persönlichen auf zwölf Monate ausgerichteten Karriereplan auseinander.
– Setzen Sie sich realistische Ziele.
– Bewerten Sie Ihre Fortschritte regelmäßig.

II. Kapitel
Wo stehen Sie jetzt?

Janice schloß ihr Kunststudium vor zehn Jahren mit einem Diplom ab. Da sie glaubte, sie müsse nur wenige Jahre arbeiten, bis sie heiraten und eine Familie haben würde, nahm sie eine Stelle als Büroangestellte an. Zwar interessierte sie der Beruf nicht sonderlich, dennoch waren ihre Leistungen während der vier Jahre, in denen sie an diesem Platz arbeitete, gut genug, ihr regelmäßige, wenn auch recht bescheidene Gehaltserhöhungen einzubringen.

Dann aber ging ihre Beziehung zu dem Mann, mit dem sie die letzten achtzehn Monate zusammengewesen war, in die Brüche. Im Gegensatz zu ihr wollte der Freund weder heiraten noch Kinder haben. Größtenteils wohl wegen der Unordnung in ihrem Privatleben entschloß sich Janice, zu ihrem Vorgesetzten zu gehen und ihn um eine Beförderung zu bitten. Nicht lange danach erhielt sie auch eine neue Stelle auf der unteren Managementebene.

Obwohl sie für diesen Aufgabenbereich theoretisch durchaus qualifiziert war, kam Janice nicht mit ihren Kollegen und Kolleginnen zurecht. Was gerade für Anfänger notwendig ist, fehlte Janice, nämlich die Eignung zur Teamarbeit. Mag dies für eine einfache Büroangestellte auch noch tolerierbar sein, auf Managementebene ist dieses Manko absolut inakzeptabel. Darüber hinaus fand sie sich selbst wesentlich interessanter als die Leute, mit denen sie zusammenarbeiten mußte. Ihre Versuche, diese Selbsteinschätzung ihre Kollegen und Kolleginnen auch spüren zu lassen, äußerten sich oft in einem Verhalten, das man nur als schlichtweg exzentrisch bezeichnen kann.

Sechs Monate nachdem sie diese neue Stellung angetreten hatte, fing Janice dann ein Verhältnis mit einem anderen Mann an. Bei ihren Kollegen prahlte sie damit, wie wohlhabend er sei, und sie ließ keine Gelegenheit aus, alle wissen zu lassen, sie werde kündigen, sobald ihre Heiratspläne abgeschlossen seien. Es sei schon immer ihr Traum gewesen, sich einen solchen Lebensstil leisten zu können. – Leider wurde aber aus dieser Heirat dann schließlich wieder nichts.

Schlimmer noch, Janices Leistungsbeurteilungen in ihrer neuen Position waren nicht sehr gut. Hinzu kam, daß sie sich nicht nur von den meisten Mitarbeitern und Mitarbeiterinnen in ihrer Abteilung entfremdet hatte, sondern ihr erkennbar mangelndes Interesse an der Arbeit veranlaßte ihre Vorgesetzten – ob nun zu Recht oder zu Unrecht, sei dahingestellt – zu der Schlußfolgerung, sie sei für diese Position ungeeignet. Ihr Chef ließ ihr eine erste strenge Mahnung zukommen, woraus Janice entnehmen konnte, daß sie fortan auf der Abschußliste stand.

Leider hat Janice nicht genug Vertrauen zu sich selbst als kompetente Fachkraft, um ihren Kollegen und Kolleginnen zu beweisen, daß sie sich irren. Sie bemüht sich derzeit um eine andere Stelle. Die Schwierigkeiten aber bleiben bestehen: Wenn sie ihre eigene Einstellung und Ziele in der Zwischenzeit nicht drastisch ändert, wird sie auch in ihrer neuen Stellung genau die gleichen Fehler wieder machen.

Selbst wenn diese Fallschilderung etwas extrem erscheinen mag, Janices Problem ist keineswegs ein Einzelfall. Janice ist eine Frau, die in einer Phantasiewelt lebt. Wie die meisten Frauen, so wurde auch sie dazu erzogen, an diese Scheinwelt zu glauben. Sie wartet sozusagen noch immer auf ihren »Prinzen«, der sie aus der Realität des Alltagslebens entführen soll. Sie ist emotional noch nicht reif genug, um zu erkennen, daß so etwas allenfalls in Märchen passiert.

Infolgedessen nimmt ihr Privatleben einen alles überragenden Stellenwert ein und rangiert weit vor ihrer Karriere – ein Zustand, der in vielerlei Hinsicht äußerst selbstzerstörerisch sein kann. Letztlich hat Janice ihren langfristigen Erfolg im Büro dem kurzfristigen Vergnügen einer Romanze geopfert, da sie für sich selbst offensichtlich noch nicht akzeptiert hat, daß ihre Verpflichtung zur Berufstätigkeit möglicherweise ein ganzes Leben lang dauern wird. Somit hat sie auch die Bedeutung einer langfristigen Berufsplanung noch nicht erfaßt.

Jede Frau, die im Arbeitsleben weiterkommen möchte, muß akzeptieren, daß das rechte Vorankommen auch von der Fähigkeit abhängt, sich den Beruf in ihrem Leben als eine feste Einrichtung vorzustellen, die einen langfristigen Aufstiegsplan erforderlich macht.

Träume

> *»Vielleicht sind gerade jene, die am meisten arbeiten, diejenigen, die auch am meisten träumen.«*
>
> Stephen Leacock

Alle Pläne, die Sie entwerfen, bleiben reine Theorie, solange sic nicht von einer einzigen variablen Größe geprägt sind – von Ihnen selbst. Ehe Sie innerhalb Ihrer Firma aufsteigen können, muß es Ihnen mit Ihrer Karriere entsprechend ernst sein. Diese Entschlossenheit muß sich auch auf Ihre Zukunftsperspektiven und damit auf Ihre Träume beziehen.

Die Rolle, die Träume für einen erfolgreichen Verlauf der Karriere spielen, kann kaum überschätzt werden. Für einen Langzeitplan sind Träume unentbehrlich.

Die Ursprünge unserer Träume sind mitunter grundverschieden. Zwei Beispiele mögen dies verdeutlichen. Einmal ist da die Geschichte einer sehr ehrgeizigen Frau, die auch für dieses Buch interviewt wurde. In ihrem Fall war die Tatsache, einer prominenten Familie zu entstammen, der Motor für eine erfolgsorientierte Laufbahn, da sie durch ihre Herkunft eine Art Verpflichtung gegenüber den Vorfahren empfand. Diese Frau kann auf einen weit in die Vergangenheit reichenden Stammbaum äußerst erfolgreicher Ahnen zurückblicken, und die Aussicht, sich ebenfalls einst dort einreihen zu dürfen, erfüllte sie mit Stolz.

Ganz verschieden davon, aber ähnlich stark sind die Beweggründe einer anderen sehr erfolgreichen Frau: Ihre Eltern sind Immigranten, die sehr viel durchmachen mußten. Sie glaubte, die vereitelten Träume der Eltern durch ihren eigenen Erfolg wieder wettmachen zu können.

Beide Frauen sind von gänzlich unterschiedlicher Herkunft, jede von ihnen wurde jedoch durch einen ganz persönlichen Traum etwa gleich stark motiviert.

Kürzlich befragte ich bei einer Konferenz einige der Teilnehme rinnen nach ihren Vorstellungen über Erfolg in ihrem Unternehmen. Leider wurde diese Frage zumeist nicht direkt beantwortet, denn wie es scheint, hat die Mehrzahl der Frauen andere Träume, als im Beruf Karriere zu machen. So erzählten beispielsweise einige der Frauen, daß sie gerne reisen, sich selbständig machen oder ein Buch schreiben möchten. Keine träumte hingegen davon, Präsidentin der eigenen Firma zu werden. Mich überraschte dies sehr. Meines Erachtens sollten Frauen in dem Maße, wie sie sich in die Geschäfts- und Industriewelt einbringen und ihren Arbeitseinsatz in diesen Bereichen steigern, auch ihre Wünsche, Entscheidungen und Träume dieser neuen Realität anpassen.

Sie sollten Ihr Unternehmen einmal mit anderen Augen betrachten. Es braucht mehr als nur Zeit und Energie, um dorthin zu kommen, wohin Sie gerne möchten. Verleitet die Aussicht, sich einige Ihrer Karrierehoffnungen erfüllen zu können, nicht auch Sie ein wenig zum Träumen?

Das Bewerten Ihres gegenwärtigen Umfelds

Viele Frauen sind zu Hause mit ihrem durch Hausarbeit, Kindererziehung und so weiter vollends ausgelasteten Zeitplan so sehr beschäftigt, daß sie weder die Zeit noch die Energie haben, über ihre Zukunft nachzudenken. Das gleiche gilt für berufstätige Frauen, vor allem für jene, die zusätzlich auch noch ihre Familien versorgen müssen.

Wenn Sie es mit einer Karriere wirklich ernst meinen, dann ist es äußerst wichtig, daß Sie sich die Zeit nehmen, sich umzuschauen. Ganz gleich nämlich, wie hart oder auch wie gut Sie arbeiten, solange Sie nur über das Hier und Heute nachdenken, werden Sie niemals in der Lage sein, über Ihren Horizont hinauszuschauen.

Der Ort, an dem Sie damit beginnen sollten, die Dinge einmal im größeren Rahmen zu betrachten, ist Ihr gegenwärtiges Umfeld. Wenn Sie von einer Karriere träumen, dann müssen Sie diese Träume in Zusammenhang mit den realen Gegebenheiten in Ihrem Arbeitsleben sehen. Sollten Sie beabsichtigen, einen erheblichen Aufwand an Energie zu investieren, um innerhalb Ihrer eigenen Firma voranzukommen, dann müssen Sie sich gleichzeitig auch sicher sein können, daß sich dieser Energieaufwand überhaupt lohnt.

Die nachstehenden Fragen sollen Ihnen dabei behilflich sein, dies herauszufinden. Möglicherweise werden Sie dabei feststellen, daß der Versuch, von Ihrem derzeitigen Arbeitsplatz aus befördert zu werden, von vornherein zum Scheitern verurteilt ist und somit reine Zeitverschwendung wäre. Wenn dem so ist, würde ich Ihnen vorschlagen, sich nach einer neuen Arbeitsstelle umzusehen. Sollten Sie jedoch der Meinung sein, auch von Ihrer jetzigen Position aus bestünden Aufstiegschancen, dann sind Sie viel näher daran, sich konkret über Ihre Karriere Gedanken machen zu können.

1. Wie viele Frauen Ihres Unternehmens sind in Managementpositionen?
2. Wie viele Frauen sind im vergangenen Jahr befördert worden?
3. Nach welchen Kriterien werden Erfolg und Leistung in Ihrem Unternehmen definiert?
4. Wie viele Mitarbeiter und Mitarbeiterinnen stehen noch vor Ihnen auf der Beförderungsliste?
5. Wird deren Beförderung zu lange dauern?
6. Gibt es irgendwelche »Lücken« oder neue Chancen, die sich in Ihrem Unternehmen auftun?
7. Kommen Sie als mögliche Kandidatin für irgendeine davon in Frage?

Die beste Aufstiegsstrategie ist noch immer die, sich ein Unternehmen auszusuchen, in dem auch schon andere Frauen erfolgreich Karriere gemacht haben. Es gibt nur wenige Firmen, die bereit sind, Frauen eine Chance zu einem schnellen Aufstieg anzubieten, wenn sie nicht mit anderen Managerinnen bereits vorher die Erfahrung gemacht haben, daß diese Frauen das in sie gesetzte Vertrauen auch tatsächlich wert waren. Bei alledem müssen Sie bedenken: Viele Männer – es sei denn, sie wurden anders erzogen – glauben nach wie vor, Frauen seien ganz einfach nicht dafür geschaffen, es in einer Männerwelt mit ihnen aufzunehmen.

Der erste Schritt bei der Aufstellung Ihres Langzeitkarriereplans sollte die Wahl eines Unternehmens sein, in dem es entweder bereits Frauen in leitenden Positionen gibt oder in dem eine Managerin zumindest nichts Außergewöhnliches, die Frau in der Rolle als Vorgesetzte also in die Arbeitswelt dieser Firma integriert ist. Dann sollten Sie dieses Unternehmen einmal »unter die Lupe nehmen«. Können Sie dort einen Beitrag leisten oder sich in einer Form einbringen, die einmalig ist? Kann man Ihnen dort eine Position anbieten, der insgesamt Beachtung geschenkt wird?

Gleichermaßen wichtig bei der Auswahl des Unternehmens ist es außerdem, daß dieses ein möglichst breit gefächertes Aufgabengebiet anzubieten hat und darüber hinaus auch einen angemessenen Spielraum für Innovationsmöglichkeiten aufweist. Meiden Sie Firmen, die in sehr starre Schemata gepreßt oder stereotypen Haltungen gegenüber Frauen verhaftet sind. Mitunter kommt es natürlich auch vor, daß Firmen durchaus ein paar Managerinnen in den Reihen ihres leitenden Personals vorzuweisen haben, diese Frauen in Wirklichkeit aber nur eine Alibifunktion erfüllen und der Stellenwert dieser Positionen entsprechend ist. Versuchen Sie herauszufinden, ob dies für das von Ihnen ins Auge gefaßte Unternehmen zutrifft.

Eine wichtige Stütze für Ihre Karrierepläne ist darüber hinaus auch ein adäquates kommunales Umfeld. Abhängig von Ihren Bedürfnissen kann nämlich die Größe der Stadt, in der Sie arbeiten, durchaus ein Kriterium für die Arbeitsplatzwahl sein. So ist etwa eine kleinere Stadt oder eine überschaubare Gemeinde für eine besonders talentierte Frau möglicherweise ausgesprochen vorteilhaft. Ihre Qualifikation wird sich dann sehr schnell in den Geschäftskreisen herumsprechen. Größere Städte bieten demgegenüber zum Beispiel die Vorteile, daß sich durch das breitere Angebot an Arbeitsstellen hier auch ein weiteres Spektrum für Aufstiegsmöglichkeiten eröffnet, und Sie häufig Unterstützung bei verschiedenen Frauenorganisationen finden können.

Schauen Sie sich also um. Falls Sie innerhalb Ihres eigenen Unternehmens keine Aufstiegsmöglichkeiten sehen, gibt es dann in Ihrer Gemeinde oder Stadt noch andere Firmen, an denen Sie Interesse hätten? Wenn nicht, wären Sie bereit umzuziehen? All diese Fragen sind Teil jenes größeren Rahmens, den Sie sich gedanklich vor Augen halten müssen, sofern Sie sich ernsthaft mit Karrieregedanken tragen.

Wichtige Faktoren, die Ihre Karriere beeinflussen

Ganz gleich, wie sorgfältig ausgearbeitet Ihre Karrierepläne auch sein mögen, sofern Sie dabei nicht ein paar ausschlaggebende Faktoren mit berücksichtigt haben, die für alle Arbeitssituationen gültig sind, werden Sie große Schwierigkeiten haben. In Abbildung 4 sind die Kräfte, die an den meisten Arbeitsplätzen die entscheidende Rolle spielen, als Felder dargestellt.

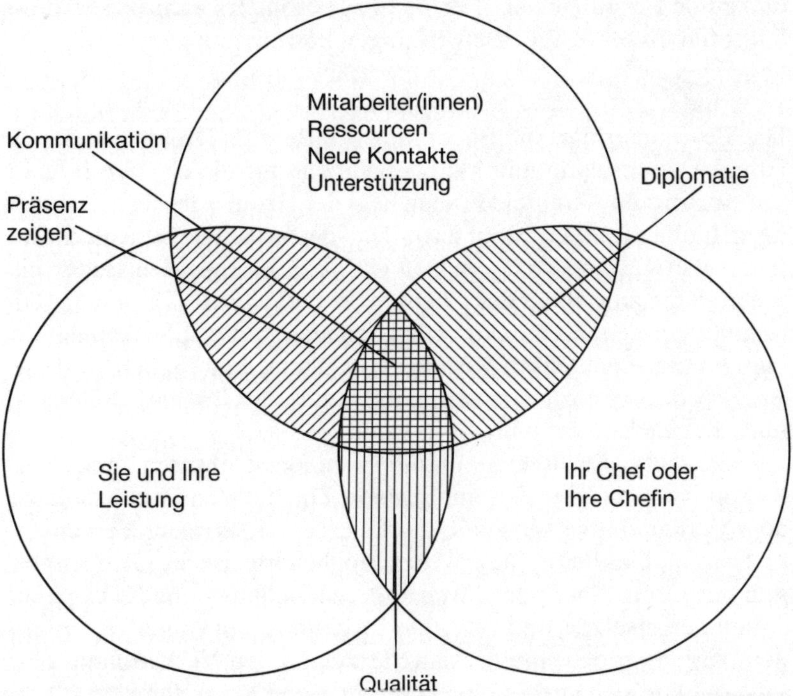

Abbildung 4
Karrierebeeinflussende Faktoren

Zuerst müssen Sie natürlich Ihre eigene Leistungsfähigkeit beachten, beurteilen Sie dann Ihr Verhältnis zu Ihrem/Ihrer Vorgesetzten, und ziehen Sie schließlich auch die übrigen Menschen, mit denen Sie zusammenarbeiten, ins Kalkül – sowohl innerhalb als auch außerhalb Ihres Unternehmens. Diese drei Faktoren sind für die berufliche Karriere im gleichen Maße wichtig (in den folgenden Kapiteln werden sie ausführlicher behandelt).

Darüber hinaus zeigt die Abbildung noch vier weitere Faktoren, die in Zusammenhang mit Karriereambitionen häufig nicht beachtet werden. Da aber alle Aufstiegsstrategien in fast jeder Hinsicht von diesen Faktoren beeinflußt sind, sollen sie im folgenden etwas näher untersucht werden.

Recht viele Frauen sind immer noch der etwas naiven Ansicht, ihre Karriere hinge einzig und allein von persönlicher Produktivität und guten Leistungen ab. Für sie ist es besonders wichtig, sich diese Faktoren und ihre Wechselwirkungen bewußtzumachen.

Diplomatie

Das Lexikon erklärt die Bedeutung des Begriffs Diplomatie als die Fähigkeit, umsichtig und klug berechnend für die eigenen Interessen einzutreten. Für viele Frauen liegt der Grund, die eigenen Interessen hintanzustellen, wohl darin, daß das weibliche Geschlecht seit jeher überwiegend dazu erzogen wurde, vorrangig den Bedürfnissen anderer, vor allem der Ehemänner und Kinder, zu dienen. Die Männer kennen das Konkurrenzgerangel und die Spielchen mit der Diplomatie sowie deren Regeln seit langem. Für Frauen ist dieser Bereich dagegen oft noch Neuland, und die Geschäftsdiplomatie muß ihnen erst nahegebracht werden.

Angesichts der heutigen Unternehmensstrukturen sind diese Kenntnisse wichtiger als jemals zuvor. Die meisten Firmen sind zudem Verhandlungen gegenüber offener, als sie es in der Vergangenheit waren. Das heißt, Sie erhalten möglicherweise die Gelegenheit, sich mit Ihrem Chef oder Ihren anderen Kollegen und Kolleginnen zusammenzusetzen und offen und freimütig mit ihnen zu verhandeln. Es ist jedoch sinnlos, daß Sie sich an den Verhandlungstisch setzen, ohne sich vorher eine klar umrissene Vorstellung von Ihren eigenen Interessen gemacht zu haben.

Derartige Besprechungen erfordern zudem stets eine Grundlage, die sie absichert. Sie müssen also schon vorher in Erfahrung bringen, wer die einflußreichsten Leute sind, was diese mögen und was nicht, darüber hinaus auch über die Art der Entscheidungsfindung und die Gewohnheiten dieser Leute informiert sein. Indem Sie dieses Wissen quasi als Rahmen nutzen, können Sie versuchen, auf einer für Sie akzeptablen Grundlage Ihr eigenes Ziel zu erreichen.

Susan beispielsweise, die bei einer amerikanischen Fernsehstation als Geschäftsführerin der Verkaufsabteilung arbeitet, wollte ihr Verkaufsgebiet erweitern, um dadurch mehr Aufträge und einen größeren Zuständigkeitsbereich zu erhalten. Da die Gesellschaft gerade dabei war, einige Verkaufsgebiete neu zu organisieren und Susan zudem frühzeitig herausfand, um welche es sich dabei handelte, ging sie zum Präsidenten der Gesellschaft, der bei solchen Entscheidungen stets das letzte Wort zu sprechen hat. Ihm unterbreitete sie einen Vorschlag, wonach ihr bisheriges Verkaufsgebiet mit einigen der in Frage kommenden Regionen zusammengelegt werden sollte. Der Präsident war von diesem Vorschlag sehr angetan und akzeptierte ihn. So konnte Susan in einem Zeitraum von nur zehn Monaten ihre Aufträge um dreißig Prozent steigern, was anderen, diplomatisch weniger versierten Verkaufsleuten nicht gelang.

Kommunikation

Kommunikation ist zunächst insofern ein wichtiger Faktor für das berufliche Weiterkommen der erfolgsorientierten Frau, als sie nicht einfach darauf warten darf, daß man sie sozusagen wie eine Stecknadel im Heuhaufen des modernen Geschäftslebens sucht. Sie muß schon mitteilen, wo sie zu finden ist.

Auch bei der Kommunikation zählen »Taten« oft mehr als Worte. Angesichts der Komplexität diplomatischer Verhaltensweisen in der Geschäftswelt kann nicht genug betont werden, wie wichtig es ist, sicherzustellen, daß auch Ihre nichtverbalen Botschaften klar und eindeutig wahrgenommen werden. Denn es geht um mehr, als präzise das auszusprechen, was wir sagen möchten. Wenn wir nämlich unsere Information genau formulieren, unsere Körpersprache oder unser allgemeines Verhalten jedoch etwas anderes signalisiert, kann es bei dem Empfänger unserer Botschaft möglicherweise zu Fehlinterpretationen kommen.

Ein Beispiel: Andrea arbeitet als Buchhalterin bei einem Unternehmen, das in den roten Zahlen steckt. Sie möchte eine Gehaltserhöhung haben und hat auch Interesse daran gezeigt, Abteilungsleiterin zu werden. Als sie jedoch bei ihrem Chef wegen einer ansehnlichen Lohnerhöhung vorstellig wurde, konfrontierte er sie mit folgendem Einwand: »Obwohl ich weiß, daß Sie gute Arbeit leisten und mehr Geld haben möchten, weichen Sie mir jedesmal aus, wenn ich Sie dazu auffordere, Ihren Verantwortungsbereich zu erweitern – ich darf Sie in diesem Zusammenhang an den Fall erinnern, als ich Sie bat, die Gebühren bei den säumigen Kunden einzutreiben.«

Unabsichtlich vermittelt Andrea widersprüchliche Botschaften. Sie muß klarstellen, daß sie sich nach einer Beförderung sehr wohl auch in neuen Verantwortungsbereichen bewähren wird.

Qualität

Der Begriff Qualität bezeichnet die Beschaffenheit, Güte, den Wert, das Niveau, in unserem Sinne auch die Fähigkeit, charakteristische Anlagen sowie seelische Eigenschaften und moralisches Verhalten. Gute Qualität ist wohl nach wie vor der größte Aktivposten der Frauen am Arbeitsplatz, besonders in führenden Positionen. Sie neigen jedoch oft dazu, alles hunderteinprozentig zu machen, haben es selten gelernt, sich – wenn angebracht – auch mit einer durchschnittlichen, aber völlig ausreichenden Leistung zufriedenzugeben.

Frauen in Managementpositionen sind heute weitaus gebildeter, als sie es früher waren, intellektuell erfüllen sie längst die Voraussetzungen für die meisten Positionen. Und trotzdem haben sie oft noch immer nicht jenes Selbstvertrauen erworben, das es ihnen erlaubt, bei weniger wichtigen Aufgaben auch einmal eine Arbeit abzuliefern, die nicht hervorragend, doch der Problemstellung durchaus angemessen ist. Kritik gegenüber sind sie zu empfindlich. Genau das ist nämlich das Handicap, weswegen viel zu viele Frauen zum Perfektionismus neigen.

Als Beispiel soll das Verhalten von Carolyn und Peter dienen. Beide arbeiten in gehobenen Führungspositionen einer sozialen Einrichtung. Kürzlich erschien das Thema Computerisierung auf der Tagesordnung, und jeder sollte zu der entsprechenden Gruppenbesprechung ein paar Vorüberlegungen hinsichtlich möglicher Systemverbesserungen in der eigenen Abteilung mitbringen. Carolyn opferte zwei ganze Tage für ihre Recherchen und erschien anschließend mit einem zehn Seiten langen Bericht. Peter dagegen hatte in seinem Büro lediglich einen oder zwei Mitarbeiter befragt und etwa eine Stunde lang mit ihnen einige Probleme und Schlüsselfragen diskutiert, die in diesem Zusammenhang von Bedeutung waren. Danach betrachtete er sich für die Besprechung als hinreichend vorbereitet.

Peter hat in diesem Fall richtig gehandelt, Carolyn dagegen vergeudete zuviel ihrer kostbaren Zeit für etwas, das weniger wichtig war als all die übrige Arbeit, die sie in der gleichen Zeit noch hätte erledigen können.

Natürlich soll hier nicht in Abrede gestellt werden, wie wichtig hervorragende Leistungen für eine Karriere sind. Es geht vielmehr darum, deutlich zu machen, wie leicht übertriebener Ehrgeiz zu krankhafter Arbeitssucht ausarten kann. Auf die Leistung allein kommt es nämlich nicht an, denn gerade im Hinblick auf die vielen Anforderungen und Überlastungen am Arbeitsplatz ist es – besonders auch unter diplomatischen Gesichtspunkten – entscheidend, eine Aufgabe ihrer Wichtigkeit entsprechend zu behandeln, stets das Ganze im Auge zu behalten.

Präsenz zeigen

Die Fähigkeit, sich zum geeigneten Zeitpunkt im Unternehmen sichtbar in Szene zu setzen, ist deshalb bedeutend, weil Sie kaum sehr weit kommen, wenn die Qualität Ihrer Arbeit sowie Ihr soziales Geschick Ihren Mitarbeitern, Mitarbeiterinnen und Vorgesetzten verborgen bleiben.

Zur Verdeutlichung soll das Beispiel von Linda angeführt werden, die hart gearbeitet und in Philosophie promoviert hat, zudem über ausreichend Berufserfahrung verfügt. Jedesmal jedoch, wenn sie sich um eine Spitzenposition bewirbt, gerät sie bei den entsprechenden Verhandlungen in Schwierigkeiten, da sie ihre Arbeit dermaßen ruhig und unbemerkt verrichtet, daß letztlich niemand richtig zur Kenntnis nimmt, wie gut und effizient sie ihren Job in Wahrheit macht. Linda hat es bisher nicht auch angemessen würdigen können, was sie tatsächlich an Leistung erbringt. Diese Fähigkeit nämlich, angemessen Präsenz zu zeigen und, wenn es nötig ist, sich da und dort auch einmal gebührend in Szene zu setzen, ist genau wie das Eintreten für die eigenen Interessen etwas, wovor viele Frauen allein aus Angst davor zurückschrecken, man könnte sie dann für jemanden halten, der sich unbedingt in den Vordergrund spielen will.

Das Gespür für den rechten Zeitpunkt

Ein Faktor, der in Abbildung 4 nicht angeführt wurde, das »Timing« – das Gespür für den rechten Zeitpunkt –, ist in Zusammenhang mit

Aufstiegsplänen genauso wichtig wie die übrigen Faktoren auch. Daß die Beförderung, auf die Sie warten, sich genau zu dem Zeitpunkt ereignet, in dem Sie selbst darauf hoffen oder spekulieren, dürfte nämlich äußerst selten der Fall sein. Es kommt also darauf an, daß Sie es lernen, die sich manchmal überraschend bietenden Gelegenheiten genau dann auszunutzen, wenn sie sich ergeben. Andererseits müssen Sie aber auch, falls dies geboten scheint, die Fähigkeit besitzen, geduldig zu warten.

Jeder, der Erfolg haben will, muß damit rechnen, daß sich ihm auf dem Weg nach oben betriebsinterne oder persönlich bedingte Hindernisse in den Weg stellen. Diese erfolgreich meistern zu können, hängt häufig einzig und allein von der richtigen Einschätzung des passenden Zeitpunkts ab.

Sollten Sie in der glücklichen Lage sein, in einem Unternehmen zu arbeiten, das sich gerade in einer rapiden Wachstumsphase oder in einem dynamischen Veränderungsprozeß befindet, können Sie sich ohne Zweifel gute Aufstiegschancen ausrechnen. Neue Herausforderungen sind dazu da, daß man sich ihnen stellt. Sorgen Sie also dafür, daß Sie an der Entwicklung dieser Aufgaben selbst beteiligt sind, indem Sie zur rechten Zeit am rechten Platz sind.

Aber selbst wenn Ihr Unternehmen augenblicklich harte Zeiten durchmacht, werden Sie eine Chance erhalten, Ihre Führungsqualitäten unter Beweis zu stellen. Von unschätzbarem Wert in solchen Zeiten ist beispielsweise die Fähigkeit, mögliche Kosteneinsparungsfaktoren zu erkennen. Seien Sie also diejenige, die effektive Kosteneinsparungspläne entwickelt!

Ein gutes Gespür für das rechte Timing spielt auch im Hinblick auf persönliche Beziehungen am Arbeitsplatz eine entscheidende Rolle und ist darüber hinaus bei jeder Planung wichtig. Das Timing bestimmt, was Sie wann sagen und ob es angebracht ist, gleich wie ein Bulldozer vorzupreschen oder zunächst eher zurückhaltend zu bleiben.

In diesen Zusammenhang gehört das Beispiel von Karen, die ihren besten Förderer nur deshalb verlor, weil ihr das nötige Gespür für das richtige Timing fehlte: Karen arbeitete als Sozialhelferin in einem Krankenhaus. Kurz nachdem sie befördert und mit einer leitenden Position betraut worden war, besuchte sie eines meiner Seminare über den richtigen Umgang mit Vorgesetzten. Leider kam aber jeder Rat, den ich ihr geben konnte, ein bißchen zu spät.

Im Prinzip hatte Karen bei ihrer Arbeit schon gute Leistungen gezeigt. Was ihre Arbeit in der Klinik betraf, galt sie als kompetent. Darüber hinaus wurde sie von ihren Mitarbeitern und Mitarbeiterinnen wegen ihrer Fähigkeit respektiert, ihre Ansichten auch begründen und das Personal mit ihrem Enthusiasmus anstecken zu können. Dann allerdings unterlief ihr ein folgenschwerer Fehler.

Karen hatte stets ein ausgezeichnetes Verhältnis zu ihrem Chef, der ihr überdies auch relativ freie Hand gelassen hatte. In privaten Unterhaltungen machte sie ihn mitunter auf seine Fehler aufmerksam, und nicht selten nahm er sich ihre Kritik auch zu Herzen. Eines Tages jedoch kritisierte sie ihn in Gegenwart der übrigen Mitarbeiter und Mitarbeiterinnen recht scharf, was katastrophale Folgen nach sich zog.

Karen verlor das Ansehen, das sie bisher genossen hatte, da niemand in der Abteilung mehr das Gefühl hatte – und schon gar nicht ihr Chef –, ihr noch vertrauen zu können. Welcher Mensch wünscht sich schon, daß ihm selbst das widerfährt, was Karens Chef da vor versammelter Mannschaft erdulden mußte?

Sie brauchte volle zwei Jahre, um den Vertrauensverlust innerhalb der Gruppe zurückzugewinnen. Erst nach Ablauf dieser Zeit war der Weg für eine Beförderung in eine leitende Position frei.

Die Moral dieser Geschichte: Es gibt Situationen, in denen es von entscheidender Bedeutung ist, daß Sie sich zurückhalten. Der Gefahr, in dieser Hinsicht Fehler zu machen, sind Sie so gut wie immer ausgesetzt. Deswegen ist es auf praktisch jeder Stufe der Karriereleiter entscheidend, für alles, was Sie tun und lassen, auch den richtigen Zeitpunkt zu wählen, dieses Timing permanent im Auge zu behalten. Wenn Sie beispielsweise glauben, Sie seien zwar eigentlich schon soweit, Ihre Chance in dem Unternehmen, in dem Sie arbeiten, auch wahrzunehmen, gleichzeitig aber spüren, daß der rechte Zeitpunkt dafür vielleicht doch noch nicht gekommen ist, dann sollten Sie keinesfalls etwas überstürzen. Es ist bekanntlich besser, das Eisen dann zu schmieden, wenn es heiß, und nicht schon, wenn es gerade erst lauwarm ist.

Der Plan für den Aufstieg

Es wurde bereits erwähnt, wie wichtig es ist, sich sowohl kurzfristige als auch langfristige Ziele zu setzen und darüber hinaus konkrete Strategien zu entwickeln, mit denen sich diese Ziele dann realisieren lassen. Außerdem wurden einige der wichtigsten allgemeinen Faktoren genannt, die eine Karriere beeinflussen. Nun ist es an der Zeit, auf der Grundlage dieser Informationen einen umfassenden Plan für Ihre Zukunft aufzustellen. Ich behandele deshalb in den nächsten drei Kapiteln die drei wesentlichen Aspekte, die ich als Voraussetzung für jeden Karriereplan erachte:

Strategie 1: Die optimale Arbeitsleistung:
Optimale Leistungen an Ihrem derzeitigen Arbeitsplatz

Strategie 2: Die angemessene Vorbereitung:
Wie Sie sich darauf vorbereiten, von Ihrer derzeitigen Position fortzukommen

Strategie 3: Der Aufstieg:
Wie erreichen Sie von Ihrem derzeitigen Arbeitsplatz aus das angestrebte Ziel?

Jeder einzelnen Strategie ist ein eigenes Kapitel gewidmet, damit für Sie auch tatsächlich deutlich wird, was jeweils im Detail zu beachten ist. Das III. Kapitel erläutert Strategie 1, »Die optimale Arbeitsleistung«, bei der es vorrangig um Ihren jetzigen Arbeitsplatz geht. In dieser Phase Ihrer Karriere sollten Sie gewährleisten, daß Sie die Aufgaben, die von Ihnen in der derzeitigen Position verlangt werden, kompetent erfüllen. Wenn Sie glauben, Ihre Arbeit voll zu beherrschen und gut damit zurechtzukommen, dann schauen Sie sich möglichst nach weitergehenden arbeitsbezogenen Tätigkeiten im Büro um. Stellen Sie sich beispielsweise freiwillig für ein Personalkomitee zur Verfügung, in dem Belegschaftsprobleme behandelt werden, oder bieten Sie Ihre Mitarbeit bei irgendwelchen Verwaltungsaufgaben an, die mit Ihrem Kundenkreis zusammenhängen. Dies wird darüber hinaus auch dazu beitragen, daß Sie zusätzlich Präsenz zeigen können.

Ein weiterer wichtiger Aspekt liegt darin, in Erfahrung zu bringen, wie Sie dazu beitragen können, daß Ihr Chef oder Ihre Chefin

Ihnen wohlgesinnt ist. Voraussetzung hierfür ist es, möglichst rasch herauszufinden, was für ihn beziehungsweise sie wichtig ist und was bei dem alltäglich anfallenden Arbeitspensum besonders geschätzt wird. Ferner sollten Sie versuchen, mit Ihrem Chef oder Ihrer Chefin ständig im Dialog zu bleiben, um auf diesem Wege Ihren Fleiß und Ihre Fähigkeiten mit Blick auf potentielle Beförderungen ins rechte Licht zu rücken.

Schließlich sollten Sie sich auch um eine gute Zusammenarbeit mit Ihren Kollegen innerhalb des Büros bemühen, sich als teamfähig erweisen. Gut mit einer Gruppe von Mitarbeitern und Mitarbeiterinnen zusammenarbeiten zu können, ist äußerst wichtig. Nicht zuletzt sollten Sie sich Gedanken über das Firmenimage machen – inwieweit beispielsweise Ihr persönlicher Stil, hierzu zählen auch Ihre Kleidung und Ihre Ausdrucksweise, dazu paßt.

In dem Plan, nach dem Sie Ihre berufliche Karriere aufbauen wollen, darf auch ein weiterer Bereich nicht unberücksichtigt bleiben: Sie sollten schon vorab sicherstellen, daß Sie alle persönlichen und privaten Verpflichtungen bewältigen können. Sofern Sie Kinder haben, sind Vorkehrungen zu treffen, daß diese auch dann versorgt sind, wenn Sie die Betreuung einmal nicht selbst übernehmen können. Darüber hinaus könnte es nötig werden, sich für zu Hause eine Putzhilfe zu besorgen. Haben Sie vielleicht Verwandte oder Freunde, die notfalls für Sie einspringen könnten?

In einigen Berufen ist es erforderlich, viel zu reisen. Haben Sie sich schon Gedanken über die Begleiterscheinungen einer Tätigkeit gemacht, bei der Sie längere Zeit »aus dem Koffer leben« müssen? Bedenken Sie auch vordergründig banale Probleme wie zum Beispiel Flugangst, falls Sie davon betroffen sind.

Das IV. Kapitel behandelt die zweite Strategie Ihres Karriereplans: »Die angemessene Vorbereitung«. Hier wird auf einige Fehler hingewiesen, die Frauen immer wieder machen. Dazu gehört etwa die Unfähigkeit, Aufgaben an andere zu delegieren, eine Arbeitskraft für den eigenen Aufgabenbereich einzuarbeiten oder das eigene gesellschaftliche Geschick optimal am Arbeitsplatz einzusetzen – nicht zuletzt die mangelnde Aufmerksamkeit gegenüber der eigenen Präsenz innerhalb wie außerhalb des Arbeitsplatzes.

Im V. Kapitel, »Der Aufstieg«, ist die dritte Strategie des Plans erläutert, wobei auf Ihrer derzeitigen Situation, Ihren Kenntnissen und Geschicklichkeiten aufgebaut wird.

Sobald Sie eine Vorstellung davon gewonnen haben, welches Ziel Sie erreichen möchten, sollten Sie sich mit den erforderlichen Kenntnissen und Fertigkeiten befassen. Handelt es sich dabei beispielsweise um eine Stelle, die öffentliches Reden oder das Erlernen einer neuen Technologie erfordert, dann sollten Sie sich entsprechend darauf vorbereiten und einige dieser neuen Kenntnisse und Fertigkeiten auffrischen oder gegebenenfalls neu erwerben.

Schließlich sind auch Kontakte und Mentoren wichtige Faktoren, die Ihnen auf Ihrem Weg nach oben behilflich sein können. Die Kontaktpflege mit den Kunden und Lieferanten, mit denen Sie beruflich zu tun haben, macht Ihre Arbeit nicht nur interessanter, sonder sie kann letztlich auch nützlich sein.

Ihr Wunsch vorwärtszukommen und Ihre Bereitschaft zur Mobilität sollten allen Menschen, mit denen Sie beruflich Kontakt haben, stets erkennbar sein. Ein Engagement in Form von freiwilligen oder ehrenamtlichen Aktivitäten und die Teilnahme an gesellschaftlichen Ereignissen können nicht nur persönlich befriedigen und erfüllend sein; diese Betätigungen bieten darüber hinaus auch ausgezeichnete Möglichkeiten, sichtbar in Erscheinung zu treten und Präsenz zu zeigen.

Diese Details bilden sozusagen das Gerüst der Strategien – sie werden natürlich noch ausführlicher erörtert. Wichtig für Ihre Planung ist es an dieser Stelle jedoch zunächst, sich über die Bedeutung der einzelnen Faktoren für die eigene Karriere klarzuwerden.

Unter Berücksichtigung dessen, was bisher in diesem Buch erörtert wurde, sollten Sie das folgende Arbeitsblatt ausfüllen, bevor Sie zum III. Kapitel übergehen.

Arbeitsblatt
Abschätzung der Möglichkeiten

Füllen Sie dieses Arbeitsblatt sorgfältig aus, und achten Sie darauf, daß Sie bei der Aufzählung von Möglichkeiten, Hindernissen und Lösungen so genau und realistisch wie möglich sind. Vermerken Sie gleichzeitig auch die Daten, an denen Sie die jeweiligen Lösungen gerne erreicht hätten.

Aufstiegschancen	Hindernisse	Lösungen
Innerhalb Ihrer Branche		
1.		
2.		
3.		
4.		
5.		
Innerhalb Ihres Unternehmens		
1.		
2.		
3.		
4.		
5.		
Im Zuständigkeitsbereich Ihres Chefs bzw. Ihrer Chefin		
1.		
2.		
3.		
4.		
5.		

Zusammenfassung

- Vergessen Sie das Träumen nicht.
- Nehmen Sie Ihre derzeitige Umgebung sehr genau unter die Lupe, und taxieren Sie die sich daraus eventuell ergebenden Aufstiegsmöglichkeiten.
- Entwickeln Sie ein Gespür für Diplomatie, Qualität, Kommunikation und die Fähigkeit, Präsenz zu zeigen.
- Achten Sie auf das angemessene Timing.

III. Kapitel
Die optimale Arbeitsleistung

Optimale Leistungen an Ihrem derzeitigen Arbeitsplatz

Ob Sie Ihre derzeitige Position nun schon seit einigen Jahren innehaben oder erst kürzlich befördert, versetzt oder eingestellt wurden, die in diesem Kapitel beschriebene Vorgehensweise sollten Sie in jedem Fall Schritt für Schritt befolgen, um Ihre Karrierestrategie effektiv entwickeln zu können.

Machen Sie das Beste aus Ihren Aktivposten, was Ihnen selbst wie auch Ihrer Firma zugute kommt? Haben Sie das Potential, das Ihnen Ihr Arbeitsplatz bietet, hinreichend ausgeschöpft? Falls nicht, kommen Sie selbst und auch Ihre Firma zu kurz.

Ihr Arbeitsplatz ist für Ihr Unternehmen eine durchaus beachtliche Investition. Bedenken Sie beispielsweise den Zeitaufwand, der allein für das Stellenangebot bis zu Ihrer Einstellung erforderlich war, dann die sich anschließenden Bemühungen um Ihre Einarbeitung und eventuell den Aufbau von Abteilungen, die Ihre Arbeit unterstützen. Die Firma finanziert Ihr Arbeitsgerät, ob es sich dabei nun um eine Schreibmaschine, Rechenmaschine, einen Computer oder Firmenwagen handelt, und bezahlt Reisekostenvergütungen. Neben der Bereitstellung der erforderlichen Ausstattung kommt dem Unternehmen aber auch noch eine weitere Aufgabe zu: Es sollte Ihnen das Gefühl vermitteln, daß Sie die Chance zum Weiterkommen haben.

Entwickeln einer positiven Arbeitseinstellung

Im optimalen Falle sorgen Arbeitgeber und Arbeitnehmer gemeinsam für ein perfektes Klima, das beiden Seiten zum Vorteil gereicht.

Leider zeigen Statistiken jedoch, daß ein großer Prozentsatz der berufstätigen Bevölkerung in Nordamerika mit dem Arbeitsplatz unzufrieden ist. Als Folge dieser Erhebungen haben allerdings einige fortschrittliche Unternehmen in den letzten Jahren beachtlich in Programme für Arbeitsplatzkonzeptionen, Produktivität und Motivation der Belegschaft investiert.

Sollten Sie zu diesem großen Kreis der Berufstätigen zählen, die mit ihrem Arbeitsplatz unzufrieden sind, dann denken Sie bitte daran, wie wichtig es ist, dies nicht in destruktiver Weise zu zeigen. Eine positive Einstellung ist ausschlaggebend für einen karriereorientierten Erfolg. Nutzen Sie Ihre Unzufriedenheit vielmehr dazu, um Aufstiegspläne zu schmieden; anderenfalls laufen Sie Gefahr, auf ein Leistungsniveau abzufallen, das Ihre beruflichen Chancen rapide verschlechtert.

Halten Sie sich in diesem Zusammenhang zum Beispiel die Geschichte von Janice (vgl. II. Kapitel) vor Augen, deren negative Arbeitshaltung ganz erheblich zu ihrer festgefahrenen beruflichen Situation beigetragen hat. Obwohl ein individueller Stil für Ihre Aufstiegschancen durchaus ein wichtiges Moment ist, sollten Sie Individualität dennoch niemals dahingehend fehlinterpretieren, daß Sie etwa als die Lauteste und Temperamentvollste im gesamten Büro auftreten. Eine solche Nonkonformität wird verständlicherweise allzuleicht als mangelnder Teamgeist ausgelegt, was sicherlich nicht dazu geeignet ist, Ihre Aufstiegschancen zu erhöhen.

Darüber hinaus sollten Sie Ihr Verhalten während Geschäftsreisen, bei Konferenzen oder Gesprächen mit den Kollegen selbstkritisch im Auge behalten, denn Sie werden ständig beobachtet – nicht aus Böswilligkeit, sondern wie es bei Begegnungen ganz natürlich ist. Dies sollten Sie selbst in scheinbar zwanglosen Situationen nicht vergessen.

Konferenzen bieten Gelegenheit, Kontakte zu schließen, Schlüsselinformationen zu erhalten und berufsbedingte Beziehungen zu vertiefen. Demonstrieren Sie auch hier Ihr Geschick im Umgang mit anderen Menschen, die Ihnen nicht von der täglichen Arbeit her wohlvertraut sind, um gegebenenfalls auf neue Territorien vorzudringen, dahin, wo sich Ihre Aufstiegsambitionen am besten verwirklichen lassen.

Entwickeln fachlicher Kompetenz in Ihrer derzeitigen Position

Ehe Sie innerhalb Ihrer Firma aufsteigen können, müssen Sie mit allen Kenntnissen und Fertigkeiten, die von Ihrer derzeitigen Arbeitsstelle gefordert werden, so vertraut sein, daß Sie diese Aufgaben kompetent erledigen können. Wichtig dabei sind natürlich auch eine professionelle Vorgehensweise und ein entsprechendes selbstsicheres Auftreten, damit Ihre Kollegen und Vorgesetzten darauf aufmerksam werden, daß Sie effiziente und kompetente Leistungen erbringen.

Lorraine arbeitet als Verwaltungsassistentin bei einem großen Bekleidungshersteller. Da sie von ihrer Ausbildung her außerdem ein Diplom der Modebranche erworben hat, möchte sie eines Tages gerne Produktionsmanagerin werden. In ihrer derzeitigen Position lernt sie gerade, wie man Computerberichte liest, um so ihrem Chef bei der Einkaufsplanung der Rohmaterialien helfen zu können. Dabei wird sie damit vertraut gemacht, wie Daten zu analysieren und zu künftigen Entscheidungsplanungen und Terminierungen in Bezug zu setzen sind. Dank ihres großen Interesses an dieser Tätigkeit wird sie schnell jene Kenntnisse erwerben können, die sie für ihre derzeitige Position benötigt. Darüber hinaus wird sie sich damit aber auch als Kandidatin für entsprechende Weiterbildungsmaßnahmen qualifizieren.

Die richtigen Verbindungen

Neben der Persönlichkeit und der Kompetenz, die für eine erfolgreiche Karriere zweifellos ganz maßgeblich sind, gibt es noch einen weiteren, gleichermaßen wichtigen Faktor – die richtigen Beziehungen –, der oft übersehen wird. Dies gilt vor allem für jene Frauen, die zu der Annahme neigen, ihr Vorankommen hänge ausschließlich von ihren Leistungen ab.

Als sich feministische Akademikerinnen Anfang der siebziger Jahre zum erstenmal daranmachten, die Ursachen beruflichen Erfolgs zu untersuchen, zielten sie unter anderem darauf ab, herauszufinden, auf welchen Gebieten Frauen womöglich Fehler gemacht haben könnten. Eines der ersten Phänomene, auf die sie in diesem Zusammenhang stießen, als sie einmal vergleichsweise erfolgreiche

Männer unter die Lupe nahmen, war die immens wichtige Rolle, die das sogenannte »Old Boys' Network« auf hochrangiger Karriereebene spielte. Als Folge davon hat sich eine derartige »Pflege der Beziehungen«, also die Kultivierung nützlicher Kontakte auf freiwilliger Basis sowohl innerhalb wie außerhalb des Büros, in den letzten Jahren auch zu einer wichtigen Einrichtung im Berufsleben von Frauen entwickelt. Im alten Sprichwort: »Entscheidend ist nicht, *was* du kannst, sondern *wen* du kennst« steckt nach wie vor ein gutes Stück Wahrheit, wenn es um Karrierechancen im Geschäftsleben geht.

Die gezielt außerhalb des Arbeitsplatzes geknüpften Beziehungen können Ihnen ausgesprochen hilfreich sein, sich einen guten Ruf in Managementkreisen zu sichern. Durch den Zugang zu den »richtigen Leuten« werden Sie darüber hinaus in einen Informationsaustausch einbezogen, der Ihrem Fortkommen durchaus dienlich sein könnte, denn es ist enorm wichtig, etwa über Machtverschiebungen und andere inoffizielle Veränderungen innerhalb Ihres Unternehmens rechtzeitig unterrichtet zu sein.

In einem kürzlich von mir veranstalteten Managementseminar waren die meisten Teilnehmerinnen hochrangige Geschäftsführerinnen von Banken, Juristinnen und Ingenieurinnen. Sie arbeiteten größtenteils in Unternehmen, die nicht nur zahlenmäßig, sondern auch im Hinblick auf den dort vorherrschenden Arbeitsstil eindeutig von Männern geprägt waren. Die meisten dieser Frauen sahen ihr größtes Problem darin, daß sie wichtige Informationen praktisch als letzte innerhalb ihrer Firmen erhielten und bedeutende Neuigkeiten zumeist erst dann erfuhren, wenn diese bereits kurz vor der offiziellen Bekanntmachung standen. Das größte Handicap dieser Frauen lag also darin, daß sie niemals im voraus Kenntnis von sich bietenden Chancen innerhalb ihrer Unternehmen erhielten – bei möglicherweise vorher veranstalteten Diskussionen über anstehende Verschiebungen oder Beförderungen waren sie nicht präsent.

Selbst wenn es vielleicht nicht so ganz einfach ist, in von Männern dominierte außerbetriebliche Kreise einzudringen, möglich ist dies dennoch, zumal wenn Sie kompetent und anpassungsfähig sind – und die Mühe lohnt sich allemal.

Verlassen Sie sich niemals darauf, daß Ihre Vorgesetzten Ihre Standpunkte, die Entwicklung Ihrer Arbeit, Ihre Wünsche oder Erwartungen kennen. Sie sollten deshalb immer wieder von sich aus die Kommunikation mit den wichtigsten Leuten Ihres Unternehmens suchen, und zwar auf verschiedenen Ebenen der Organisation.

Wirklich »gute« Vorgesetzte finden sich leider nur recht selten. Haben Sie dennoch dieses Glück, dann sollten Sie das auch entsprechend zu schätzen wissen, denn Vorgesetzte verfügen nicht nur über wichtige Informationen, die sie mit Ihnen teilen können, sondern sie haben darüber hinaus auch direkten Zugang zum Topmanagement.

Nachstehend nun eine Liste mit Vorschlägen, wie Sie erfolgreich Kommunikation in die Wege leiten können:

1. Schaffen Sie die Voraussetzungen für ein Klima, das Ihnen die Möglichkeit gibt, sich selbst einbringen zu können. Wenn Sie beispielsweise Vorgesetzten, die Sie nach Ihrer Meinung fragen, zur Antwort geben, Sie hätten keine eigenen Vorstellungen und Ideen vorzubringen, dann ist es sehr unwahrscheinlich, daß man Sie später nochmals fragt. Damit aber hätten Sie sich selbst eine potentiell nützliche Beziehung sowie eine wichtige Informationsquelle verbaut. Andererseits sollten Sie natürlich auch nicht zu ängstlich sein, von sich aus eigene Vorschläge zu unterbreiten, sofern der Zeitpunkt dafür richtig gewählt ist.

2. Wenn zwischen Ihnen und Ihrem Vorgesetzten oder Ihren Mitarbeitern einmal Differenzen aufkommen, dann sollten Sie diejenige sein, die die Atmosphäre wieder bereinigt. Dies wird dazu beitragen, daß Sie sich einen guten Ruf erwerben und als diplomatisch gelten. Darüber hinaus werden Ihnen derartige Situationen auch insofern nützlich sein, als sie Ihnen die Grundlage liefern, um abschätzen zu können, wie groß die Unterstützung Ihres Vorgesetzten auf kommunikativer Ebene tatsächlich ist – ein nicht zu unterschätzender Aspekt beispielsweise im Hinblick auf Gespräche über Beförderungen, Vergütungen oder sonstige Dinge, die in Ihrem eigenen Interesse liegen.

3. Wann immer dies möglich ist, sollten Sie bemüht sein, Ihre Differenzen mit Vorgesetzten und auch mit allen Mitarbeitern und Mit-

arbeiterinnen zu entpersonalisieren, das heißt, Diskussionsgrundlage bei streng geschäftlichen Angelegenheiten sollten für Sie immer konkrete Problemstellungen, Berichte und Fakten sein, Sie sollten sich nicht etwa auf Vermutungen stützen oder gar emotionsgeladen argumentieren.

4. Finden Sie die Art der Hilfestellung heraus, die Ihre Vorgesetzten am dringendsten benötigen, so daß Sie bei der Bewältigung des Arbeitsanfalls so effektiv wie nur möglich mithelfen können.

5. Zögern Sie nicht, bei Bedarf gegebenenfalls auch auf die Unterstützung und Hilfe Ihrer Vorgesetzten zurückzugreifen. Warten Sie damit nicht bis zur letzten Minute. Besprechen Sie mögliche Probleme, wie etwa einen Krankheitsfall der Kinder oder Notsituationen zu Hause, ehe diese eintreten.

6. Beweisen Sie Ihren Arbeitseinsatz, indem Sie auch für Sonderprojekte und Überstunden zur Verfügung stehen.

7. Bemühen Sie sich um regelmäßige Leistungsbeurteilungen. Diese bieten Ihnen nicht nur Gelegenheit, in Erfahrung zu bringen, was Ihre Vorgesetzten über Ihre Arbeitsleistung denken, sondern auch die Chance, dabei selbst eigene Belange vorbringen zu können.

Lassen Sie keinen Zweifel daran aufkommen, daß Sie über alle Dinge möglichst weit im voraus informiert sein möchten. Ergreifen Sie auch von sich aus die Initiative zu Gesprächen mit Ihrem Chef oder Ihrer Chefin über mögliche Veränderungen innerhalb des Betriebes. Bei diesen Gelegenheiten sollten Sie vor allem auch Ihre Kommentare über neue Entwicklungen äußern und so Interesse am Unternehmen verdeutlichen.

Marjorie arbeitet seit vier Jahren als Maklerin in einem mittelständischen Unternehmen. Sie bringt sehr gute Leistungen, ist als Arbeitskraft hochgeschätzt und hat ein gutes Arbeitsverhältnis zu Bob, dem Direktor des Unternehmens, und auch zu allen Kollegen und Kolleginnen. Seit kurzem ist sie schwanger, möchte aber nach der Geburt des Kindes schnellstmöglich ihren Beruf wieder ausüben. Als sie Bob von ihrer Schwangerschaft informierte, hatte sie ein langes Gespräch mit ihm. Dabei erzählte sie ihm auch von ihrer Absicht, wieder an ihren Arbeitsplatz zurückzukehren. Ganz vertraulich offenbarte sie ihm allerdings auch, daß ihre Mutter, ihre Schwiegermutter und ihr Ehemann es dagegen gerne sähen, wenn sie nach der Geburt des Kindes statt dessen zu Hause bliebe.

Bob schätzt Marjories Leistungen, was er ihr auch mitteilte. Gleichzeitig aber ließ er durchblicken, er bezweifle, ob sie tatsächlich weiterarbeitet. Außerdem brachte er seine Bedenken vor, ob Marjorie für den Fall, daß sie tatsächlich weiterarbeiten würde, ihrer Arbeit dann nicht letztlich mit weniger Energie werde nachkommen können, wenn sie durch die Doppelbelastung in Beruf und Familie womöglich ständig hin und her gerissen wäre.

Mit diesem Problem steht Marjorie keineswegs allein. Wenn Frauen schwanger werden, sollten sie es tunlichst vermeiden, ihrem Arbeitgeber gegenüber zwiespältige Gefühle zu äußern, die sie in Zusammenhang mit der weiteren Ausübung ihres Berufes eventuell haben. Sofern die Absicht besteht, möglichst bald weiterzuarbeiten, sollten sie dies klar und deutlich mitteilen und auch helfen, Vorkehrungen für eine Aushilfskraft für die Zeit ihrer Abwesenheit zu treffen. Während des Mutterschaftsurlaubs sollten sie darüber hinaus bewußt ein oder zwei mehr oder weniger offizielle Gespräche in der Firma ansetzen. Damit halten sie sich zum einen selbst auf dem laufenden, zum anderen demonstrieren sie gleichzeitig, daß sie das Unternehmen nach wie vor als festen Bestandteil ihres Lebens betrachten.

Wenn Sie einen neuen Vorgesetzten bekommen haben, dann sollten Sie diesem gegenüber – auch unter der Voraussetzung, daß er intern befördert wurde – schon frühzeitig Ihr Interesse an Ihrem Weiterkommen verdeutlichen. Ganz besonders wichtig ist dies natürlich, wenn Ihr neuer Vorgesetzter aus einer anderen Abteilung kommt oder erst gerade im Unternehmen eingestellt wurde. Machen Sie dabei aber nicht den Fehler, gleich mit der Tür ins Haus zu fallen, das könnte negativer als alles andere sein. Erzählen Sie ihm vielmehr etwas von Ihrem bisherigen beruflichen Werdegang, und lassen Sie, wo möglich, kurz einfließen, daß Sie selbst die Initiative ergriffen haben, um dorthin zu kommen, wo Sie jetzt stehen. Stellen Sie die positiven Erfahrungen, die Sie in Ihrem guten Verhältnis zu Ihren Kollegen und Kolleginnen gemacht haben, heraus: Damit wird nämlich versteckt die Botschaft vermittelt, daß Sie eine gute Teamarbeiterin sind.

Bedenken Sie jedoch: Wenn Ihr Ziel darin besteht, innerhalb Ihrer jetzigen Firma Karriere zu machen, dann ist das richtige Timing entscheidend. Ihren Wunsch vorwärtszukommen sollten Sie Ihrem Chef oder Ihrer Chefin in jedem Fall erst dann zur Kenntnis bringen, wenn Sie auch wirklich sicher sind, daß Sie in Ihrer derzeitigen Position die erforderlichen Leistungen bringen. Denn nichts ist wohl falscher, als zu versuchen, sich von seinem eigenen Arbeitsplatz davonzustehlen und die eigenen Fähigkeiten in einem neuen Aufgabengebiet unter Beweis stellen zu wollen.

Gut in diesen Zusammenhang paßt die Geschichte von Susan, einer ehemaligen Kollegin von mir, die zuletzt in der Schwesternabteilung eines großen städtischen Krankenhauses arbeitete. Susan war ehrgeizig, machte aber einige gravierende taktische Fehler bei der Art und Weise, wie sie versuchte, an die Spitze aufzurücken. Sie war enttäuscht, als die erwartete Beförderung, für die sie durchaus qualifiziert gewesen wäre, nicht eintrat.

Susan war zunächst zur Direktorin für die stationäre Ausbildung der Krankenschwestern ernannt worden. Danach war sie fest davon überzeugt, für den Rest ihrer Laufbahn in diesem Krankenhaus zu arbeiten. Im ersten Jahr erledigte sie ihre Aufgabe auch sehr erfolgreich, aber bereits im zweiten Jahr, in dem sie diese Stellung innehatte, begann sie damit, mehr oder weniger regelmäßig in eine andere Stadt zu fahren. Dort kundschaftete sie die Möglichkeit aus, sich selbständig zu machen. Bei zahlreichen Zusammenkünften mit ihren Kollegen und Kolleginnen machte Susan keinen Hehl daraus, daß sie den Gedanken hatte, sich eventuell zu verändern und wegzuziehen. Sie ließ kaum Zweifel daran aufkommen, und ihre Mitarbeiter und Mitarbeiterinnen glaubten, es sei nur noch eine Frage der Zeit.

Unterdessen wurde die Direktorenstelle der Krankenpflege vakant. Susan verfügte über die entsprechenden Qualifikationen für diese Position und auch über gute Grundvoraussetzungen. Durch ihre Leistungen ergab es sich eigentlich zwangsläufig, daß sie als ernsthafte Kandidatin galt. Vor diesem Hintergrund reichte sie dann zuversichtlich auch ihre Bewerbung ein.

Leider aber kam sie nicht einmal in die engere Auswahl. Auf Susans Bitte um eine entsprechende Begründung wurde ihr vom Wahlausschuß bedeutet, ihre Absichtserklärung, in eine andere Stadt zu ziehen, habe Unsicherheiten hinsichtlich ihres Arbeitseinsatzes im Krankenhaus aufkommen lassen. Natürlich war Susan nicht wenig überrascht, daß diese Kriterien bei ihrer Beurteilung zu Buche geschlagen waren. Nunmehr aber war sie um einiges klüger – sie hatte eine Lektion erhalten. Fazit: Solange sich Pläne im Hinblick auf alternative Arbeitsstellen bei Ihnen nicht konkretisiert haben und wirklich feststehen, sollten Sie in dem Unternehmen, in dem Sie derzeit arbeiten, auch kein Wort darüber verlieren.

Wie werde ich zu einer Teamarbeiterin?

Wenn Sie eine Stelle antreten, werden Sie zunächst damit beschäftigt sein, die zentralen Aufgaben Ihrer Position nach besten Kräften zu bewältigen. Dabei sollten Sie einen Teil Ihrer Energien auch darauf verwenden, mit Ihrem Vorgesetzten und Ihren Kollegen und Kolleginnen im Arbeitsalltag zurechtzukommen. Auf jeder weiteren Stufe der Karriereleiter wird Ihr Einsatz allerdings auch bei spezifischen Projekten gefordert sein, entweder als Mitarbeiterin oder auch in der Position als Projektleiterin. Und viele derartiger Aufgaben erfordern ein hohes Maß an Teamarbeit.

Wenn Sie von Ihrem Naturell her eher eine Einzelgängerin oder Einzelkämpferin sind, dann müssen Sie es unbedingt verhindern, daß diese Wesensart auch Ihr Verhalten am Arbeitsplatz prägt. Anderenfalls werden Sie wohl niemals Karriere machen, denn kaum ein Unternehmen liebt Einzelgänger. Wie in einem Orchester, so gibt es zwar auch im Geschäftsleben stets einen Platz, an dem Solisten die Möglichkeit haben, ihre Fähigkeiten und Fertigkeiten an ihren Instrumenten unter Beweis zu stellen. Ohne daß diese jedoch auf ein Zeichen hin auch alle wieder zusammenspielen können, werden sie niemals eine effektive Leistung bringen.

Immer mehr Frauen erkennen unterdessen, daß die Fähigkeit, im zwischenmenschlichen Bereich Fingerspitzengefühl zu entwickeln, ein wesentlicher Aktivposten zum Erreichen einer gehobenen Position ist. Kein Unternehmen kann seinen Erfolg und Fortbestand auf den Einsatz einer Einzelperson gründen. Es überlebt nur aufgrund der gemeinschaftlichen Anstrengungen aller Mitarbeiter und Mitarbeiterinnen. Darum ist das Team so wichtig.

Als Mitglied eines Teams kann eine Frau aber auch durch die gegenseitige Förderung Nutzen für das eigene Fortkommen ziehen. In der Gemeinschaft entwickeln sich Beziehungen, die bei der Bewältigung von Schwierigkeiten und Hindernissen auf jeder Sprosse der Karriereleiter dienlich sein können. Darüber hinaus profitiert das Unternehmen wiederum insofern, als es in Ihnen eine potentielle Führungskraft hat, die mit Menschen umgehen, die Dinge durch andere in Bewegung setzen kann.

Deborah ist Geschäftsführerin bei einer großen Versicherungsgesellschaft und in dieser Funktion zwangsläufig in weiten Teilen auf Teamarbeit angewiesen. Ihre starken Seiten liegen zum einen in ihrer Entscheidungsfreudigkeit und zum anderen in der Bereitschaft, auch innovative Risiken auf sich zu nehmen. Ihre männlichen Kollegen sind der Meinung, sie könne sich rasch in alle Projekte einfügen, und entsprechend ist ihre Mitarbeit denn auch allenthalben geschätzt. Nach Deborahs Ansicht wird die Diskriminierung von Frauen durch enge Zusammenarbeit mit Männern im Team am ehesten abgebaut, da Frauen hierbei demonstrieren können, daß sie zu effizientem Management fähig sind und über zuverlässige, fundierte Fachkenntnisse verfügen.

Bei den meisten meiner Seminare konnte ich feststellen, daß diejenigen Frauen, die mit ihrem Beruf am zufriedensten und bis in die höchsten Positionen aufgestiegen waren, dies oft an Arbeitsplätzen mit guter Atmosphäre und einem gesunden Teamgeist erreicht hatten. Da ihnen der Schritt, sich als Teamarbeiterinnen zu integrieren, gelungen war, wurde ihre Arbeit nun auch nicht mehr länger peinlich genau beobachtet, denn schließlich hatten ihre Mitarbeiter und Mitarbeiterinnen mehrfach erlebt, wie sie ihre Aufgaben bewältigen. Bisweilen vorkommende Fehler waren ihnen nicht zum Verhängnis geworden, und die Dinge waren ihnen nicht entglitten. Selbst schwierige Situationen hatten sie also letztlich stets gemeistert.

Folgende Ratschläge könnten sich im Hinblick auf eine effektive Teamarbeit als hilfreich für Sie erweisen:

1. Wann immer Sie an der Lösung eines Problems arbeiten, vergessen Sie dabei niemals die Konsequenzen, die Ihr Verhalten für die übrigen Mitarbeiter und Mitarbeiterinnen in dem Unternehmen mit sich bringt. Versuchen Sie, dementsprechend die unterschiedlichen Persönlichkeiten und Fähigkeiten Ihrer Kollegen und Kolleginnen mit zu berücksichtigen, ehe Sie handeln.

2. Stellen Sie außerdem sicher, daß Ihr Team nicht zu groß ist (zwölf Personen oder weniger). Anderenfalls kann es zu unbeweglich werden. Abgesehen davon wird es für Sie selbst um so schwieriger, einen sichtbaren Beitrag zu leisten, je größer Ihre Gruppe ist.

3. Melden Sie sich möglichst freiwillig zur Mitarbeit bei Projekten, in Komitees und Sonderarbeitsgruppen, sofern Sie wirklich an den dabei behandelten Problemen interessiert sind.

4. Suchen Sie sich Gruppen mit solchen Leuten aus, die Ihren Beitrag zum Team respektieren, die Ihnen aber gleichzeitig auch einen gewissen eigenen Handlungsspielraum für innovative Schritte einräumen und Ihnen Ihre eigene Arbeitsgeschwindigkeit und Ihren eigenen Arbeitsstil zugestehen. Umgekehrt sind gleichgelagerte Wünsche der anderen Mitglieder selbstverständlich ebenso zu respektieren.

5. Vergewissern Sie sich, daß das Projekt, an dem Sie arbeiten, innerhalb des Unternehmens auf seriösen Beinen steht und höherstehende Teammitglieder sowohl bei der Einleitung als auch bei der Weiterentwicklung des Projekts angemessen beteiligt sind.

6. Versuchen Sie, die Zeit, die Ihre Arbeit im Team erfordern wird, möglichst exakt zu kalkulieren. Auf diesem Wege werden Sie die Termine und Zielsetzungen besser erfüllen können. Darüber hinaus wird diese Kalkulation Ihnen den erforderlichen Überblick verschaffen, wie Sie mit den restlichen Ihnen noch verbleibenden Arbeiten zu Rande kommen.

Zwei weitere Fragen werden Ihnen ebenfalls helfen festzustellen, ob oder inwieweit Ihre Arbeit im Team produktiv sein wird:

1. Ist für die anstehende Aufgabe ein Team überhaupt erforderlich oder gar unentbehrlich?

2. Wie soll die Vorgehensweise aussehen?

Zu 1: Nicht alle Aufgaben erfordern notwendigerweise Teamarbeit. Die nachstehenden Fragen sind dazu gedacht, Ihnen bei der Abwägung zu helfen, ob die Bildung eines Teams für ein bestimmtes Projekt tatsächlich von Vorteil ist:

a) Sind die Kenntnisse und Fertigkeiten von mehr als einer Person erforderlich, um das Projekt erfolgreich durchführen zu können?

b) Worin genau bestehen diese Kenntnisse und Fertigkeiten?

c) Welche Personen sollten angesichts dieser Kenntnisse und Fertigkeiten in das Team einbezogen werden?

Zu 2: Stellen Sie sich im einzelnen folgende Fragen:

a) Welche Auswirkungen werden die derzeit in Ihrem Unternehmen gültigen Richtlinien und Verfahrensweisen für das Team haben?

b) Kann das Team externe Beziehungen zu Kunden, staatlichen Stellen, anderen Abteilungen oder Firmen aufnehmen? Wenn ja, wer sollte diese Kontakte einleiten und wie?

c) Kennen Sie und Ihre Kollegen die genauen Zielsetzungen des Teams? Verfügen Sie im Hinblick auf diese Ziele über eine abgestimmte Konzeption?

d) Haben Sie selbst die Methode, nach der das Team seine Arbeit verrichten, Entscheidungen treffen und sowohl intern wie extern kommunizieren soll, voll verstanden?

e) Wie werden Sie als Gruppe mit möglicherweise auftretenden Konflikten umgehen und erzielte Fortschritte nach außen hin darstellen?

Sofern Sie auf die vorstehenden Fragen spontan keine Antworten finden, sollten Sie sich eingehend mit ihnen beschäftigen und diese Punkte gegebenenfalls mit anderen Teammitgliedern besprechen, denn ebenso wie Sie selbst muß sich auch ein Team Ziele setzen und Strategien erarbeiten, um diese zu erreichen.

Entwickeln Sie Ihre Fertigkeiten als Teamleiterin

Das Übernehmen einer Führungsposition in einem Unternehmen kann interessant und reizvoll, es kann jedoch auch belastend und ermüdend sein. Bei manchen Projekten werden Sie sich freuen, wenn Ihnen eine leitende Funktion übertragen wird. In anderen Fällen dagegen möchten Sie eine Führungsaufgabe womöglich am liebsten ablehnen. Positiv gesehen, bieten die meisten Projekte zunächst einmal gute Möglichkeiten zur Selbstdarstellung. Aufgrund der Tatsache, daß damit auch erhöhte Chancen verbunden sind, Präsenz zu zeigen, können Projekte zugleich auch eine gute Voraussetzung dafür sein, Ihre Kontakte innerhalb des Unternehmens auszubauen. Die Dauer solcher Projekte ist meist zeitlich begrenzt, so daß die zusätzliche Kraftanstrengung, die sie mit sich bringen, vorübergehend ist.

Marilyn arbeitet bei einer Stadtverwaltung. Sie leitet dort die Abteilung Freizeit und Sport. Kürzlich entschloß sie sich, einige Programme für Körperbehinderte auszuarbeiten. Sie gründete eine

Sonderarbeitsgruppe, der die Vertreter und Vertreterinnen aller betroffenen Abteilungen – Freizeit, Gesundheit, Gemeindewesen und Soziales – angehörten. Aufgrund der Einbeziehung all dieser verschiedenen Abteilungen war sich Marilyn von Anfang an darüber im klaren, daß sie zur Koordination der verschiedenen Zuständigkeiten eine klar umrissene Zielvorgabe aufstellen mußte. Ihre erste Maßnahme bestand nun darin, sich den Entwurf ihrer Projektplanung von der ihr vorgesetzten Behördenleitung genehmigen zu lassen. Dadurch sicherte sie sich von Anfang an gleichzeitig auch die volle Unterstützung von dieser Seite. Darüber hinaus hatte Marilyn durch den Entwurf eine klare Zielsetzung als Rahmengrundlage für die Arbeit der von ihr ins Leben gerufenen Sonderarbeitsgruppe, so daß diese später keine Zeit mehr dafür aufwenden mußte, ihren eigentlichen Sinn und Zweck abzuklären, bevor sie sich an die wirkliche Arbeit machen konnte. Für alle Beteiligten war das eine befriedigende und zugleich produktive Erfahrung. Die Programme, die dabei erarbeitet wurden, sind mittlerweile auch realisiert worden.

Unabhängig davon, ob Sie als Leiterin eines Teams berufen worden sind oder aufgrund von Eigeninitiative diese Position bekleiden, sollen die folgenden Ratschläge dazu dienen, Ihre Leistungen und Fähigkeit zur Zusammenarbeit zu optimieren:

1. Klären Sie Ihre Handlungsvollmacht im Rahmen des Teams ab, ehe Sie es zusammenrufen.

2. Versuchen Sie, einen klaren schriftlichen Abriß über die Entwicklung des Projekts zu erhalten. Hierzu zählen:

a) Einzelheiten über den Hintergrund,

b) Informationen über die tatsächlichen Sponsoren, die das Projekt innerhalb des Unternehmens aus der Taufe gehoben haben,

c) der Umfang des Projekts im Hinblick auf die Bandbreite erforderlicher Forschungsarbeiten, der für das Projekt angesetzte Zeitraum sowie die zur Verfügung gestellten Firmenmittel,

d) projektgebundene Grenzen. Hat die Gruppe beispielsweise lediglich beratende Funktion, das heißt, soll sie Empfehlungen geben, oder wird sie auch selbst für die Umsetzung ihrer Arbeitsergebnisse verantwortlich sein?

3. Machen Sie eine detaillierte Liste, in der nach Möglichkeit alle denkbaren zu untersuchenden Aspekte und Aufgabenstellungen für die Arbeit des Teams berücksichtigt sind. Ehe Sie dann eine Entscheidung über die endgültige Zusammensetzung des Teams tref-

fen, sollten Sie sich mit zuständigen vorgesetzten Personen entsprechend beraten und absprechen.

4. Stellen Sie fest, welche Kenntnisse und Fertigkeiten für das Projekt erforderlich sind, und besetzen Sie das Team auf den jeweiligen Gebieten mit entsprechenden Fachkräften.

5. Analysieren Sie regelmäßig die Leistungen des Teams, und diskutieren Sie möglichst häufig etwaige Veränderungen der Gegebenheiten, neue Zielsetzungen sowie mögliche Verbesserungen auf bestimmten Gebieten.

6. Entwickeln Sie Möglichkeiten und Aktionspläne für Verbesserungen.

7. Beobachten und bewerten Sie die Teamarbeit.

Aufbau der Unterstützung im privaten Bereich

Die Veränderung Ihrer Karriereplanung von einer kurzfristigen zu einer langfristigen Perspektive bildet, in welcher Firma auch immer, die Grundlage Ihrer weiteren Erfolge. Damit Sie Ihren Plan über die Dauer eines Jahres hinaus erweitern können, sollten Sie sich auch Gedanken darüber machen, inwieweit Sie Ihr Privatleben so umgestalten können, daß es quasi zur Hilfe und Ergänzung für Ihre Karriere wird und nicht ein Hindernis ist. Beim Aufbau eines regelrechten Systems zu Ihrer Unterstützung können Sie die Hilfe, die Ihnen vielleicht Freunde und Freundinnen jetzt schon leisten, als Ausgangspunkt für Ihre Planung nutzen.

Sofern Sie Kinder haben, stellt sich die Frage, ob Ihre derzeitigen Vorkehrungen für deren Versorgung auch einen stärkeren Arbeitseinsatz erlauben. Sind Sie in der Lage, für Ihren Beruf auch mehr Überstunden aufzuwenden, sofern sich hierfür die Notwendigkeit ergeben würde? Haben Sie die emotionale Unterstützung Ihres Ehemannes für eine aufstiegsorientierte Laufbahn? Wissen Sie Ihr Kind auch für den Krankheitsfall so gut versorgt, daß Sie deswegen nicht an Ihrem Arbeitsplatz ausfallen müssen? Ist Ihr Ehemann bereit, die Kinderbetreuung zu übernehmen, wenn Sie mitunter länger arbeiten müssen? Verbringen Sie nach Büroschluß zu Hause noch so viel Zeit mit Hausarbeiten, daß Sie praktisch ständig völlig erschöpft sind? – Auf diese Art Unterstützung werde ich im IV. Kapitel noch näher eingehen, denn nur allzuoft wird ihre Bedeutung von

Frauen zu ihrem eigenen Schaden nicht erkannt. Vermeiden Sie den Fehler, sich selbst zuviel zumuten zu wollen.

Natürlich brauchen auch alleinstehende Menschen ein System der Unterstützung im privaten Bereich, ihnen stellen sich dort nämlich ebenfalls viele Probleme in den Weg.

Francis beispielsweise, die seit jeher allein lebt, widmet einen besonderen Teil ihrer Aufmerksamkeit der Pflege ihrer Pflanzen. Sie begann ihre berufliche Laufbahn in einer Künstleragentur, und zwar in einer Position, die nur wenig Reisen erforderlich machte. Später jedoch, als sie in der Unterhaltungsindustrie in eine andere Position aufrückte, mußte sie häufiger verreisen. Als sie dann für die Zeit ihrer Abwesenheit Freunde und Freundinnen bat, ihre Pflanzen zu gießen, machte sie stets sehr viel Aufhebens darum und war äußerst ungehalten, wenn jemand dabei nicht mit der gleichen Sorgfalt wie sie selbst vorgegangen war. Anstatt für die freundschaftliche Hilfe dankbar zu sein, überwarf sie sich jeweils mit ihnen und wechselte dementsprechend oft ihre »Pflegepersonen«. Am meisten traf es sie, als selbst ihre beste Freundin es plötzlich satt hatte, ständig kritisiert zu werden, und sich fortan weigerte, ihr noch länger auszuhelfen. Schließlich mußte Francis einsehen, daß es zum Aufbau eines funktionierenden Systems zur Unterstützung im privaten Bereich auch gehört, behutsam mit den Menschen umzugehen, die einem freundlicherweise behilflich sind. Francis lernte, daß man ihnen seine Dankbarkeit zeigen und ihnen auch einmal die eigene Hilfe als Gegenleistung anbieten muß.

Probleme beim Reisen

Auch wenn Sie auf der jetzigen Stufe Ihrer Karriere noch nicht unbedingt zum Firmen-Jetset gehören, können Reisen von einer gewissen Managementebene an auch für Sie durchaus unvermeidbar werden. Folglich sollten Sie sich mit diesem Gedanken vertraut machen und sich auf die eventuell damit verbundenen Probleme psychischer und physischer Art einstellen.

Wenn in meinen Seminaren die Rede auf das Reisen kam, mußte ich immer wieder feststellen, daß Frauen davor eine nicht unerhebliche Angst hatten. Die Sorgen, die sie in diesem Zusammenhang artikulieren, konzentrieren sich im wesentlichen auf das Gefühl des

Alleinseins, das Getrenntsein von Partnern oder Familien oder auch auf Probleme, die von der allgemeinen Unterbrechung der alltäglichen Routine herrühren. Ich kann diesen Frauen ihre Angst sehr gut nachfühlen, da ich selbst ebenfalls lange Zeit brauchte, um meine eigene Scheu vor Reisen zu bewältigen.

Heute bin ich in der ganzen Welt geschäftlich unterwegs und habe überhaupt keine Probleme mehr damit. Meine erste Erfahrung mit einer »Geschäftsreise« war jedoch emotional mit vielen Komplikationen und Ängsten verbunden: Vor zehn Jahren erhielt ich die große Chance, als Beraterin einer bundesstaatlichen Behörde tätig zu werden. Das einzige Problem, das sich mir dadurch stellte, war meine häufige Abwesenheit von zu Hause. Die mir angebotene Stellung reizte mich jedoch sehr, und so wußte ich zunächst nicht, was ich tun sollte. Der Termin für meine erste Reise fiel exakt mit jenem Tag zusammen, an dem mein Sohn zum erstenmal in den Kindergarten gehen sollte. Das Problem, einerseits eine gute Mutter sein, andererseits aber auch meine Karriereplanung im Auge behalten zu wollen, stellte sich hier unmittelbar. Schließlich wurde die Situation durch einen schrecklichen Grippeanfall sozusagen »gerettet« – allerdings bin ich davon überzeugt, daß dieser psychosomatisch bedingt war. Wie auch immer, dank dieser Grippe wurde ich vor der Entscheidung bewahrt, zwischen der vollkommenen Mutter und der perfekten berufstätigen Frau wählen zu müssen.

Da lag ich nun ans Bett gefesselt und war gezwungen, das Problem zu lösen, wie mein Sohn in den Kindergarten kommt. Ich rief schließlich meine Schwiegermutter an, die sogar ganz glücklich darüber war, mir in ihrer Rolle als Großmutter helfen zu können. Im Anschluß daran telefonierte ich mit der Behörde, um mich krank zu melden. Es war eine Entschuldigung, die akzeptiert wurde, und letztlich kümmerte es niemanden, daß ich erst am zweiten Tag des Geschehens dort erschien.

Wenn Sie sich in Hotels unwohl fühlen und nur ungern in einer fremden Stadt allein essen gehen, dann sollten Sie sich mit diesen Hemmungen auseinandersetzen, ehe Sie von Ihrer Firma auf Reisen geschickt werden. Versuchen Sie sich beispielsweise daran zu gewöhnen, allein essen zu gehen, indem Sie es einfach, zum Beispiel an Ihrem Wohnort, tun.

In meinen Seminaren beklagen Frauen beim Thema Reisen oft ein weiteres Handicap: Sie tun sich im allgemeinen in Zusammenhang mit dem Umtausch und dem Umgang mit verschiedenen Währungen sowie den bei Auslandsreisen zu treffenden Maßnahmen recht schwer. Jetzt, solange Sie noch zu Hause sind und noch Zeit haben, sollten Sie sich mit den Währungen jener Länder, in die Sie möglicherweise reisen werden, befassen und vertraut machen.

Bei meinen Geschäftsreisen besuche ich zweimal pro Jahr den Orient und Europa. In bestimmten Ländern gab es für mich überhaupt keine Probleme, die mit meiner Branche zusammenhängenden Gewohnheiten und Schlüsselworte zu lernen. Trotz meines Erfolgs beim Erlernen einiger Fremdsprachen ist es mir bei mehreren anderen jedoch nicht gelungen, über die wichtigsten Begrüßungsfloskeln hinauszukommen.

Im vergangenen Jahr traf ich eine prominente Frau aus den besten Kreisen, die mir bei einem Gespräch einen Tip gab: Sofern Sie ein Land mehr als einmal besuchen müssen und es Ihnen, nicht zuletzt aus Zeitmangel, nicht möglich ist, sich wenigstens die Grundkenntnisse der Landessprache anzueignen, dann sollten Sie sich zumindest etwa fünfundzwanzig Schlüsselwörter und Redewendungen einprägen. Dies ist ein Pensum, das sich selbst im Flugzeug oder beim Friseur noch bewältigen läßt.

Hier nun einige Ratschläge für Frauen, die reisen müssen:

1. Bemühen Sie sich frühzeitig um eine qualifizierte Reiseagentur.

2. Treffen Sie rechtzeitig Reisevorbereitungen. Vergewissern Sie sich, daß Sie die richtigen Visa, Pässe und Kreditkarten haben sowie über ausreichende Kenntnisse über die Währungen, die Sie benutzen müssen, verfügen. Besorgen Sie sich ferner Wörterbücher mit Redewendungen der Sprachen jener Länder, ebenso Stadtpläne von den Großstädten, in die Ihre Reise Sie führen wird. Halten Sie sich diese Informationsquellen ständig griffbereit.

3. Stellen Sie Ihren genauen Reise- und Terminplan zeitig im voraus auf. Lassen Sie sich Verabredungen unmittelbar vor Ihrer Abreise und dann nochmals direkt nach Ihrer Ankunft sicherheitshalber bestätigen.

4. Packen Sie sich für Ihre geschäftlichen Termine passende Kleidung ein. Bedenken Sie, daß Sie meist nicht dazu kommen werden, auch Freizeitkleidung zu tragen.

5. Achten Sie darauf, daß Ihr Gepäck nicht zu schwer ist, damit Sie es auch selbst tragen können.

6. Vertrauen Sie auf niemanden, außer auf sich selbst. Lassen Sie sich nochmals alle Abflugzeiten, Hotelreservierungen und andere Vereinbarungen, die Sie getroffen haben, bestätigen.

7. Wo immer Sie auch hingehen, achten Sie stets darauf, Ihre Visitenkarten ständig bei sich zu tragen.

8. Führen Sie Bargeld mit sich, dann bewahren Sie es je zur Hälfte an zwei verschiedenen Stellen auf.

9. Ihren Schmuck sollten Sie auf ein Minimum beschränken, Sie werden davon nicht viel brauchen.

10. Auch folgende wichtige Dinge sollten in Ihrem Gepäck nicht fehlen:

- ein Reisewecker,
- eine zusätzliche Falttasche für nicht eingeplantes Sondergepäck,
- ein Reisebügeleisen, wobei Sie darauf achten müssen, daß es zu den in Ihrem Reiseland verwendeten Steckdosen paßt (das gleiche gilt natürlich auch für andere Elektrogeräte, die Sie vielleicht mitnehmen möchten),
- Nähutensilien für den Notfall,
- Medikamente, etwa Aspirin oder auch etwas gegen Magenverstimmungen.

Beachten Sie das Firmenimage

Das Firmenimage ist stets auch ein nicht zu unterschätzender Kommunikationsfaktor. Achten Sie darauf, daß Sie Ihren Sprachstil und Ihre Kleidung nicht nur dem Image Ihrer Firma, sondern auch dem Ihrer Branche anpassen.

Was die Garderobe betrifft, können Sie das Image sehr genau erkennen, wenn Sie sich den Kleidungsstil Ihrer Kollegen und Kolleginnen einmal etwas näher betrachten. Sollten Sie dann immer noch unsicher sein, gilt als Faustregel, daß Sie mit einem gut geschnittenen Kostüm niemals falsch liegen können.

Es wäre sicher ein gravierender Fehler, wenn Sie Ihre persönliche Erscheinung bewußt ignorierten. Wollen Sie in einer Firma Karriere machen, dann sollten Sie bedenken, daß Sie sowohl nach Ihren gesellschaftlichen als auch nach Ihren beruflich-fachlichen Qualifikationen beurteilt werden. Der erste Eindruck ist meist der wichtigste, und er kann oft von Dauer sein. Hinterlassen Sie einen schlechten

Eindruck, so werden Sie viel kostbare Zeit allein für den Versuch aufwenden müssen, Ihr Negativimage wieder zu korrigieren.

Berücksichtigen sollten Sie darüber hinaus, daß in den verschiedenen Regionen des Landes unter Geschäftsleuten mitunter unterschiedliche Erwartungen und Ansprüche hinsichtlich der Kleidung gestellt werden. Claire war von Montreal nach Toronto umgezogen, wo sie als Repräsentantin im Computer-Marketing arbeitet. Obwohl sie nunmehr in Toronto für die gleiche Firma wie vorher in Montreal tätig ist, wurde sie unmittelbar nach ihrem Arbeitsantritt in Toronto von ihrem Vorgesetzten belehrt, daß sie auf jedwede bunt bedruckten Kleidungsstücke verzichten sollte (die sie in Montreal hattc tragen dürfen), außerdem gab er ihr eine Liste mit strikten Anweisungen zur Wahl ihrer Garderobe.

Jedes Unternehmen hat seine eigene Kultur im Hinblick auf Stil und professionelles Image. So besteht möglicherweise die Erwartungshaltung, daß zu Kollegen und Kunden gesellschaftliche Kontakte gepflegt werden. Einige Unternehmen erwarten von ihren Angestellten sogar die Beteiligung an freiwilliger Aktivität außerhalb der Arbeitszeit.

Die meisten Unternehmer lassen sich eine Weile Zeit, bis sie sich zu einer Beförderung ihrer Angestellten entschließen. Dabei sind besonders die letztgenannten Kriterien in Verbindung mit Leistungsbeurteilungen Grundlage für eine solche Entscheidungsfindung. Sollten Sie die Bedeutung dessen unterschätzen oder während Ihres »Testlaufs« gar ungeduldig werden, dann ist Vorsicht angesagt: Genau das sind nämlich entscheidende Fehler. Sie müssen akzeptieren, daß es sich hierbei um einen notwendigen Vorgang handelt, der zudem seine Zeit braucht.

Diplomatie, Kommunikation, Qualität, Präsenz und Timing

Diese bereits im II. Kapitel erwähnten Faktoren spielen auf jeder Stufe der Karriereleiter eine entscheidende Rolle. Sie sollen einmal in Zusammenhang mit den in diesem Kapitel behandelten Punkten betrachtet werden:

Diplomatie – die Fähigkeit, umsichtig und klug für die eigenen Interessen einzutreten – spielt eine wichtige Rolle bei den Kriterien, von denen in diesem Kapitel die Rede ist: die richtigen Verbindungen aufbauen, den richtigen Umgang mit den Vorgesetzten erlernen; Ihre Karriereambitionen zu einem »offenen Geheimnis« machen; die Beachtung des Firmenimages. All dies ist nirgends wichtiger als dort, wo Sie sich in Teamarbeit oder in einer leitenden Funktion zu bewähren haben. Gerade in der Teamarbeit können Sie viel über die Gruppendynamik Ihrer Firma und über Ihre wichtigsten Kollegen erfahren. Sie bekommen einen Eindruck über den allgemein üblichen Umgangston, jene Art von Erscheinungsbild, das respektiert wird, über den am ehesten akzeptierten Führungsstil oder auch die Arbeitsweisen, die im Rahmen der Gruppenarbeit am meisten geschätzt werden.

Beachten Sie, daß Frauen bei der *Kommunikation* stets zwei Bewertungskriterien unterliegen: Zum einen werden sie nach ihrer »Weiblichkeit« und zum anderen nach ihrer Kompetenz begutachtet. Folglich müssen Sie dafür sorgen, daß weder Ihre Kleidung noch Ihre Sprache, Ihre Körpersprache oder Ihre Handlungen etwas zum Ausdruck bringen, was Sie nicht ausdrücken möchten. Eine Freundin erzählte mir beispielsweise einmal, sie sei von ihrem Vorgesetzten aufgefordert worden, ihre Sprache zu bereinigen, falls sie den Wunsch habe, in seinem Unternehmen weiterzukommen. Sie selbst hatte bis dahin nicht bemerkt, wie unangemessen und teilweise sogar anstößig ihr Vokabular manchmal war.

Eine zu laute Sprache, ein Konfrontationsstil oder gar abfällige Bemerkungen über die Menschen, mit denen Sie beruflich zu tun haben, sind wohl selten dazu geeignet, Ihnen das Renommee zu verschaffen, das für eine Karriere erforderlich ist. Aber auch das Gegenextrem – Befangenheit, Steifheit, übertriebene Formalität – kann Ihrem Aufstieg behinderlich sein, worauf im IV. Kapitel noch näher eingegangen wird.

Die gute *Qualität* Ihrer Arbeit ist nicht – daran soll hier noch einmal erinnert werden – dadurch garantiert, daß Sie Ihre Leistungsfähigkeit stets aufs äußerste beanspruchen. Wichtig ist, die Aufgaben ihrer Bedeutung angemessen zu erledigen, also auch bei Erfordernis eher weniger, aber völlig ausreichenden Aufwand zu betreiben. Ein Vorgesetzter, der Einfühlungsvermögen und fachliche Kompetenz besitzt, wird sehr wohl verstehen, warum Sie für die eine Aufgabe eine ganze Woche und für eine andere nur wenige Stunden benötigen. Natürlich sollte Ihre jeweilige Entscheidung, mit welcher Intensität Sie sich einer Arbeit widmen, Ihrem Vorgesetzten gefallen.

Um dies abschätzen zu können, ist Teamarbeit oft eine große Hilfe. Gerade hier nämlich können Sie beobachten, welchen Qualitätsstand die Arbeit Ihrer Kollegen und Kolleginnen hat und welches Leistungsniveau von Ihnen erwartet wird.

Schließlich hat Teamarbeit auch den Vorteil, daß sie auf schnellstem Weg für Ihre angemessene *Präsenz* innerhalb Ihres Unternehmens sorgt, also für die notwendige Aufmerksamkeit gegenüber Ihrer Person. In ebensolcher Weise ist Kontaktpflege innerhalb wie außerhalb des Büros sehr dienlich. Nicht zuletzt gewähren regelmäßige, auch von Ihnen in die Wege geleitete fachbezogene Gespräche mit Ihren Vorgesetzten, daß Sie an entscheidender Stelle im Blickfeld bleiben.

Vergegenwärtigen Sie sich auch noch einmal die Bedeutung des *Timing*. Die Wahl des richtigen Zeitpunkts ist oft entscheidend für den Erfolg, wenn Sie Forderungen an Mitarbeiter stellen oder den Vorgesetzten Ihre Aufstiegsambitionen bemerkbar machen möchten.

All diese Faktoren müssen immer im gleichen Maße, können im beruflichen Alltag nicht völlig separat beachtet werden. Sorgen Sie in diesem Sinne für Ausgewogenheit, die Bedeutung eines Faktors darf nie zu Lasten eines anderen überschätzt werden.

Mit Hilfe des folgenden Arbeitsblatts können Sie sich vergegenwärtigen, ob Sie in dieser Hinsicht noch Schwachstellen ausgleichen müssen, die nachteilig auf die Beurteilung Ihrer persönlichen Gesamtleistung wirken könnten.

Arbeitsblatt
Ihr derzeitiger Stand

Ihre Kompetenz

Um überhaupt eine Aufstiegschance zu haben, müssen Sie Ihre derzeitige Position kompetent ausfüllen. Der erste Fragenkomplex ist dazu gedacht, Ihnen bei der Beurteilung der eigenen Leistungen behilflich zu sein:

1. Worin bestehen die grundsätzlichen Verantwortlichkeiten Ihrer derzeitigen Position?
2. Sind Sie in jedem dieser Verantwortungsbereiche kompetent? (Falls nicht, wie können Sie Ihre Kompetenz verbessern?)
3. Haben Sie eine positive Leistungsbeurteilung erhalten?
4. Werden Ihre herausragenden Leistungen entsprechend gewürdigt?
5. Haben Sie in einer eigens dafür angelegten Arbeitsmappe Ihre Leistungen dokumentiert?
6. Gibt es Qualifikationen, die Sie bisher noch nicht erworben haben, die Ihnen aber in Zukunft nützlich sein könnten?

Sie und Ihre Firma

Folgende Fragen sollen Ihnen helfen, Ihre Präsenz innerhalb des Unternehmens einschätzen zu können:

1. Sind Sie bereit, freiwillig Extraarbeiten zu übernehmen? (Wenn ja, welche?)
2. Sind Sie bereit, Aspekte wie Kleidung, Image und Umgangston angemessen zu berücksichtigen?
3. Artikulieren Sie bei Besprechungen Ihre Meinungen und Vorstellungen?
4. Sind Sie psychisch und physisch in der Lage, für Ihre Firma auf Geschäftsreisen zu gehen?

Sie und Ihre Vorgesetzten

Bisweilen mag der Umgang mit Vorgesetzten genau Ihren Vorstellungen entsprechen, vergessen Sie aber nicht, daß sie auch ein durchaus belastender Faktor sein können. Ihnen obliegt die Kontrolle über Ihr Tun und Lassen innerhalb des Betriebes. Hier nun einige Fragen, die Ihnen bei der Einschätzung Ihrer Vorgesetzten behilflich sein sollen:

1. Sind Sie bereit, Ihre Arbeit so zu leisten, daß sie auch den Erwartungen Ihrer Vorgesetzten entspricht?
2. Haben Sie Ihren Vorgesetzten zur Kenntnis gebracht, daß Sie Veränderungen nicht scheuen, besonders solche, die erfolgreiche neue Entwicklungen versprechen?
3. Werden Ihre Leistungen entsprechend gewürdigt?
4. Haben Sie zu Ihren Vorgesetzten ein gutes Arbeitsverhältnis? (Falls nicht, wie können Sie es verbessern?)

Sie und Ihr Privatleben

Denken Sie nochmals darüber nach, inwieweit Ihr Privatleben möglicherweise negative Auswirkungen auf Ihre Berufstätigkeit hat:
1. Sind die von Ihnen getroffenen Vorkehrungen für die Versorgung der anfallenden Hausarbeit und – falls Sie Mutter sind – der Kinder ausreichend, um sicherzustellen, daß Sie Ihrer beruflichen Tätigkeit unbeeinträchtigt nachkommen können?
2. Haben Sie für eventuelle Schwierigkeiten im privaten Bereich Vorsorge getroffen, daß Sie diese bewältigen können?
3. Sind Sie für Ihr Unternehmen auch außerhalb der regulären Arbeitszeit erreichbar?

Sie und Ihre Kollegen

Die Bedeutung, die dem Verhältnis zu Ihren Kollegen und Kolleginnen beigemessen werden muß, kann gar nicht überschätzt werden – schon allein deswegen, weil viele Unternehmen bei der Entscheidungsfindung zur Besetzung einer begehrten Position auch die Meinung von Mitarbeitern der Kandidaten berücksichtigen. Überdenken Sie zu diesem Faktor folgende Fragen:
1. Haben Sie sich bei Ihren Kollegen und Kolleginnen als Teamarbeiterin integriert?
2. Haben Sie einen Mentor oder eine Mentorin, wo Sie gegebenenfalls Rat suchen könnten?
3. Haben Sie innerhalb wie außerhalb des Büros beruflich orientierte persönliche Kontakte geknüpft?

Zusammenfassung

- Sichern Sie sich eine gute Leistungsbeurteilung.
- Arrangieren Sie Besprechungen mit Ihren Vorgesetzten über Ihre Arbeiten beziehungsweise Arbeitsleistungen.
- Integrieren Sie sich als Teamarbeiterin.
- Knüpfen und pflegen Sie Kontakte zu wichtigen Personen innerhalb Ihres Unternehmens, um so an die eigentlichen Informationsquellen heranzukommen.

IV. Kapitel
Die angemessene Vorbereitung

Wie Sie sich darauf vorbereiten, von Ihrer derzeitigen Position fortzukommen

In den letzten zwanzig Jahren haben wir ein gut Teil des Weges zurückgelegt: Bei vielen Frauen hat sich heutzutage die Erkenntnis durchgesetzt, daß sie ständig einer außerhäuslichen Arbeit nachgehen werden – entsprechend organisieren sie ihren beruflichen Aufstieg und scheuen weder Zeit noch Mühe, sich die für eine Karriere erforderlichen Qualifikationen anzueignen. Dabei sind sie in vielerlei Hinsicht erfolgreich gewesen: Die Bedeutung der Teamarbeit richtig einzuschätzen, haben die meisten zum Beispiel inzwischen gelernt. Andererseits gibt es wichtige Qualifikationen, deren Erwerb ihnen immer noch schwerzufallen scheint.

In diesem Kapitel wird zunächst auf einige jener Faktoren für eine erfolgreiche berufliche Laufbahn eingegangen, die zu beachten so mancher Frau nach wie vor Schwierigkeiten bereitet, was häufig im althergebrachten Rollenbild der Frau begründet liegt. Diese Faktoren einfach zu ignorieren bedeutet möglicherweise eine ernstzunehmende Gefahr für Ihre beruflichen Aufstiegschancen.

Die Unfähigkeit, Arbeiten zu delegieren

Die Unfähigkeit, auch einmal bestimmte Aufgaben an andere zu delegieren, stellt für viele Frauen in Managementpositionen ein gravierendes Problem dar. Manchmal mag es anfangs durchaus so aussehen, als sei mit dem Delegieren von Arbeit ein Mehr an Kraft- und Zeitaufwand verbunden, es scheint rationeller, wenn Sie eine Arbeit gleich selbst erledigen, denn gegebenenfalls müssen Sie einerseits jemanden in die besonderen Problemstellungen einer Aufgabe einweisen und andererseits wiederum sicherstellen, daß die betreffende Person die Arbeiten auch adäquat erfüllt. Bei alledem sollten Sie jedoch berücksichtigen, daß die Stunden, die Sie anfänglich benötigen, um einen Ihnen unterstellten Mitarbeiter entsprechend einzuweisen, für Sie möglicherweise später eine große Zeitersparnis bedeuten. Mit anderen Worten: Das Delegieren ist eine Investition für Ihre eigene Zukunft. Dies nicht zu beachten kann für eine Frau in Managementposition auf lange Sicht gravierende Folgen haben.

Daß sich nicht wenige Frauen immer noch mit dem Delegieren von Arbeiten schwertun, hängt zum einen, wie gesagt, mit dem althergebrachten Rollenbild der Frau zusammen, zum Teil begründet sich dies jedoch auch im Hang zum Perfektionismus, der bei berufstätigen Frauen oft feststellbar ist. Nur widerwillig bitten sie andere, Arbeiten zu übernehmen, die sie eigentlich als Teil ihres eigenen Aufgabenbereiches betrachten: Es könnte ja jemand meinen, sie seien selbst nicht dazu in der Lage, die Aufgaben zu bewältigen.

Eine solche Schlußfolgerung ist natürlich völlig absurd. Wann immer ich Frauen in meinen Seminaren nach Schwierigkeiten am Arbeitsplatz befrage, stellt sich ein gemeinsames Problem heraus, und zwar das der Zeiteinteilung. Als größtes Hindernis bei der Bewältigung dessen erweist sich dann gewöhnlich ihre Unfähigkeit, Arbeiten zu delegieren. Gerade wenn Sie in einer Managementposition sind, sollten Sie sich bewußtmachen, daß das Delegieren von Arbeit keineswegs ein Zeichen von Unzulänglichkeit oder von unbegründetem Anspruchsdenken gegenüber anderen ist. Sie müssen es genau umgekehrt sehen: Es gehört vielmehr zu Ihren Aufgaben, Ihre Prioritäten – und auch Ihr Personal – so zu organisieren, daß Sie Ihre eigene Arbeitszeit möglichst effektiv nutzen können. Routinearbeiten sollten, wann immer möglich, grundsätzlich delegiert werden. Jede berufstätige Mutter muß beispielsweise auch das Delegieren familiärer Aufgaben akzeptieren, sie wird Dienstleistungen, etwa eine Putzhilfe, in Anspruch nehmen müssen und dabei nicht selten gezwungen sein, sich mit Lösungen zufriedenzugeben, die etwas unterhalb des absoluten Perfektionsgrades liegen, beispielsweise gegebenenfalls schnell zuzubereitende Mahlzeiten herrichten. Nur auf diese Weise wird sie die Zeit, die sie mit ihrer Familie verbringt, optimal und am erholsamsten nutzen können.

Deborah arbeitet als Managementberaterin. Sie offeriert ihren

Kunden eine Vielzahl von Dienstleistungen. Eine davon ist die Entwicklung spezieller Didaktikentwürfe zu Ausbildungszwecken. Während der ersten Jahre ihrer praktischen Arbeit hatte Deborah alle Arbeitsmaterialien noch selbst erstellt und außerdem ein Dossier für Unterrichtshandbücher mit Richtlinien für deren Handhabung entwickelt. Als die Aufträge in ihrem Unternehmen jedoch zunahmen, stellte Deborah eine wissenschaftliche Assistentin ein, die zunächst für Forschungsarbeiten in Zusammenhang mit den zu entwickelnden Handbüchern zuständig war. Als die Assistentin schließlich mit den Programmen vertrauter war, wurde ihr Verantwortungsbereich Schritt für Schritt erweitert, bis sie schließlich in der Lage war, selbst Entwürfe für Handbücher auszuarbeiten. Entsprechend steigerten sich ihr Interesse und ihre Kompetenz. Schließlich konnte Deborah ihr sogar die gesamte Bearbeitung der Bücher überlassen.

Die Ausbildung dieser Assistentin war für Deborah zunächst einmal eine große Investition. Für jede einzelne Aufgabe mußte sie ihr klare und unmißverständliche Richtlinien und Erläuterungen geben. Ferner war es erforderlich, der Assistentin für die jeweilige Fertigstellung sehr konkrete Termine zu setzen, und darüber hinaus mußten ihre Fortschritte ständig überwacht werden.

Dies sieht nicht nur nach sehr viel Arbeit aus, es war in der Tat auch sehr aufwendig. Letzten Endes aber hat sich Deborahs Investition ausgezahlt. Sie verfügt nunmehr über eine äußerst kompetente und zuverlässige Fachkraft, die außerdem die Ausbildung und den damit verbundenen Aufstieg sehr zu schätzen weiß. Und was Deborah selbst angeht, so hat sie nun mehr Zeit, ihre Kundenkontakte zu pflegen und weiter auszubauen.

Delegieren heißt, wie aus dem Beispiel hervorgeht, keineswegs, andere Menschen zu manipulieren. Es gehört schlicht zu jenen Geschäftspraktiken und arbeitsplatzbezogenen Dispositionen, die man von Ihnen erwartet. Frauen, die das nicht genügend berücksichtigen, laufen Gefahr, in ihrer Arbeit zu ersticken.

Der erste Schritt hin zu einem erfolgreichen Delegieren von Arbeit besteht darin, daß Sie Ihre eigenen Arbeitsmethoden einmal unter die Lupe nehmen und herausfinden, welche Aufgaben Sie auch anderen überlassen könnten. Räumen Sie den Ihnen unterstellten Mitarbeitern und Mitarbeiterinnen aber etwas Zeit ein, damit sie sich an Ihren Arbeitsstil gewöhnen können. Wichtig ist, sie mit Basisinformationen und klaren Zielvorgaben auszustatten: Bei jeder Aufgabe, die Sie ihnen übertragen, sollten Sie klarstellen, welchen Standard und welche Resultate Sie erwarten. Legen Sie dabei ausdrücklich sowohl die jeweilige Verantwortlichkeit als auch den jeweiligen Handlungsspielraum unmißverständlich fest.

Wenn Sie erst seit kurzer Zeit eine Führungsposition bekleiden, könnten Ihre ersten Versuche, Arbeiten zu delegieren, bei Ihrem Personal möglicherweise noch auf negative Reaktionen stoßen. Einem neuen Chef gegenüber reagieren Mitarbeiter und Mitarbeiterinnen nämlich mitunter empfindlich, zumal wenn es sich dabei um eine Frau handelt. Bisweilen läßt sich in solchen Situationen letztlich auch nur schwer feststellen, ob das Problem auf einer Abneigung gegenüber der Stellung des Vorgesetzten beruht oder vielmehr darauf, daß diese Stellung von einer Frau bekleidet wird. Die Beantwortung dieser Frage ist oft nicht möglich. Der einzige Weg, das Problem zu lösen, ist der, sich nach besten Kräften zu bemühen, gute Arbeit zu leisten, damit Sie Ihre Kollegen dadurch überzeugen und deren Respekt gewinnen. Seien Sie höflich und umsichtig. Delegieren Sie Aufgaben vor allem niemals so, als ob Sie dabei jemanden um einen Gefallen bitten – denn in Ihrer Stellung als Vorgesetzte sollten Sie auch genügend Selbstvertrauen signalisieren!

Ob man sich in einer Managementrolle wohl fühlt, hängt zu einem Großteil davon ab, ob es einem gelingt, unter den Mitarbeitern und Mitarbeiterinnen eine angenehme und damit förderliche Atmosphäre zu schaffen. Je mehr Selbstsicherheit Sie im Hinblick auf das Delegieren von Arbeiten gewinnen, um so wohler werden Sie sich in Ihrer Rolle fühlen. Wenn es Ihnen gelingt, eine Gruppe qualifizierter Spezialisten erfolgreich zu führen, dann werden Sie dadurch auch in die Lage versetzt, die Vielfalt der Ihnen abverlangten Aufgabenstellungen genau so erfüllen zu können, als ob Sie über diese speziellen Qualifikationen selbst verfügen.

In diesem Zusammenhang muß eine weitere Fähigkeit angesprochen werden, die viele Frauen noch erwerben müssen: wie man es lernt, wenn nötig auch nein zu sagen. Es wäre unklug, jede Arbeit, die Ihnen angetragen wird, auch tatsächlich zu übernehmen. Beurteilen Sie also jedes Projekt nicht nur danach, was Sie dafür tun können, sondern fragen Sie sich auch, was dieses Projekt für Sie tun kann: Erweitern Sie Ihren Wissensstand, verdienen Sie sich »Pluspunkte« bei den Personen, auf die es ankommt? Haben Sie eine Aufgabe jedoch einmal übernommen, dann liegt es natürlich in Ihrer ureigensten Verantwortung, auch sicherzustellen, daß diese Arbeit innerhalb der festgesetzten Zeit erledigt wird. Währenddessen sollten Sie Zwischenberichte über den Fortgang der Entwicklungen abliefern.

Um es noch einmal zusammenfassend zu sagen: Wenn Sie eine Aufgabe übernommen haben, ist dies längst nicht gleichbedeutend damit, daß Sie alles selbst erledigen müssen. Delegieren Sie, und delegieren Sie richtig. Bedenken Sie stets auch die Vorteile, die damit verbunden sind – Ihre eigene erhöhte Produktivität und den für Sie gewonnenen größeren Freiraum.

Die Unfähigkeit, für eine Ersatzkraft zu sorgen

Neben dem Problem des Delegierens gehört es zu den häufigsten Fehlern von Frauen, daß sie unfähig sind, für eine Ersatzkraft zu sorgen. Auch wenn es überraschend klingt, sind die eigentlichen Schwierigkeiten dabei auf die guten Leistungen zurückzuführen, die Frauen auf so vielen verschiedenen Gebieten erbringen. Das Paradoxe am Erfolg von Frauen ist nämlich, daß gerade ihre hervorragenden individuellen Leistungen nur allzuleicht auch schuld daran sind, wenn in bezug auf die Karriere Probleme auftreten.

Zur Verdeutlichung ebendieser Problematik soll die nachstehende Geschichte von Lyn, hochqualifizierten Kreditmanagerin einer Bank, dienen. Sie ist seit zehn Jahren bei dieser Bank beschäftigt und hat sich Schritt für Schritt von einer Kassiererin bis in eine Position in der Verwaltung hochgearbeitet. Hier betreut sie nun eigenständig Großkonten und hat bei Kreditbewilligungen eine Handlungsvollmacht für Beträge bis zu 75 000 000 Dollar. Lyn ist also in hohem Maße gefordert und trägt große Verantwortung.

Mittlerweile hat sie diese Position seit vier Jahren inne. Sie leistet qualifizierte Arbeit, die stets mit entsprechend hohen Sonderzulagen honoriert wurde. Eine mögliche Beförderung wird auch seitens ihrer Mitarbeiter und Mitarbeiterinnen befürwortet, da Lyn länger als sie in dieser Abteilung arbeitet.

Lyn hat von sich aus dafür gesorgt, daß ihr Interesse am beruflichen Weiterkommen bekannt wurde. Sie nimmt an genau den richtigen Besprechungen teil und steht außerdem mit ihrem Chef in einem ständigen Dialog. Seit etwa sechs Monaten jedoch fühlt sich Lyn recht unwohl. Bei der Bank waren zwei neue Stellen zu besetzen, und beide Male ist sie übergangen worden.

Verständlicherweise war sie darüber ziemlich ungehalten. Sie entschloß sich, das Problem mit ihrem Abteilungsleiter zu besprechen, der ihr bei dieser Gelegenheit erklärte, der Zeitpunkt sei aus abteilungsinternen Gründen nicht günstig. Ein paar Wochen später, Lyn war noch immer verärgert, bat sie dann um eine Leistungsbeurteilung. Und da auch diese Beurteilung glänzend ausfiel, entschloß sie sich kurzerhand, ihre Situation nun mit dem stellvertretenden Direktor der Bank zu besprechen.

Was hatte Lyn nun falsch gemacht? Eine eingehende Überprüfung und Diskussion ihrer Lage förderte zutage, daß ihre Leistung nichts zu wünschen übrigließ. Im Gegenteil, innerhalb ihrer Abteilung konnte sie sogar auf den höchsten Leistungsstand verweisen, sie hatte alle Vorgänge und Konten voll im Griff. Das Problem war, daß sie seit jeher ihre Kenntnisse niemals mit jemand anderem geteilt, geschweige denn jemanden eingearbeitet hatte, der dann in der Lage gewesen wäre, zumindest einige der Aufgaben, die sie so hervorragend beherrscht, an ihrer Stelle erledigen zu können. Lyn hatte sich also im wahrsten Sinne des Wortes selbst unentbehrlich und damit unabkömmlich gemacht.

Der stellvertretende Direktor gab Lyn den Rat, sie solle mit den Angestellten, die in einer ihr untergeordneten Stellung bei der Bank ebenfalls mit der Kundenbetreuung befaßt sind, enger zusammenarbeiten. Auf seine Veranlassung hin kam es dann auch zu einem Gespräch mit einem bestimmten Abteilungsleiter, wobei es darum ging herauszufinden, wer denn wohl am ehesten als Ersatz für ihre bisherige Position in Frage käme.

Hinter dieser Geschichte verbirgt sich eine wichtige Lektion: In ihrem Hang, sich womöglich noch selbst übertreffen zu wollen, erreichen viele Frauen zwar hochqualifizierte Ergebnisse, sie merken jedoch nicht, daß die Arbeit dabei für sie zur Sucht werden kann. Frauen neigen dazu, ihre Verantwortlichkeiten so weit auszudehnen, daß sie damit praktisch zwei Arbeitsplätze gleichzeitig ausfüllen könnten. Der Grund dafür liegt aber nicht nur in dem Wunsch, viele Erfahrungen zu sammeln, sondern häufig auch darin, auf diesem Wege mögliche Unsicherheiten zu kompensieren.

Häufig fehlt Frauen die Einsicht, daß ein Aufgabengebiet, auch wenn sie dieses fest im Griff haben, ständig neu überdacht sein will. Statt dessen bleiben sie lieber bei dem, was sie haben, und laden sich für ihren Arbeitsbereich noch mehr Verantwortung auf. Dadurch werden sie für ihr Unternehmen auf dem Platz, an dem sie gerade tätig sind, zunehmend wertvoller und unabkömmlicher, und man übergeht sie oft, wenn eine Beförderung ansteht.

Zugegeben, die sicherlich nicht unbegründete Vermutung vieler Frauen, ihre Firma sähe auf ihrem Platz lieber einen Mann, ist leicht nachvollziehbar. Die Frauen werden dadurch verunsichert. Sie können sich deshalb mit der Vorstellung, daß einmal eine andere Person ihre Aufgaben ersatzweise übernimmt, aus Angst, womöglich gar endgültig ersetzt zu werden, auch nur schwer anfreunden.

Wenn Sie Aufstiegsambitionen haben, dann sollte in jedem Fall auch jemand dasein, der Ihren Platz übernehmen kann, wenn Sie befördert werden. Anderenfalls würden Sie in der Firmenstruktur ein zu großes Loch hinterlassen.

Von dem Moment an jedoch, wo Sie angefangen haben, Aufgaben auch zu delegieren, befinden Sie sich bereits auf dem richtigen Weg, ebenjene Ersatzkraft für Ihren Arbeitsplatz zu schaffen. Nachstehend nun noch einige weitere Ratschläge:

1. Viele Dinge, die Sie erledigen, sind Routinearbeiten. Beginnen Sie, diese zu delegieren, und kontrollieren Sie die Leistungen der Ihnen unterstellten Mitarbeiter und Mitarbeiterinnen genau, um herauszufinden, wer welche Aufgaben am besten erledigt und das größte Interesse daran zeigt.

2. Bauen Sie sich einen interessierten, lernwilligen Mitarbeiter auf. Wählen Sie denjenigen, der das größte Interesse an Ihrem Aufgabengebiet zeigt, und widmen Sie ihm ein Großteil Ihrer Aufmerksamkeit.

3. Sofern ein Aspirant oder eine Aspirantin Ihnen bei einigen Ihrer Aufgaben einmal über die Schulter gucken möchte, sollten Sie dies ruhig zulassen.

4. Falls ein Mitarbeiter oder eine Mitarbeiterin an Ihrer Arbeit Interesse zeigt, beginnen Sie damit, sie schrittweise einzuarbeiten, damit sie die jeweiligen Aufgaben später auch erfolgreich bewältigen können. Achten Sie schon im Anfangsstadium dieser Zusammenarbeit auf sofortige konkrete und konstruktive Rücksprache.

5. Anschließend dehnen Sie Ihre Erwartungshaltung auf die nächste Aufgabe aus und stellen fest, wie der betreffende Mitarbeiter darauf reagiert.

6. Sie sollten ihnen allerdings während der gesamten Zeit die Möglichkeit geben, ständig mit Ihnen über ihre Sorgen und Probleme sprechen zu können.

Mittlerweile dürfte deutlich geworden sein, daß es sich bei der Einarbeitung einer Ersatzkraft für Ihren Arbeitsplatz letztlich nur um eine abgewandelte Form des Delegierens von Aufgaben handelt. Dies hat nicht nur den Vorteil, für Ihre berufliche Entlastung zu sorgen, darüber hinaus werden Sie nämlich auch feststellen, wie erfreulich es sein kann, die eigenen Kenntnisse und Erfahrungen an jemand anderen weiterzugeben. Ist dann der Zeitpunkt für Ihre eigene Beförderung gekommen, können Sie beruhigt darauf verweisen, daß jemand Ihren bisherigen Arbeitsplatz übernehmen kann. Mit anderen Worten: Nicht nur Sie selbst, sondern auch der Ihnen unterstellte Mitarbeiter profitiert von der Ausbildung, die Sie ihm geben.

Das Problem, im Büro entspannt und umgänglich aufzutreten

Neben allen anderen Faktoren sollten Sie beachten, wie wichtig es ist, an geeigneter Stelle auch einmal lächeln zu können, um so eine verkrampfte Situation aufzulockern und die Arbeitsweise wieder in die Bahnen zu lenken, die eine effiziente Bewältigung Ihrer Aufgaben gewährleisten. Wenn Ihnen der Spiegel an der Wand sagt, daß Sie von allen Kollegen die Ernsteste sind, dann sollten Sie versuchen, sich zu entspannen, selbst wenn Ihnen dies nur teilweise gelingt. Für den Anfang reicht es schon.

Eine entspannte Haltung ist für die Kommunikation in Ihrem Unternehmen von wesentlicher Bedeutung. Haben Sie schon einmal beobachtet, wieviel Zeit dienstältere Manager damit zubringen, sich mit Kollegen sowie ihnen unterstellten Mitarbeitern und Mitarbeiterinnen und Geschäftsfreunden zu unterhalten? Statistiken zufolge verbringen einige Manager fast zwei Drittel ihrer Arbeitszeit mit ebendieser Beschäftigung, woran Sie sehen können, wie wichtig die Gespräche für den Informationsaustausch sind. Je höher Sie in der

Hierarchie aufsteigen, um so häufiger sind Sie an Unterredungen beteiligt, deren Atmosphäre es äußerst abträglich ist, wenn Sie zu streng, zu sachlich oder gar verkrampft wirken.

Joyce beispielsweise, der eine Druckerei gehört, hat in Zusammenhang mit Aufträgen und Lieferungen sehr viel mit Publikum zu tun. Ihr Geschäft ist erfolgreich, ihr Kundendienst ausgezeichnet, leider aber kann man sich in ihrer Gegenwart nie entspannt fühlen: Bei allen geschäftlichen Begegnungen wirkt sie steif und förmlich. Dadurch ist die Verhandlungsatmosphäre von einem gewissen Unbehagen beherrscht, und der Kunde hat bald den Wunsch, das Treffen mit Joyce möglichst schnell zu beenden. Sie ist eine gute Geschäftsfrau, deswegen gelang es ihr bisher, trotz ihrer Verspanntheit erfolgreich zu sein. Dennoch besteht große Gefahr, daß sie den einen oder anderen Kunden wegen ihrer übertriebenen Sachlichkeit verliert.

Nachstehend nun einige der Verhaltensweisen, die sich in bezug auf die Umgangsformen und die Arbeitsatmosphäre im Büro nachteilig auswirken können. Versuchen Sie selbst herauszufinden, welche dieser Fehler auch Sie eventuell machen, um sie dann schnellstmöglich abstellen zu können:

Negative Körpersprache

Der Vorstandsvorsitzende eines großen Konzerns verhalf mir seinerzeit zu einer interessanten Erkenntnis. Er erzählte mir, die weiblichen Geschäftsführer, mit denen er zusammenarbeitet, hätten eine auffällige Gemeinsamkeit, die ungemein störend auf ihn wirke: Bei den Firmenbesprechungen würden nämlich alle entweder ihre Lippen spitzen, sich auf die Finger beißen oder ihre Frustration auf andere Weise nach außen hin zeigen.

So auch meine Beobachtung: Frauen neigen dazu, etwa einfach aufzustehen oder mit Papieren herumzuhantieren, wenn sich Besprechungen in einer Form entwickeln, die ihnen nicht behagt. Zwar mag es mitunter durchaus angebracht sein, einmal seine Unzufriedenheit zum Ausdruck zu bringen, geschieht dies jedoch mehr oder weniger regelmäßig und wird Ihrem Gegenüber der Grund dafür nicht deutlich, kann leicht der Eindruck entstehen, daß Sie sich permanent unbehaglich fühlen. Nur allzu schnell können Ihre Vorgesetzten nämlich zu der Annahme verleitet werden, Sie mögen sie persönlich oder die Firma nicht oder Sie seien mit Ihrem Arbeitsplatz unzufrieden. Bedenken Sie, wie gefährlich das Ihre Aufstiegschancen beeinträchtigt!

Bemühen Sie sich darum, auch durch die nonverbalen Signale ausgeglichen zu wirken, achten Sie vor allem aber darauf, daß Sie den Menschen, mit denen Sie zusammenarbeiten, keinesfalls über eine negative Körpersprache etwas vermitteln, was sie zu falschen Interpretationen veranlassen könnte.

»Was für eine Zeitverschwendung!«

Frauen besitzen eine äußerst ausgeprägte Konzentrationsfähigkeit, die sie unter anderem leider auch dazu verleiten kann, beispielsweise Gespräche über »Banalitäten« oder simple Kontaktpflege, die über das absolut Notwendige hinausgeht, als Zeitverschwendung abzutun. So überraschend dies vielleicht klingen mag, kann ein ständig auf Effizienz ausgerichtetes Verhalten auch negative Nebeneffekte haben.

Männer haben meist längst erkannt, wie wichtig es ist, im Berufsalltag ein Klima zu schaffen, in dem sich langfristige Beziehungen entwickeln können. Dazu gehört beispielsweise das Verhalten während eines sogenannten Arbeitsessens: Wenn Sie, noch bevor der Kellner Ihnen die Speisekarte überreicht hat, Ihr Gegenüber mit fachbezogenen Themen vereinnahmen, dürfen Sie sich nicht wundern, daß Ihr Gesprächspartner den Eindruck bekommt, Sie seien steif, verkrampft oder sogar unhöflich. Ebenso sollten Sie nach Beendigung der sachlichen Besprechungen, die während eines solchen Essens geführt werden, nicht gleich aufbrechen wollen. Bedenken Sie, wie wichtig es ist, Beziehungen zu pflegen. In diesem Rahmen, in dem auch schon mal über weniger belangvolle Themen gesprochen werden darf, erhalten Sie äußerst wichtige Informationen für die Planung Ihrer Karriere, können Sie geschäftliche Verbindungen vertiefen, die für Ihr Weiterkommen und für den Erfolg Ihres Unternehmens von Nutzen sind.

Diese scheinbar belanglosen Gespräche werden vielfach auch deswegen gemieden, weil Frauen, deren Verhalten am Arbeitsplatz allzu zwanglos ist, oft als »geschwätzig« und nicht ernstzunehmend gelten. Wenn sie sich andererseits zu sehr zurückhalten und Unterhaltungen, die nicht ausschließlich arbeitsplatzbezogen sind, jedesmal aus dem Weg gehen, besteht große Gefahr, als unzugänglich abqualifiziert und somit isoliert zu werden. Machen Sie beide Fehler nicht: Wählen Sie statt dessen die Mitte zwischen den beiden Extremen, dem Zuviel und dem Zuwenig.

Das System zur Unterstützung im privaten Bereich festigen

Die berufstätige Ehefrau und Mutter

Nach dem Unfalltod ihres Mannes befand sich eine meiner Bekannten in einer prekären finanziellen Situation. Das Geld von der Lebensversicherung reichte bei weitem nicht aus, und sie stand nun allein da mit zwei kleinen Kindern, die sie zu versorgen hatte. Es blieb ihr keine andere Wahl, sie mußte ihren Beruf wiederaufnehmen.

»Was ich zu akzeptieren hatte, war der Umstand, daß die Versorgung meiner Kinder plötzlich einzig und allein von mir abhing, ich also wieder arbeiten mußte«, erzählte sie mir Jahre später, als sie den Prozeß der Entscheidungsfindung analysierte, den sie nach dem Tod ihres Mannes durchlaufen hatte. »Erst nachdem ich das begriffen und verinnerlicht hatte, konnte ich dann eine zweite Entscheidung treffen. Da ich nun einmal gezwungen war, eine Arbeit aufzunehmen, war ich es uns allen schuldig, diese unter allen Umständen auch erfolgreich zu versehen. Obwohl eigentlich alles dagegen sprach, daß ich mir so etwas überhaupt leisten könnte, stellte ich, nachdem ich dann eine Arbeit gefunden hatte, als eine der ersten Konsequenzen aus dieser neuen Situation eine Haushälterin ein.«

Inzwischen zählt sie zu den erfolgreichsten Frauen Kanadas. Sollte sie heute gebeten werden, die Gründe ihres Erfolgs darzustellen, dann würde sie sicher als einen wichtigen Punkt diese Haushälterin erwähnen, die sie sich eigentlich »nicht leisten konnte«.

Die Berufstätigkeit von Frauen wurde seit jeher abgewertet, weswegen zu viele von uns noch immer der Meinung verhaftet sind, die häuslichen Arbeiten müßten als etwas akzeptiert werden, mit dem wir nebenbei noch selbst fertig werden können. Angesichts der Frage, ob wir Personal einstellen sollen, um so den Haushalt in Ordnung zu halten, treffen viele von uns Entscheidungen, die sowohl ausgesprochen kurzsichtig als auch falsch sind.

Dabei ist die Rechnung doch eigentlich ganz einfach: Sie können in Ihrem Beruf niemals gut sein, wenn Sie ständig durch Probleme in Ihrem Privatleben bedrängt werden. Ich kann gar nicht sagen, wie oft ich schon auf Frauen getroffen bin, die zwischen Beruf und Privatleben förmlich aufgerieben wurden, weil die Vorkehrungen, die sie zur Versorgung ihrer Kinder getroffen hatten, auf so wackligen Füßen standen, daß sie kaum in der Lage waren, auch nur eine Teilzeitarbeit durchzustehen, geschweige denn eine Ganztagsarbeit. An berufliches Fortkommen brauchten diese Frauen gar nicht erst zu denken. Der Konflikt, einerseits eine »gute Mutter«, andererseits erfolgreich berufstätig sein zu wollen, kann zu erheblichen Verunsicherungen führen, und diese Anspannung überträgt sich dann schnell auf die gesamte Familie. Wenn Sie im Bedarfsfall eine Hilfe engagieren, die Sie entlastet, haben Sie entscheidend Vorsorge getroffen, eine solch mißliche Lage zu vermeiden.

Um aber herauszufinden, welche Form von »persönlichem Hilfssystem« Sie in Ihrem individuellen Fall benötigen, sollten Sie in aller Ruhe eine umfassende Bestandsaufnahme all Ihrer Verpflichtungen vornehmen. Stellen Sie dann fest, was Sie davon selbst erledigen können. Anschließend sollten Sie Ihre Engpässe und die sich daraus ergebenden Erfordernisse mit Ihrem Mann besprechen.

Frauen mit Kindern sollten für ein gut organisiertes System zur Unterstützung im privaten Bereich in jedem Fall folgende Punkte berücksichtigen:

1. Sorgen Sie für die hinreichende Betreuung der Kinder, wenn diese aus der Schule nach Hause kommen.
2. Treffen Sie Vorkehrungen dafür, daß jemand auch im Krankheitsfall die Kinderbetreuung übernimmt.
3. Das gleiche gilt für die Zeit Ihrer Geschäftsreisen, die eine längere Abwesenheit bedingen.
4. Wenn möglich, sollten Sie bereits im voraus mit Ihrem Vorgesetzten über mögliche Situationen sprechen, die es vielleicht erforderlich machen können, daß Sie das Büro einmal etwas früher verlassen oder auch einmal etwas später kommen müssen.
5. Finden Sie eine dauerhafte Regelung für eine Aushilfe, welche Ihnen Arbeiten im Haushalt abnimmt, die Sie nicht immer selbst erledigen können.

Es gibt viele Möglichkeiten, ein gut funktionierendes Hilfssystem aufzubauen. Sollten Sie in der glücklichen Lage sein, daß auch Ihr Ehemann bereit ist, sich an den Arbeiten im Haushalt zu beteiligen, dann ist dies natürlich um so besser. Ist dies nicht der Fall oder haben Sie beide nicht sehr viel Zeit, dann sollten Sie möglicherweise eine Arbeitskraft engagieren, die für Kinderbetreuung, Haushalt, Kochen oder auch Lebensmitteleinkäufe zuständig ist.

Lassen Sie bei diesbezüglichen Planungen weder Ihren Freundeskreis noch Ihre weiteren Familienangehörigen außer Betracht. Viele Frauen konnten auf Mütter oder Schwiegermütter zurückgreifen, die glücklich waren, in schwierigen Zeiten einmal einspringen zu können. Vielleicht haben Sie ja auch eine Freundin, die selbst Kinder hat und die Betreuung Ihrer Kinder durchaus mit übernehmen kann, wenn Sie selbst einmal verhindert sind.

Ihre Familie und deren Glück sind die wohl wichtigsten Dinge in Ihrem Leben. Es wäre also schlimm, wenn Sie einerseits viel Zeit in Ihren Beruf investieren, sich dabei andererseits aber gleichzeitig schuldig fühlen, weil Sie Ihrem Mann und Ihren Kindern nicht genügend Aufmerksamkeit widmen können. Sie müssen auch für den Haushaltsbereich lernen, Arbeiten zu delegieren. Nur so werden Sie es schaffen, die Zeit, die Sie mit Ihrer Familie verbringen, auch bestmöglich zu nutzen.

Die berufstätige alleinstehende Frau

Die Notwendigkeit, sich für die Unterstützung im privaten Bereich ein System aufzubauen, kann für eine alleinstehende Frau vielleicht sogar noch größer als für eine verheiratete sein. Die mögliche Isolation und Einsamkeit alleinstehender berufstätiger Menschen kann zu ernsthaften Komplikationen führen; denn wenn sie kaum persönliche Beziehungen haben, sind sie im allgemeinen anfälliger für Depressionen und Krankheiten als andere, die über feste familiäre oder gute freundschaftliche Bindungen verfügen.

Der Aufbau von persönlichen Beziehungen und einer soliden häuslichen Basis eines Ortes, an dem Sie sich wohl fühlen und wohin Sie sich zurückziehen können, ist eine wichtige Voraussetzung dafür, daß Sie es schaffen, als Mensch ausgeglichen und psychisch gesund zu sein, daß Sie die Kraft haben, in Ihrer vielfach anonymen Umwelt nicht zu vereinsamen.

Persönliche Freundschaften helfen alleinstehenden Frauen, mit dem Alltagsstreß besser fertig zu werden. Gerade in Zeiten, in denen dieser Streß wegen beruflicher Veränderungen oder häufiger Geschäftsreisen noch zusätzlich verstärkt wird, ist der Wert eines guten Freundes oder einer guten Freundin nicht hoch genug einzuschätzen. Es ist schon ein sehr beruhigendes Gefühl, zu wissen, daß da jemand ist, der sich um Sie sorgt und kümmert – sei es nun, daß er Ihre Pflanzen gießt, in irgendwelchen Notfällen einspringt oder auch nur bereit ist, zuzuhören, wenn Sie einmal das Bedürfnis haben, sich auszusprechen.

Darüber hinaus können Freundschaften auch ein wirksames Mittel sein, dem Hang zu übertriebenem Arbeitseifer entgegenzuwirken, zu dem ja gerade Frauen überdurchschnittlich häufig neigen. Um zu verdeutlichen, wohin solche »Arbeitssucht« im schlimmsten Falle führen kann, sei hier der folgende Hinweis gestattet: Eine sehr hohe Selbstmordrate im Vergleich zu anderen Gruppen berufstätiger Frauen ist – so die entsprechenden Statistiken – bei alleinstehenden Ärztinnen, die ihr gesamtes Leben ihrer Arbeit gewidmet haben, zu verzeichnen. Diese Frauen haben den Gipfel des Erfolgs meist auf Kosten ihres Privatlebens erreicht und fragen sich dann wohl irgendwann plötzlich, ob der Preis, den sie für ihren Erfolg zu zahlen hatten, nicht zu hoch gewesen ist.

Besonders alleinstehende Frauen sollten sich Gedanken darüber machen, wie sie sich bei eventuellen finanziellen Engpässen die nötigen Mittel beschaffen, denn für sie gibt es kein zweites Einkommen, um über die Runden zu kommen, wenn sie einmal in Geldnot geraten. Zumeist haben sie nur die Möglichkeit, die Hilfe von Kreditinstituten in Anspruch zu nehmen. Ein gutes Verhältnis zu Ihrer Bank ist deshalb ein unschätzbarer Vorteil. Sie sollten den Leiter Ihrer Bank persönlich kennenlernen und unter Umständen vielleicht sogar in Erwägung ziehen, ein kurzfristiges Darlehen aufzunehmen, obwohl Sie dieses im Moment gar nicht wirklich benötigen. Indem Sie es dann aber umgehend zurückzahlen, wird sich Ihre Kreditwürdigkeit automatisch verbessern: Für den Fall, daß Sie tatsächlich einmal in eine finanzielle Notlage geraten, ist ein gutes Renommee bei Ihrer Bank unbezahlbar.

Zusammenfassend sind nun die Punkte aufgeführt, die eine alleinstehende Frau für das System zur Unterstützung im privaten Bereich unbedingt beachten sollte:

- Schaffung einer ausgeglichenen häuslichen Atmosphäre,
- Aufbau enger persönlicher Beziehungen,
- ein angemessenes Geschick bei der finanziellen Planung sowie ein gutes Verhältnis zu einem Kreditinstitut.

Diplomatie, Kommunikation, Qualität, Präsenz und Timing

Besonders im Hinblick auf den Faktor *Diplomatie* ist die mangelnde Fähigkeit, sich im Büro entspannt und umgänglich geben zu können, ein Ihr berufliches Fortkommen erschwerendes Moment. Wenn Frauen dazu neigen, für sich selbst und andere viel zu hohe Maßstäbe zu setzen, dann messen sie der jeweils anstehenden Arbeit in übertriebenem Maße Gewicht bei, indem sie sich ausschließlich auf die zu erbringende Effizienz konzentrieren. Sie sind oft nicht imstande, die jeweilige Aufgabe von ihrer Bedeutung her richtig einzuschätzen und sich auch das Naturell der damit jeweils befaßten Menschen bewußtzumachen. Gerade aber die persönliche Begegnung stellt einen sehr wirksamen Weg dar, um bei der Arbeit und dem Verhältnis innerhalb der Kollegen diplomatisches Geschick zu entwickeln.

Darüber hinaus wird es auch für Ihre Karriere eher von Vorteil sein, wenn Sie sich der Arbeitsgeschwindigkeit und dem Arbeitsstil des Unternehmens, in dem Sie beschäftigt sind, anpassen, statt den Versuch zu unternehmen, quasi über Nacht alles zu verändern. Nehmen Sie sich deshalb die Zeit, gute Beziehungen zu Ihren Mitarbeitern und Mitarbeiterinnen aufzubauen und diese zu festigen. Bemühen Sie sich auch darum, daß Sie an Ihrem Arbeitsplatz entspannt und umgänglich erscheinen.

Unter dem Gesichtspunkt *Kommunikation* mit Ihren Mitarbeitern und Mitarbeiterinnen kommt der Fähigkeit, sich nahtlos einzugliedern, die wohl entscheidende Rolle zu. Dadurch offenbaren sich auch Ihr Interesse und Ihre Freude an der Arbeit. Es bieten sich darüber hinaus gute Gelegenheiten, auf zwangloser Basis Ihre Wünsche und Anforderungen weiterzugeben und dabei gleichzeitig auch die der anderen zu erfahren.

Beim Delegieren von Aufgaben und bei der Einarbeitung einer Ersatzkraft können Sie Ihren Respekt und Ihre Wertschätzung für die Menschen zum Ausdruck bringen, die für Sie arbeiten. Lassen Sie ihnen also soviel positive Rückmeldungen wie möglich zukommen.

Geht es um das Delegieren von Arbeiten, dann ist auch die *Qualität* ein wichtiger Aspekt. Selbst wenn eine Ihnen unterstellte Mitarbeiterin vielleicht eine Aufgabe routinemäßig einmal nicht so schnell oder so gründlich wie Sie selbst erledigt, dann schafft Ihnen das Delegieren möglicherweise aber zusätzlichen Freiraum, so daß Sie sich mit mehr Sorgfalt und größerem Zeitaufwand einem anderen wichtigen Projekt widmen können. Falls Sie den Einzelheiten, die eigentlich in den Routinebereich hineingehören, übertriebene Beachtung schenken, laufen Sie mitunter Gefahr, das Wesentliche aus den Augen zu verlieren. Dies ist ein Aspekt, der bei jedweder Managementarbeit von Bedeutung ist.

Was Ihre *Präsenz* betrifft, so ist sicher, daß diese in jedem Fall und stets aufs neue von einem entspannten, zuversichtlichen, geselligen und umgänglichen Naturell profitieren wird. Je mehr Menschen Sie kennen und je mehr Zeit Sie sich nehmen, mit ihnen zu sprechen und ihnen zuzuhören, desto mehr werden Sie sich selbst profilieren können. Wenn diese Zeit dann noch sowohl angenehm als auch produktiv ist, dann wird dies auch Ihrer persönlichen Profilierung zugute kommen.

Es ist eine Frage des *Timing*, wann Sie delegieren und wann nicht: Falls eine Ihnen unterstellte Person bereits an einem schwierigen neuen Projekt arbeitet, so sollte sie möglichst nicht noch mit einem weiteren belastet werden. Außerdem ist zu beachten, daß ein Kollege oder eine Kollegin, die wegen eines wichtigen Abgabetermins in Hektik ist, in dieser Situation wohl kaum den Wunsch nach einer beiläufigen geselligen Unterhaltung mit Ihnen hegen werden. Setzen Sie deshalb in jeder einzelnen Situation Ihr gesundes Urteilsvermögen ein.

Ehe Sie darangehen, die Arbeitsblätter auszufüllen, die dieses Kapitel abschließen, sollten Sie zunächst einmal einen Blick auf den folgenden kleinen »Katalog der Stärken und Schwächen berufstätiger Frauen« werfen. Hierbei handelt es sich um meine ganz persönliche, subjektive Beurteilung. Vielleicht finden auch Sie darin eine durchaus nützliche Hilfe, Ihre eigenen Leistungen auf den verschiedenen Gebieten besser einstufen zu können.

Erlernen aller auf die Arbeitsplatzbeschreibung bezogenen Qualifikationen	Ausgezeichnet
Fähigkeit zur Zusammenarbeit mit den Vorgesetzten und zur Integration in ein Team	Zufriedenstellend
Motivation zur Aneignung neuer Mangagementqualifikationen mit Blick auf das Weiterkommen	Ausgezeichnet
Fähigkeit zum Einarbeiten einer Ersatzkraft	Mangelhaft
Fähigkeit zur Nutzung von Gelegenheiten zum Delegieren	Mangelhaft
Entwicklungsgrad des gesellschaftlichen Persönlichkeitsprofils in Zusammenhang mit dem Beruf	Verbesserungsbedürftig
Fähigkeit zur selbständigen Auswahl außer- und innerbetrieblicher Betätigungsfelder, durch die zusätzlich Präsenz gezeigt wird	Zufriedenstellend
Fähigkeit zur Nutzbarmachung der »Büropolitik« zum eigenen Vorteil und zur Erschließung wichtiger, nicht ausschließlich sachbezogener Informationen	Verbesserungsbedürftig
Fähigkeit zur Anpassung und zum zwanglosen Umgang mit Kunden, Kollegen und Lieferanten	Verbesserungsbedürftig

Arbeitsblatt
Delegieren

1. Erstellen Sie eine Liste aller Aufgaben, an denen Sie derzeit arbeiten. Sofern Sie in einer leitenden Position tätig sind, fragen Sie sich, welche dieser Aufgaben Sie delegieren können.
2. Wählen Sie eine der Aufgaben, und zerlegen Sie diese in ihre einzelnen Arbeitsgänge.
3. Arbeitet irgend jemand für Sie, der über die Erfahrung oder die Qualifikation verfügt, diese Aufgabe eventuell übernehmen zu können?
4. Falls dies nicht zutrifft, gibt es dann vielleicht jemanden, der offensichtlich gerne mehr Verantwortung übernehmen möchte, aber womöglich einen anderen Verfahrensweg zur Erledigung der Aufgabe vorgeschlagen hat – oder der von der Erfahrung profitieren würde, die die Erledigung dieser Aufgabe mit sich brächte?
5. Entscheiden Sie nun auf der Grundlage Ihrer Antworten zu den Fragen 3 und 4, welcher Person Sie diese Aufgabe übertragen möchten.
6. Setzen Sie sich nun einen Termin, bis zu dem Sie mit der Ausbildung dieser Person begonnen haben möchten, und ebenso Fristen, innerhalb derer Sie die Ausbildung für jeden einzelnen Aufgabenteilbereich, wie nach Frage 2 aufgelistet, abgeschlossen haben wollen.

Einarbeiten einer Ersatzkraft

1. Erstellen Sie ein Verzeichnis aller elementaren Arbeiten, die für jemanden in Ihrer Position wesentlich sind.
2. Wählen Sie anschließend, unter Zugrundelegung der gleichen Kriterien, die in den Fragen 3 und 4 des vorhergehenden Fragenkomplexes behandelt wurden, eine Person aus, die Sie als Ersatzkraft für Ihren Arbeitsplatz einarbeiten.
3. Taxieren Sie den wöchentlichen Zeitaufwand an Arbeitsstunden, der für die Einarbeitung dieser Person in die elementaren Aufgabenbereiche anfallen dürfte.
4. Setzen Sie nunmehr, analog der entsprechenden Rubrik beim

Delegieren, den Ausgangstermin und die Fristen für jede einzelne Phase dieser Einarbeitung fest.

Hilfsquellen

1. Bei der Planung, wie sich Ihre Arbeit sowie Ihr persönliches und familiäres Leben miteinander in Einklang bringen lassen, sollten Sie sich mit Hilfe folgender Tabelle verdeutlichen, welche Menschen in Ihrer Umgebung in welcher Hinsicht und in welchem Ausmaß Ihnen behilflich sein können.

	Ihr Lebenspartner	Ihre Eltern	Ihre Kinder	Ihre Vorgesetzten oder Kollegen	Ihre Freunde und Freundinnen
	Aufgaben	Aufgaben	Aufgaben	Aufgaben	Aufgaben
Täglich					
Wöchentlich					
Gelegentlich					
Nur besondere Aufgaben					
Nie					

2. Sofern die Ihnen zur Verfügung stehende Hilfe nicht ausreicht, können Sie dann vielleicht jemanden für bestimmte Aufgaben engagieren (zum Beispiel Babysitter, Haushaltshilfe)?
3. Besteht die Möglichkeit, daß Sie sich bestimmte Verpflichtungen abwechselnd mit Nachbarn oder Freunden teilen?
4. Haben Sie möglicherweise bestehende nachbarschaftliche Initiativen oder Selbsthilfegruppen schon dahin gehend überprüft, ob diese Ihnen irgendwelche Dienste leisten können?
5. Haben Sie dafür gesorgt, daß eine Liste der Personen oder Institutionen, die Sie im privaten Bereich unterstützen, sowohl zu Hause als auch im Büro stets griffbereit ist? Diese Liste sollte die Namen, Anschriften sowie geschäftliche und private Telefonnummern folgender Personen und Einrichtungen enthalten:

- Ihres Lebenspartners,
- der Freunde oder Nachbarn,
- Ihrer Eltern,
- der Schulen Ihrer Kinder,
- des Arztes,
- des Rechtsanwalts,
- des Steuerberaters,
- der Versicherung,
- Ihrer Bank,
- sonstige (Verwandte, die in einer Notlage einspringen können, Babysitter, Haushaltshilfen und dergleichen).

Zusammenfassung

- Nehmen Sie eine Bestandsaufnahme Ihrer bisherigen Verhaltensweisen vor, und zwar der guten wie der schlechten. Welche davon sind veränderungsbedürftig?
- Beachten Sie auch die gesellschaftliche Seite des Geschäftslebens.
- Überprüfen Sie Ihre Arbeit und Ihr Personal dahingehend, welche Aufgaben Sie an welche Personen delegieren können.
- Bemühen Sie sich, eine Ersatzkraft für Ihren Arbeitsplatz einzuarbeiten.
- Konsolidieren Sie Ihr System zur Unterstützung im privaten Bereich.

V. Kapitel
Der Aufstieg

Wie erreichen Sie von Ihrem derzeitigen Arbeitsplatz aus das angestrebte Ziel?

Es kommt gar nicht so selten vor, daß zwei Mitarbeiter innerhalb eines Unternehmens praktisch die gleichen Funktionen ausfüllen, über die gleichen Erfahrungen und Qualifikationen verfügen, die gleichen Verantwortlichkeiten innehaben und auf gleichermaßen gute Leistungen verweisen – und ihre Karriere verläuft dennoch sehr unterschiedlich. Der Beobachter mag da vorschnell den Eindruck haben, als sei die Beförderung der einen Person anstelle der anderen reine Glückssache, weil diese eine Person halt zufällig zur rechten Zeit am rechten Platz war. In manchen Fällen trifft dies durchaus zu, allerdings habe ich auch Frauen kennengelernt, die praktisch permanent zur rechten Zeit am rechten Platz waren, und zwar weil sie jeweils konkret auf diesen Punkt hingearbeitet hatten. Was oberflächlich betrachtet wie reine Glückssache aussieht, ist vielfach das Ergebnis sorgfältiger Planung.

Selbst Frauen, die ihren Erfolg auch einer guten Portion Glück zuschreiben, sind sich darüber klar, daß außerdem ihr eigener guter Instinkt für Diplomatie sowie Timing und die Aneignung von Qualifikationen ganz entscheidend dazu beigetragen haben, dorthin zu kommen, wo sie heute sind.

Deshalb soll in diesem Kapitel unter anderem auch genauer behandelt werden, was es bedeutet, »zur rechten Zeit am rechten Platz zu sein«. Frauen neigen dazu, sich so sehr nur auf die eigene Arbeitsleistung zu konzentrieren, daß sie Gefahr laufen, sämtliche »Rahmenkomponenten« ihres Berufes völlig zu ignorieren – die eigene Sozialisierung, das Finden eines Mentors oder einer Mentorin wie auch das Erkennen der Vorteile, die ihnen durch ihr eigenes Unternehmen geboten werden.

Diese und andere berufsbezogenen Aktivitäten von vornherein als für Ihre Karriere nebensächliche und unwichtige Faktoren abtun zu wollen käme der Absicht gleich, in einem Spiel die Karten von Anfang an bewußt gegen sich selbst mischen zu wollen. Gerade das Aneignen solcher Qualifikationen, die über jene Kenntnisse und Fertigkeiten hinausgehen, die unmittelbar mit Ihrer derzeitigen Tätigkeit zusammenhängen – ich brauche hier nur die Kunst der Verhandlungsführung zu erwähnen–, ist enorm wichtig.

Bevor ich jedoch näher auf die einzelnen Aspekte eingehe, möchte ich nochmals betonen, wie außerordentlich notwendig es ist, daß Sie sich bemühen, *alle* Strategien meines Planes zu berücksichtigen, damit Ihnen der Sprung an die Spitze gelingt. Während es im III. Kapitel im wesentlichen um eine gute Arbeitsleistung in Ihrer derzeitigen Position und im IV. Kapitel um einige der häufigsten Stolpersteine für berufstätige Frauen ging, soll das Augenmerk hier nun auf konkrete Schritte gelenkt werden, die Sie unternehmen können, um aufzusteigen.

Alle in diesen Kapiteln behandelten Aspekte sind immer im Zusammenhang zu berücksichtigen: Im III. Kapitel wurde zum Beispiel darauf hingewiesen, daß Sie sich ein außerbetriebliches berufsorientiertes Kontaktnetz als eine Informationsquelle aufbauen sollten.

Dort können Sie etwas erfahren, was Ihre Konkurrenten machen, was in anderen Firmen funktionierte oder auch nicht gelang. Äußerst dienlich kann Ihnen dieses Kontaktnetz zudem dann sein – und davon ist in diesem Kapitel die Rede –, wenn Sie sich mit dem Gedanken tragen, Ihre derzeitige Arbeitsstelle zu kündigen. Mitunter ist hier jemand in der Lage, Sie rechtzeitig wissen zu lassen, wann eine interessante Arbeitsstelle vakant geworden ist oder in einer anderen Firma eine neue Abteilung aufgebaut wird.

Verdeutlichen Sie Ihr Interesse am Weiterkommen und Ihre Bereitschaft zur Mobilität

Im III. Kapitel wurde bereits angesprochen, wie wichtig es ist, Ihren Vorgesetzten wissen zu lassen, daß Sie an einem Weiterkommen interessiert sind. Allerdings reicht der einmalige bloße Hinweis darauf allein nicht aus: Sie müssen dies verbal und durch Ihr Verhalten ständig neu demonstrieren, Präsenz auch da zeigen, wo es nicht nur um Ihren unmittelbaren Arbeitsbereich geht, aktiv an der »Firmenpolitik« teilnehmen.

Joyce beispielsweise, eine durchaus ehrgeizige Universitätsprofessorin, hat großes Interesse an Forschungsarbeiten und kann bereits auf eine eindrucksvolle Reihe publizierter Arbeiten verweisen. Das sind ganz wesentliche Voraussetzungen für eine Wissenschaftlerin, um sich auf dem durch eine hochgradige Konkurrenz gekennzeichneten akademischen Arbeitsmarkt behaupten zu können. Ungeachtet ihrer Meriten haben die Professorenkollegen und auch der Dekan des Fachbereichs aufgrund ihrer Abneigung, sich in die Universitätspolitik einbinden zu lassen, aber den Eindruck gewonnen, daß Joyce nicht wirklich daran interessiert ist, weiterzukommen.

Joyces Problem besteht darin, daß sie die gerade in diplomatischer Hinsicht interessanten Abteilungskonferenzen verabscheut, in denen die frisch promovierten Jungakademiker, die zukünftig an Forschungsprojekten arbeiten, den einzelnen Professoren zugeteilt werden. Letztlich kann der akademische Nachwuchs für einen Wissenschaftler oder eine Wissenschaftlerin eine enorme Entlastung bedeuten, weil diese Assistenten selbst Studien durchführen und Daten zusammenstellen können. Da Joyce sich bei den Besprechungen jedoch dermaßen still verhält, wird ihr zumeist nur ein Jungakademiker zugeteilt, wohingegen andere, die eigentlich weniger Forschungsarbeiten zu erledigen haben, mitunter deren drei oder vier zugesprochen bekommen.

Dies führt zwangsläufig dazu, daß Joyce bei ihrer Arbeit weniger Hilfe hat und damit auch unproduktiver arbeitet, als dies mit mehr Unterstützung der Fall sein könnte. Entsprechend weniger Zeit hat sie natürlich auch für ihre Familie. Schwer wiegt darüber hinaus, daß ihre Kollegen und Vorgesetzten durch ihr Verhalten den Eindruck gewonnen haben, Joyce sei durchaus damit zufrieden, wenn sie sich auf ihre Forschungsarbeiten zurückziehen kann, und verzichte im Grunde genommen gern auf die Hilfe und die Stimulation, die die Einbeziehung oft enthusiastischer Jungakademiker durchaus mit sich bringt. Dieser völlig falsche und auch unbeabsichtigte Eindruck, den Joyce durch ihr Verhalten bei den Abteilungsbesprechungen hinterläßt, beruht in Wahrheit einzig auf der Unfähigkeit, die tatsächliche Freude an ihrer Arbeit und das Interesse an ihrem Aufstieg offen zeigen zu können.

Selbst wenn Ihnen der Gedanke, in Sondersitzungen »Zeit zu verschwenden«, jemand anderem bei dessen Arbeit auszuhelfen oder auch Leuten zu zeigen, wie sehr Sie sich für ein bestimmtes Projekt begeistern können, nicht sonderlich gefällt, so sollten Sie sich dennoch vor Augen halten, daß gerade das eine einprägsame und unmißverständliche Methode ist, anderen Menschen Ihr Interesse an Ihrem Weiterkommen zu verdeutlichen. Dieser Weg ist sogar einprägsamer und glaubwürdiger, als wenn Sie es expressis verbis äußern. Und manchmal ist diese Methode nicht nur klarer, sondern auch wesentlich effektiver.

Möglicherweise stehen Sie im Verlauf Ihrer Karriere einmal dem Problem gegenüber, daß Ihnen eine Beförderung in Aussicht gestellt wird, die einen Umzug voraussetzt. Sind Sie grundsätzlich bereit, eventuell auch in eine andere Stadt zu ziehen, wenn dies bedeutet, dadurch ein Stück weiter nach oben zu kommen? Wenn ja, dann sollten Sie das denjenigen, die eine entsprechende Entscheidung zu treffen haben, auch unbedingt verdeutlichen.

Machen Sie es sich zur Aufgabe, die Techniken der Personalführung zu erlernen und anzuwenden

Während dem Wort »Diplomatie« für viele Frauen ein eher negativer Beigeschmack anhaftet, ist einer der Teilbereiche des Aspekts Diplomatie jedoch eindeutig positiver Natur und darüber hinaus auch Grundvoraussetzung für die in diesem Buch vorgeschlagenen Karriereansätze: Gemeint sind hier gute Personalführungsqualitäten. Menschen, die sich klar, präzise und schlüssig ausdrücken, gewinnen sehr an Glaubwürdigkeit. Hat eine Frau erst einmal eine hohe, verantwortliche Stellung erreicht, dann ist es für sie ganz besonders wichtig, sich der Tatsache bewußt zu sein, daß ihr eigener Erfolg auch von der Arbeit und den Leistungen der anderen abhängt. Schlechte Personalführungsqualitäten werden sich nicht nur in den Leistungen ihres Personals, sondern letztlich auch in ihren eigenen niederschlagen.

Mehr als jemals zuvor sind die einzelnen Aufgabenbereiche innerhalb eines modernen Unternehmens miteinander verflochten. Dies hat, wie im III. Kapitel bereits angesprochen, zur Folge, daß auch die Notwendigkeit zur Teamarbeit wesentlich größer geworden ist. Und gerade eine erfolgreiche Teamarbeit erfordert, vielleicht mehr als jede andere Aufgabe, das nötige Geschick im Umgang mit Menschen.

Effiziente Zusammenarbeit kann also nicht nur eine sehr positive Erfahrung sein, sondern ist mit Sicherheit auch ein ganz wesentlicher Schritt auf Ihrem Weg nach oben. Mangelndes Geschick im Umgang mit Menschen legt Ihre Leistungen als Mitglied eines Teams in der Arbeitspraxis möglicherweise fast völlig lahm. Wenn es Ihnen also nicht gelingt, gegebenenfalls auch die zwischenmenschlichen Dimensionen richtig einzuschätzen, kann dies zur Folge haben, daß Sie einen hohen Preis dafür bezahlen müssen.

Sie werden sehr wahrscheinlich in Situationen geraten, wo es gilt, Meinungsverschiedenheiten zwischen den einzelnen Mitgliedern Ihrer Gruppe zu schlichten. Sind Sie geschickt genug, mit solchen Situationen fertig zu werden? Je nachdem, wie Sie diese Konflikte angehen, kann dies für Ihre innerbetriebliche Laufbahn entweder hinderlich oder im Gegenteil auch enorm förderlich sein. Frauen neigen – zum Großteil erziehungsbedingt – dazu, Konflikte zu meiden, was nicht selten zur Folge hat, daß sie sich, statt die Probleme an Ort und Stelle zu lösen, sozusagen hinter den Kulissen beschweren und beklagen. Diese Art von Kompensation ist aber weder produktiv noch einträglich: Erstens ist es oft reine Zeitverschwendung, weil der Adressat der Klage selten Abhilfe schaffen kann, und zweitens werden Sie, selbst wenn derartige Beschwerden durchaus berechtigt sein mögen, Ihren Kollegen damit über kurz oder lang zwangsläufig auf die Nerven gehen. Destruktive Kritik hilft selten, Probleme zu lösen, und ist mit Sicherheit nicht dazu geeignet, Ihren Aufstieg zu fördern. Eine insgesamt positive Einstellung geht meist mit der Fähigkeit einher, die Lösbarkeit auch schwieriger Situationen zu kennen und mißliche Lagen dann für alle Beteiligten glücklich zu überwinden.

Als Beispiel soll die Geschichte von Gloria dienen, einer Frau von etwa 35 Jahren: Sie arbeitet als Abteilungsleiterin in einer großen Maschinenbaufirma. Immer wenn sie einen größeren Posten an Büroausstattung einzukaufen hat, muß jeder der anderen Abteilungsleiter vorher dazu befragt werden, und es gelang Gloria selten, sie alle zu einer einheitlichen Entscheidung zu bewegen.

Glorias ursprüngliche Strategie sah so aus, daß sie jeden von ihnen bezüglich seiner Vorstellungen einzeln ansprach. Wenn sich die letzte Entscheidung dann wegen Meinungsverschiedenheiten innerhalb dieser Gruppe verzögerte, marschierte sie schnurstracks zu ihren Vorgesetzten – danach zu den ihr unterstellten Mitarbeitern – und beschwerte sich, sie sehe sich angesichts dieser Umstände außerstande, ihre Arbeit zu erledigen.

Bald erkannte Gloria die Ineffizienz solcher Reaktion und rang sich schließlich dazu durch, den Stier bei den Hörnern zu packen: Hinsichtlich der Einkaufsentscheidung ergriff sie nunmehr selbst die Initiative, indem sie zunächst einmal bei einer Reihe von Firmen Angebote über die verschiedenen Ausstattungsmöglichkeiten einholte. Danach machte sie eine Übersicht sämtlicher Angebote, kommentierte sie, nannte die von ihr bevorzugte Lösung und rief dann eine Besprechung des gesamten Managementteams ein, um ihren Vorschlag zu erörtern. Diese Vorgehensweise erwies sich gleich in vielfacher Hinsicht als äußerst erfolgreich: Gloria stand nicht nur als jemand da, der auch in Eigeninitiative zu handeln vermochte, sondern darüber hinaus als jemand, der in der Lage ist, mit potentiellen Konflikten umzugehen, da sie durch ihre gut organisierte Vorarbeit vielen vielleicht unbegründeten Bedenken gegenüber einer Kaufentscheidung den Wind aus den Segeln genommen hat. Seither wird sie wesentlich öfter zur Mitarbeit an Entscheidungsfindungen herangezogen.

Im IX. Kapitel wird der Bereich Konflikte eingehend behandelt, an dieser Stelle doch schon einige Ratschläge, wie Sie sich bei Spannungen am besten verhalten:

1. Lernen Sie es, bei Meinungsverschiedenheiten im Büro zunächst einmal zuzuhören, bevor Sie handeln. Nur allzuoft übergehen wir in solchen Situationen nämlich den Standpunkt der anderen Seite. Indem Sie für diese Argumente ein offenes Ohr haben, werden Sie die Fakten auch aus der Sicht Ihrer »Kontrahenten« betrachten können und somit in der Lage sein, objektiver zu entscheiden. Außerdem wirkt die Fähigkeit des Zuhörenkönnens bei der »gegnerischen« Seite nicht selten wie Balsam auf die offene Wunde.
2. Als Geste des Respekts sollten Sie sich mit Ihrem Gegenspieler zunächst einmal allein treffen, um mit ihm zu sprechen, bevor Sie den nächsten Schritt unternehmen und Ihre Differenzen öffentlich austragen. Denn die Chancen zur Lösung eines Konflikts auf privater Basis sind allemal günstiger als vor einem größeren

Publikum, wo sich der Aspekt des möglichen »Gesichtsverlusts« einer zufriedenstellenden Beilegung in den Weg stellt.

3. Es muß auch nicht in jedem Fall einen »Sieger« geben. Die beste Lösung ist in der Tat noch immer die, beide Seiten gewinnen zu lassen. Gerade dann, wenn sich die Interessen beider Seiten in irgendeiner Form zu einem Kompromiß verbinden lassen, besteht diese Möglichkeit. Fällt die Waagschale nämlich allzu deutlich zugunsten einer Partei aus, kann das sehr leicht Verstimmungen zur Folge haben, die mitunter erst wesentlich später, bei ganz anderen Problemstellungen, zutage treten.

Es gibt zuweilen Teamprojekte, zu deren Durchführung von Ihnen verlangt wird, daß Sie den Ihnen unterstellten Mitarbeitern gewisse Informationen vorenthalten oder eine Situation rosiger darstellen, als sie ist. Das kann Sie in Gewissenskonflikte bringen. Wichtig ist, hier behutsam vorzugehen: Wägen Sie ab, ob Sie in berufsethischer Hinsicht dieser Forderung entsprechen können, ziehen Sie gegebenenfalls verständige Personen aus Ihrem Bekanntenkreis oder einen Mentor zu Rate, keinesfalls jedoch die Mitarbeiter des Teams, das Sie leiten. Oft handelt es sich um durchaus übliche Geschäftspraktiken, die im ersten Moment befremdlich wirken können, aber unter Berücksichtigung der Zielsetzung Ihres Unternehmens vertretbar sind. Kommen Sie jedoch nach wirklich eingehenden Überlegungen zu dem Ergebnis, daß von Ihnen etwas verlangt wird, wodurch Sie in einen ernsten Zwiespalt geraten, sollten Sie den Weg einer Aussprache mit Ihren Vorgesetzten nicht scheuen.

Kontaktpflege zu einem Mentor oder einer Mentorin

Im Lexikon wird der Mentor als ein erfahrener, vertrauenswürdiger Ratgeber beschrieben. In der Geschäftswelt ist ein Mentor jemand, der bereits dort angekommen ist, wohin Sie erst noch kommen möchten, und der bereit ist, Sie auf dem Weg dorthin unter seine Fittiche zu nehmen. Da er das noch vor Ihnen liegende Terrain bereits erfolgreich bewältigt hat, ist eine Voraussetzung dafür geschaffen, daß Sie seiner Führung und seinem Rat im Hinblick auf mögliche kritische Situationen vertrauen können.

Ein Mentor oder eine Mentorin ist eine der besten Versicherungen, die man sich für eine erfolgreiche Karriere vorstellen kann. Schauen wir uns zunächst an, was Daniel Levinson in seinem Buch *The Seasons of a Man's Life* dazu schreibt: »Ein Mentor kann einmal als Lehrer fungieren, um Qualifikationen und intellektuelle Entwicklungen zu fördern, dann als Sponsor, um beispielsweise den Einstieg und Aufstieg zu erleichtern, aber auch als Gastgeber und Führer, der den Anfänger in eine neue berufliche und gesellschaftliche Welt einführt und ihn mit den dort herrschenden Wertmaßstäben und Sitten vertraut macht. Überdies ist der Mentor ein Vorbild, das der Schützling bewundern und dem er nacheifern kann, und schließlich auch der quasi ruhende Pol, der in streßreichen Zeiten moralische Unterstützung gewährt.«

Ein Mentor kann einer Frau, die nach oben will, den Aufstieg sehr erleichtern. Er kann Ihnen die Struktur des Unternehmens, in dem Sie arbeiten, sowie dessen Kultur und Geschichte transparent machen und nicht zuletzt auch ein Gefühl für die Dinge vermitteln, die für das Wachstum der Firma wichtig waren oder sind. Wesentlich bedeutender aber ist darüber hinaus vielleicht noch, daß ein Mentor auch darauf hinweisen kann, welche Personen innerhalb des Unternehmens eine entscheidende Rolle in Zusammenhang mit Ihrem Aufstieg spielen, und gegebenenfalls sogar als Mittelsmann fungieren.

Als Beispiel soll die Geschichte von Louise dienen, die ihre Karriere im Alter von 22 Jahren als Verkaufsassistentin bei einem Buchverlag begann. Eingestellt wurde sie vom Verleger selbst, einem älteren Mann, den sie sehr mochte. Fünf Jahre später sollte er sich zur Ruhe setzen. Da er von ihrer Energie und Intelligenz beeindruckt war, richtete er für Louise eine neue Stelle ein. Dort arbeitete sie gerade sechs Monate, als die Position des Werbemanagers vakant wurde, woraufhin sie dem Verleger den Vorschlag unterbreitete, ihr doch eine Bewährungsprobe für diese Stelle einzuräumen. Obwohl sie bis dahin über keinerlei entsprechende Erfahrungen verfügte und kaum Kenntnisse im Managementbereich hatte, gab er ihr die Stelle versuchsweise für eine Probezeit von drei Monaten.

Während dieser Zeit vermittelte er ihr alles Wissenswerte über das Unternehmen, führte sie durch schlechte und schwierige Zeiten und half ihr, die Eigendynamik der Firmenpolitik zu verstehen. Da Louise seine Position und seine Weisheit respektierte, blühte sie förmlich auf.

Im Laufe der nächsten fünf Jahre machte Louise ihre Abteilung zu einer der erfolgreichsten im ganzen Land, und die Umsätze des Verlages stiegen entsprechend. Ihre Beziehung zum Verleger entwickelte sich sehr gut, und dieser war in einer väterlichen Weise seinerseits sehr stolz auf sie. Er vertraute ihr auch einige seiner geschäftlichen Probleme an, und sie versuchte nach besten Kräften, ihm bei der Lösung zu helfen.

Von dieser gegenseitigen Unterstützung profitierten beide. Louise schaffte dann schließlich den Absprung in ein eigenes Unternehmen, wobei sie sich stets bewußt war, daß sie diesen Schritt ohne einen Mentor von der Kapazität ihres Chefs natürlich niemals so schnell hätte schaffen können. Der Verleger konnte sich mit dem befriedigenden Gefühl zur Ruhe setzen, sein Unternehmen noch vor seinem Ausscheiden auf gesunde Füße gestellt zu haben.

Wie Sie am Beispiel Louises sehen, kann die Beziehung zu einem Mentor von großem Vorteil sein. Dennoch sei hier auch auf mögliche Gefahren hingewiesen: Zunächst einmal ist es durchaus nicht ungefährlich, sich völlig in die Abhängigkeit einer einzigen Person zu begeben. Was passiert, wenn Ihr Mentor plötzlich ausfällt, in Ihrem Betrieb »in Ungnade fällt« oder das Unternehmen verläßt? Ein Schützling muß ständig aufs neue abwägen, ob die Machtbasis des eigenen Mentors noch groß genug ist, um die Karriere angemessen fördern zu können. Es ist sogar zu prüfen, ob Sie sich Ihre Chancen möglicherweise dadurch verbauen, daß Sie sich ausschließlich von den Ratschlägen und der Führung einer einzigen Person abhängig machen.

Sofern es sich in Ihrem Fall nicht um eine Mentorin, sondern um einen Mentor handelt, wäre es fatal, Ihre Beziehung zu ihm auch auf den Bereich der Sexualität auszudehnen. Das Geschäftliche mit Bettgeschichten zu vermischen – sei es nun mit einem Mentor oder mit einem Kollegen – kann nicht nur schlechte Voraussetzungen für Ihren ganz persönlichen Bereich schaffen, sondern hat erfahrungsgemäß auch verheerende Folgen für Ihre Karriere. Die Korridore der Machtetagen sind voll von solchen Frauen, die diese Kardinalregel nicht beachtet haben . . .

Wenn der Mentor oder die Mentorin einen Fehler der protegierten Person anfänglich auch vertuschen kann, hat dies, wenn es entdeckt wird, wesentlich schlimmere Folgen als die, welche durch das Verschlimmerungsmanöver verhindert werden sollten.

Eine weitere mögliche Gefahr besteht darin – selbst wenn Sie wirklich talentiert sind und Hervorragendes leisten –, als von Ihrem Mentor übermäßig abhängig zu gelten, wodurch Ihnen erfahrungsgemäß meist eine Beförderung versagt bleibt.

Was ich mit all diesen Hinweisen zum Thema Mentoren sagen möchte, ist, daß sie tunlichst als Personen betrachtet werden sollten, die an einem bestimmten Platz und zu einer bestimmten Zeit geschäftliche Hilfestellungen geben können. Dies heißt allerdings keineswegs, sie müßten völlig aus Ihrem persönlichen Bereich oder gesellschaftlichen Leben ausgeschlossen werden.

Wie fatal sich eine zu enge Bindung auch im privaten Bereich auswirken kann, zeigt das Beispiel von Patricia: Sie arbeitete bei einem großen Management-Beratungsunternehmen. Zu ihren Kollegen gehörte ein Mann in einer vorgesetzten Position, den sie attraktiv fand, und es interessierte sie, sich mit ihm zu unterhalten.

Es ergab sich manchmal, daß sie ihre Mittagspause gemeinsam in der Kantine verbrachten. Schon recht bald fühlte sich Patricia zu diesem Mann sehr hingezogen, und sie arrangierte es schließlich stets so, daß ihre Mittagspause mit der seinen zusammenfiel. Außerdem bemühte sie sich, wann immer es ging, ihm auf ihrem Nachhauseweg zu begegnen, wobei sich noch die Möglichkeit zu einem gemeinsamen Drink und zu einem Gespräch über den Bürotag ergab. So entwickelte sich die Beziehung immer weiter ins Private hinein und wurde am Ende auch zu einer Intimbeziehung.

Nach zwei Wochen intensiven Liebeslebens jedoch fing ihr Freund an, sich zurückzuziehen. Er erschien nicht mehr wie gewohnt in der Kantine. Die Zusammenarbeit mit ihm wurde zusehends verkrampft und peinlich. Schließlich schaffte es Patricia nicht einmal mehr, sich mit ihm selbst über belanglose Themen noch ungezwungen zu unterhalten, da seine körperliche Anziehungskraft für sie nach wie vor sehr stark war. Nach zwei Monaten in dieser inneren Zerrissenheit hielt sie es dann nicht länger aus: Sie kündigte ihre gute Stelle in der Firma, weil dieses emotionale Trauma nicht zuletzt auch gravierende Auswirkungen auf ihre Arbeit hatte.

Eine gute Beziehung zu einem Mentor auf rein geschäftlicher oder gesellschaftlicher Ebene wird im Normalfall für beide Seiten außerordentlich befriedigend und lohnend sein. Alles dagegen, was über diesen Rahmen hinausgeht, ist äußerst riskant, und zwar nicht nur für Ihre Karriere, sondern auch für Ihre emotionale Stabilität.

Teilnahme an freiwilligen oder ehrenamtlichen Aktivitäten und gesellschaftlichen Ereignissen

Ihren Wunsch, weiter nach oben zu kommen, können Sie nicht nur durch rein berufliches Engagement, sondern zusätzlich auch durch freiwillige oder ehrenamtliche Aktivitäten verdeutlichen. Durch Ihre Teilnahme an gesellschaftlichen Ereignissen, Wohltätigkeitsveranstaltungen, Arbeiten fürs Gemeinwesen oder auch Aktivitäten, an denen sich andere Personen aus den Chefetagen Ihres Unternehmens beteiligen, können Sie sich nicht nur ins Blickfeld dieser Menschen rücken und damit Präsenz zeigen, sondern Sie werden überdies von ihnen auch noch als jemand angesehen, der gleiche Interessen hat, was Ihre Stellung als Mitglied des Firmenteams nur stärken kann.

Solche außerbetrieblichen Beziehungen, die sich häufig durch ein derartiges Engagement ergeben, können sich äußerst positiv auf Ihr Berufsleben auswirken. Es entwickeln sich nämlich dabei nicht selten neue Kontakte, die Ihnen Zugang zu Informationen über Planungen und neue Entwicklungen innerhalb Ihres Unternehmens verschaffen könnten. Ich schlage Ihnen vor, daß Sie zunächst einmal herauszufinden versuchen, was die Kollegen auf nächsthöherer Ebene Ihres Unternehmens denn so in ihrer Freizeit tun. Selbst wenn es sich dabei nicht gerade um einen Bereich handelt, dem bisher Ihr Hauptinteresse gegolten hat, kann sich eine Teilnahme an diesen Aktivitäten dennoch als ausgesprochen lohnend erweisen.

Michelle, eine sechsundzwanzigjährige Juristin, arbeitet in einem international tätigen Rechtsanwaltskonsortium. Durch die Größe des Unternehmens hat sie jedoch kaum Kontakte zu ihren älteren Kollegen und Kolleginnen. Vor kurzem aber wurde einer ihrer Seniorpartner Leiter eines staatlichen Krankenhauses, das ganz in der Nähe von Michelles Wohnung liegt. Wenig später meldete sie sich freiwillig als ehrenamtliche Rechtsberaterin für eines der dortigen Krankenhauskomitees, und auf diese Weise gelang es ihr, sich sehr schnell einen guten Ruf als führende Persönlichkeit und Sprecherin auf dem Gebiet medizinisch-rechtlicher Fragen zu verschaffen. Als dann etwas später im gleichen Jahr innerhalb ihres Anwaltskonsortiums die Lösung einer Schlüsselaufgabe anstand, bat jener Seniorpartner, der Michelle im Krankenhaus mehrfach in Aktion erlebt hatte, sie um ihre Mitarbeit!

Umgang mit Kunden, Kollegen und Lieferanten

Auch beim Umgang mit Kunden, Kollegen außerhalb Ihres Unternehmens und Lieferanten können Sie Präsenz zeigen, sich ins Blickfeld rücken. Gerade dieser Personenkreis ist eine ausgezeichnete Informationsquelle in bezug auf den Wirtschaftszweig, in dem Sie momentan arbeiten. Sollten Sie nämlich einmal beabsichtigen, Ihre derzeitige Arbeitsstelle aufzugeben, dann können diese Personen Ihnen möglicherweise auch Hinweise auf Stellen geben, die in anderen Firmen vakant sind oder dort neu eingerichtet werden.

Es ist oft so, daß die Talente von Anfängern, die später sehr erfolgreich wurden, zuerst außerhalb des Betriebes auffielen und dann erst entsprechend honoriert wurden. Als Beispiel dafür mag die Geschichte von Marion dienen: Sie arbeitete als Personaldirektorin bei einer großen Handelskette für Geschenkartikel und Schreibwaren. Innerhalb des nationalen Großhandelsverbandes und verschiedener Personalorganisationen genoß sie ein sehr hohes Ansehen. Interessant an ihrem Fall ist, daß sie innerbetrieblich zwar als kompetent galt, aufgrund ihres externen Engagements gleichzeitig aber auch als jemand angesehen wurde, der es nur darauf abgesehen hatte, sich selbst ins Rampenlicht zu stellen. Als Marions Handelskette jedoch mit einem Betrieb derselben Branche fusionierte, war sie die einzige Person aus dem Kreis des ehemaligen Managementteams, die in der neuen Firma eine Führungsposition erhielt – denn sie allein kannte man auch außerhalb des alten Betriebes.

Einarbeitung in neue Technologien

Jede Branche hat ihre eigene, sich ständig verändernde Technologie. In den meisten Geschäftsbereichen umfaßt diese Technologie heutzutage textverarbeitende Maschinen, Computer sowohl in kleinen wie in großen Anlagen und die entsprechende dazugehörige Software. Vor die Herausforderung gestellt, sich mit diesen neuen Hilfsmitteln auseinanderzusetzen, haben sich gerade bei Frauen zwei Lager mit entgegengesetzten Auffassungen gebildet, jede dieser beiden Gruppen wird jedoch mangels Ausgleichs- und Anpassungsvermögen an die neue strukturelle Realität am Arbeitsplatz Federn lassen müssen. Lassen Sie mich das etwas näher erläutern:

Viele Frauen, die über technisches Hintergrundwissen und diesbezügliche Kenntnisse verfügen, haben den Fehler gemacht, zu glauben, das Beherrschen der neuen Mikrotechnologie allein sei bereits eine ausreichende Garantie für ihren beruflichen Erfolg. Dies anzunehmen ist aber falsch, weil sie außerdem auch noch die sozialen und praktischen Qualifikationen erwerben müssen, die für ihre Karriere erforderlich sind.

Bei der zweiten Gruppe handelt es sich um jene Frauen, die es sich bisher noch leisten konnten, sich zurückzulehnen und sich einzureden, es handele sich bei der neuen Technologie halt um einen spezialisierten, komplexen Bereich, der mit ihren jeweiligen Aufgabengebieten nichts zu tun hat, oder sie seien zu alt, um sich die neuen technologischen Kenntnisse noch aneignen zu können. Diese Einstellung aber läßt sich nicht länger aufrechterhalten. Angesichts des Vormarsches der Mikrotechnologie in Konzernen, kleinen und mittelständischen Unternehmen sowie Behörden werden wir nicht umhinkommen, dazu eine positivere Haltung zu entwickeln und uns die erforderlichen Kenntnisse anzueignen. Schaffen wir den Übergang nicht, werden wir unweigerlich von unserer Konkurrenz überholt werden – beispielsweise von den Männern!

Seinerzeit beteiligte sich mein Unternehmen an der Förderung eines Seminars zur Fortbildung von Frauen für das »Büro der Zukunft«. Bei diesem Seminar erzählte mir Rita, eine sechzigjährige Einkaufssachbearbeiterin, folgende Geschichte: Das Management ihres Unternehmens, das Papierprodukte herstellt und vertreibt, hatte entschieden, daß auch die Einkäufer Computer verwenden sollten, da sie dann wesentlich effektiver arbeiten könnten. Zunächst bekam Rita entsetzliche Angst, sie werde diese neue Technologie niemals beherrschen. Trotzdem nahm sie schließlich an einem entsprechenden Kursus ihrer Firma teil und besuchte zusätzlich zwei außerbetriebliche Seminare, wodurch sie die erforderlichen Qualifikationen auch erwarb. Sie war also doch nicht »zu alt«, um die neue Technologie zu erlernen.

Mit Kenntnissen über die Mikrotechnologie werden Sie ohne Zweifel eine wesentlich günstigere Ausgangsposition haben, wenn es um anstehende Beförderungen oder auch um eine neue Stellung bei einem anderen Unternehmen geht. Wollen Sie sich den Erfordernissen der Gegenwart anpassen, dann ist dieser Bereich zweifellos ein Grundlagengebiet für Aus- und Fortbildungsmöglichkeiten.

Wie Sie im einzelnen dabei vorgehen können, finden Sie im VII. Kapitel dieses Buches beschrieben.

Einkommensmodalitäten auf den verschiedenen Managementebenen

Lange bevor Ihre nächste Beförderung ansteht, sollten Sie es lernen, jene Art von Fragen zu stellen, die mit den Verdienstmöglichkeiten in Ihrem Unternehmen zusammenhängen. Die meisten Menschen statten der Personalabteilung ihres Unternehmens nur einen einzigen Besuch ab, und zwar an ihrem ersten Arbeitstag, wenn sie dort verschiedene Personalformulare auszufüllen haben. Diese Praxis ist im Grunde genommen jedoch sehr bedauerlich, da das eigene Gehalt zwar oft angemessen ist, die firmeninternen Verdienstmöglichkeiten aber nicht eindeutig verstanden wurden oder auch unzureichend transparent sind.

Dorothy ist 28 Jahre alt. Sie arbeitet als Kreditorensachbearbeiterin in einem Betrieb, in dem sie seit zehn Jahren angestellt ist. Sowohl bei ihren Kollegen als auch bei der Firmenkundschaft gilt sie als die fähigste, fachlich versierteste und zuverlässigste Kraft des gesamten Unternehmens.

Dennoch erhält sie nicht die Sonderzulagen und Vergünstigungen, die ihr eigentlich zustünden: Drei männliche Kollegen, die im Büro gleichrangige Positionen bekleiden, verfügen beispielsweise über einen Firmenwagen, Dorothy nicht. Sie hat allerdings auch nie einen Firmenwagen beantragt, da sie derartige Bemühungen als »Bürospielchen« betrachtet, die sie zutiefst ablehnt. Anläßlich der Fusion mit einem anderen Unternehmen hätte Dorothy später die Möglichkeit gehabt, die Konditionen ihrer Anstellung neu zu verhandeln. Leider ließ sie aber auch diese neue Chance ungenutzt verstreichen, da sie es nicht schaffte, zum eigenen Vorteil auch mal die Ellenbogen zu benutzen. Obwohl ihrem neuen Chef die ungerechte Verteilung der Gehaltszulagen und Sozialleistungen unter den Mitgliedern des Managements sofort auffiel und er Dorothy ausdrücklich darauf aufmerksam machte, unternahm sie nichts. Nach sechs Monaten war die Angelegenheit für ihren Chef schließlich erledigt, da er den Eindruck gewinnen mußte, sie habe kein Interesse an erhöhten Sonderzulagen.

Dorothy ist an der mangelnden Einsicht dafür gescheitert, daß eben auch die Verdienstverteilung über die »Büropolitik« geregelt wird. Wenn zudem ihre zukünftigen Gehaltszulagen geringfügig sein werden, dann ist auch das ihrer Unfähigkeit zuzuschreiben, entsprechende Verhandlungen durchzustehen.

Sie sollten frühzeitig in Erfahrung bringen, wie die Einkommen in Ihrem Unternehmen verteilt werden. Viele Angestellte beziehen über ihr Festgehalt hinaus noch individuelle Zulagen, die gegebenenfalls auch Ihnen zustehen. Es ist wichtig für Sie, beizeiten zu lernen, wie Sie zu Ihren persönlichen Verhältnissen angemessenen Sonderzulagen kommen. Also sollten Sie Ihre Personalunterlagen wenigstens einmal im Jahr überprüfen und auf den neuesten Stand bringen, in jedem Fall aber aus Anlaß einer Beförderung. Falls sich die Gelegenheit zu Gehaltsverhandlungen bietet, scheuen Sie nicht die Anstrengungen, Ihre Bezüge aufzubessern. Wie Sie dabei verfahren können, wird ausführlich im VIII. Kapitel beschrieben.

Diplomatie, Kommunikation, Qualität, Präsenz und Timing

Es gibt sehr wohl Fälle, in denen sich Qualität auch allein auszahlt. Für gewöhnlich haben Sie jedoch nur dann Erfolg, wenn dazu noch eine gute Portion *diplomatisches Geschick* kommt, was recht anschaulich durch Cynthias Geschichte verdeutlicht wird: Zehn Jahre lang arbeitete sie als Personalmanagerin bei einer Großhandelskette, der vierhundert Filialen angehören. Irgendwann ergab es sich, daß Cynthia die vakant gewordene Position des Geschäftsführers bei einer der Niederlassungen nicht neu hatte besetzen können und diesen Verantwortungsbereich selbst mit übernahm.

Die zusätzliche Arbeit versah sie acht Monate lang. Da sie aber nie auf eine angemessene Bezahlung für den Doppeljob zu sprechen kam, erfolgte auch keine entsprechende Reaktion von seiten der Firma. Sie sah ein, daß etwas zu unternehmen war. Sie bat um eine Änderung ihrer Arbeitsplatzbeschreibung sowie ihrer Stellenbezeichnung, setzte der Firma ein zeitliches Limit, innerhalb dessen sie noch bereit sei, beide Funktionen zu übernehmen, und verhandelte auch über eine Sonderzulage für ihr Gehalt. Anschließend erledigte sie ihre Arbeit drei weitere Monate nach der bisherigen Regelung.

Man schätzt Cynthia in der Firma sehr. Auch innerhalb ihrer Abteilung und bei den Kollegen war sie überaus beliebt. Niemand stellte die Qualität ihrer Arbeit in Frage. Außerdem verfügte sie über exzellente Fähigkeiten, auch Präsenz und diplomatisches Geschick zu zeigen. Als dann später die Position des stellvertretenden Direktors für den Personalbereich in der obersten Managementgruppe frei wurde, bot man ihr diesen Posten an.

Cynthias Vorgehensweise in dieser Situation bestätigt meinen Standpunkt, daß Sie nur dann wirklich weiterkommen, wenn Sie selbst genau wissen, welcher Zulagenspielraum für Sie überhaupt möglich ist. Das Wissen darum allein ist aber nicht ausreichend – es entsprechend in die Tat umzusetzen ist das entscheidende. Richtig dosiertes, diplomatisches Vorgehen spielt dabei die wesentliche Rolle für Ihren Erfolg.

Bei der *Kommunikation* mit den verschiedenen Stellen Ihres Unternehmens dürfen Sie es nicht versäumen, neben Ihren eigenen Leistungen auch die der Ihnen unterstellten Mitarbeiter und Mitarbeiterinnen ins rechte Rampenlicht zu rücken. Wenn Sie – falls das berechtigt ist – ab und an die gute Qualität Ihrer gleichrangigen Kollegen und Ihrer Vorgesetzten an entsprechender Stelle erwähnen, dann werden diese im Normalfall auch Ihnen solcherart Aufmerksamkeit zuteil werden lassen.

Eine weitere wichtige Voraussetzung für Ihren Erfolg ist, sicherzustellen, daß Ihre Leistungen auch entsprechend honoriert werden. Frauen sind vielfach zu schüchtern, die Urheberschaft von Ideen oder Projekten auch für sich selbst zu reklamieren. Dies hat zur Folge, daß sie dann häufig die Kontrolle über die Dinge verlieren, die sie selbst in die Wege geleitet haben. Alle von Ihnen erstellten Berichte und Dokumente sollten deshalb Ihren Namen, das Datum und auch den Namen derjenigen Person enthalten, der diese Unterlagen vorgelegt werden oder an die sie adressiert sind. Natürlich ist eine solche Verfahrensweise allein noch keine Garantie dafür, dann auch Wortführerin oder Leiterin bei diesem Projekt oder Problem zu werden. Immerhin wird dadurch aber dokumentiert, daß die Initiative von Ihnen und nicht von jemand anderem ausging.

Wie wichtig die Beachtung dieses Aspektes ist, zeigt das Beispiel von Sheila, die als Sozialarbeiterin in der Abteilung zur Behandlung Hirngeschädigter in einem großen Krankenhaus für Allgemeinmedizin ausgezeichnete Arbeit leistete. Zu ihrem Aufgabengebiet gehörte auch die Zusammenarbeit mit den Familien der Kinder, die an einer solchen Krankheit litten. Sie sollte ihnen Anleitungen und Hilfestellung geben, wie sie damit umgehen konnten. Da Gruppentherapie seit den sechziger Jahren zu einer sehr populären Methode im Umgang mit derartigen Krankheiten geworden war, hatte auch Sheila im Rahmen ihrer Arbeit eine solche Gruppe in der Klinik organisieren wollen.

In ihrem Eifer informierte sie den Chefarzt ihrer Station von der Idee, der davon so sehr angetan war, daß er sie bei einer medizinischen Besprechung aufgriff. Aber anstelle von Sheila betraute er jemanden vom medizinischen Stammpersonal seiner Abteilung mit der Organisation und Leitung dieser Gruppen.

Was hätte Sheila tun können, um sich die zwar lehrreiche, aber schmerzhafte Erfahrung zu ersparen? Es wäre in ihrer Situation besser gewesen, dem Chefarzt schriftlich einen Vorschlag mit folgenden Punkten zu unterbreiten:

- eine vollständige Liste der derzeit von ihr betreuten Patienten, die von diesem Programm profitieren könnten;
- eine Übersicht über all jene Dienstleistungen, die sie von anderen Abteilungen des Krankenhauses zur Durchführung des Programms benötigt hätte, dazu auch Vorschläge, wie die entsprechende Koordination erfolgen könnte;
- der Hinweis darauf, daß die Protokollführung der Fortschritte der Therapiemethode, ihre Entwicklung und auch Empfehlungen für eine mögliche Erweiterung in ihrer persönlichen Verantwortlichkeit liegen sollen.

Kommunikation kann mitunter bedeuten, daß Sie auch für sich selbst einmal ein wenig die Werbetrommel rühren müssen. Auch wenn Sie so etwas vielleicht nicht gerne tun: Falls es wie hier beschrieben geschieht, kann es sehr effektiv sein.

Die Beurteilung der *Qualität* Ihrer Arbeit hängt von den Leistungsanforderungen ab, die das Unternehmen an Sie stellt, zum Beispiel in bezug auf die Terminvorgabe, wird wesentlich von der Interpretation Ihrer Vorgesetzten beeinflußt, und nicht zuletzt müssen Sie selbst mit Ihren Leistungen zufrieden sein – das alles sind mehr oder weniger subjektive Kriterien, denen zu entsprechen nicht immer leichtfällt. Eine entscheidende Hilfe ist es jedoch – und das kann nicht oft genug betont werden –, stets im Auge zu behalten, ob Ihre Leistung einer Aufgabenstellung so angemessen ist, daß Sie ihr nicht unnötig viel Aufmerksamkeit widmen.

Hüten Sie sich also auf jeden Fall davor, als Perfektionistin zu gelten. Verrennen Sie sich beispielsweise in ein Problem, das den Aufwand nicht wert ist, verlieren Sie leicht den Überblick. Ein Manager, der Ihre Leistungen zu beurteilen hat, sieht sich dann möglicherweise bei einer anstehenden Beförderung zu der Annahme veranlaßt, Sie könnten wohl kaum größere Probleme bewältigen, wenn Sie mit den kleinen schon nicht fertig werden.

Wie wichtig es für Ihren Weg nach oben ist, *Präsenz* zu zeigen, verdeutlicht zum Beispiel die Geschichte von Deirdre, die in ihrer Firma als Sekretärin begann und heute Leiterin der Buchhaltung ist.

Deirdre sagt selbst, Präsenz zu zeigen habe letztlich eine entscheidende Rolle für ihren Erfolg gespielt. Die Arbeit in ihrem Büro begann sie zunächst als Debitorensachbearbeiterin. Während dieser Zeit fing sie an, Abendkurse zu belegen, um sich als Buchhalterin ausbilden zu lassen. Durch ihr Interesse an dieser Arbeit war sie auch motiviert, zusätzliche Aufgaben aus anderen Arbeitsbereichen der Buchhaltung zu übernehmen, wozu vor allem solche gehörten, die nicht nur ihre bisherigen spezifischen Fachkenntnisse erforderten. Nachdem sie es dann binnen relativ kurzer Zeit geschafft hatte, alle Routinearbeiten und -verfahrensweisen zu beherrschen, meldete sie sich freiwillig für den innerbetrieblichen Rechnungsprüfungsausschuß, wo sie einflußreiche Mitglieder ihres Unternehmens kennenlernen sollte.

Deirdre übernahm dann für ihre Abteilung die Aufgabe, alle Finanzberichte und Budgets schriftlich zu erstellen. Dadurch konnte sie in der ganzen Firma die Aufmerksamkeit auf sich ziehen, Präsenz zeigen, was schließlich zur Folge hatte, daß sie als die für ihren Bereich stehende Fachkraft schlechthin identifiziert wurde. Als dann die Position des Leiters der Buchhaltung vakant wurde, übertrug man ihr diese Arbeitsstelle, obwohl die entsprechenden fachlichen Voraussetzungen zu diesem Zeitpunkt bei ihr noch nicht voll erfüllt waren. So ausschlaggebend kann es sein, Präsenz zu zeigen!

Ihr Enthusiasmus und Urteilsvermögen müssen stets mit dem Gespür für den richtigen Zeitpunkt, mit *Timing* einhergehen. Es ist erforderlich, das Rahmenwerk zu verstehen, nach dem neue Aufgaben, Positionen und Beförderungen verteilt werden: In vielen Unternehmen ist es durchaus die Regel, die entsprechenden planungsmäßigen und finanziellen Bedingungen zu ganz bestimmten Zeitpunkten turnusmäßig festzulegen.

Sandra zum Beispiel arbeitete in einer öffentlichen Bücherei, in der im Verlauf einer solchen Planungsbesprechung die Einrichtung einer Kinderabteilung angekündigt wurde. Sie reagierte schnell und informierte ihren Vorgesetzten, daß sie die Koordination dieser Abteilung gern selbst übernehmen möchte. Da das Timing in diesem Fall stimmte, hatte sie Erfolg mit ihrer Initiative und wurde in die Planung der neuen Abteilung einbezogen.

Wenn Sie vorausschauen, und zwar dorthin, wohin Sie gerne kommen möchten, dann betreten Sie damit gleichzeitig ein neues Terrain voller Hoffnungen, Ideen, Motivationen, aber auch Risiken. Eine positive Einstellung zur Karriere ist als Garant für den Erfolg genauso entscheidend wie Erfahrungen und langjährige Dienste. Indem Sie Ihre Entschlossenheit weiterzukommen aktiv demonstrieren, etwa durch das Erlernen des Umgangs mit neuen Technologien, durch »Eigenwerbung«, qualitativ hochstehende Leistung und positive Kommunikation, machen Sie sich selbst zu einer attraktiven Investition.

Arbeitsblatt
Kontaktpflege zu einem Mentor oder einer Mentorin

1. Welche Personen verfügen in Ihrem Unternehmen über Schlüsselinformationen im Hinblick auf ganz bestimmte Aufgaben, die Sie erlernen möchten, neue Arbeitsstellen, Reorganisationen, richtungweisende innerbetriebliche Veränderungen oder auch firmenpolitische Entwicklungen?
2. Arbeiten Sie bereits mit irgendwelchen dieser Personen direkt zusammen?
3. Wenn dem so ist, bemühen Sie sich, Ihre Beziehung zu irgendeinem oder mehreren dieser Personen zu intensivieren, indem Sie ihnen Fragen stellen, Präsenz zeigen, Eigeninitiative ergreifen oder Interesse an bestimmten Bereichen ihres Arbeitsgebietes zeigen?
4. Falls nicht, welche Bereiche Ihres Arbeitsplatzes könnten auf natürliche Art und Weise dazu führen, daß Sie Kontakt mit diesen Personen bekommen und eine Beziehung aufbauen können?
5. Wenn Sie einen Mentor oder eine Mentorin auserkoren haben, definieren Sie, was Sie persönlich ihm oder ihr zu bieten haben und was Sie andererseits von ihm oder ihr lernen möchten.
6. Haben Sie sichergestellt, daß Sie sich von Ihren übrigen Kollegen und Kolleginnen nicht isolieren, indem Sie ausschließlich eine Beziehung zu einem Mentor oder einer Mentorin aufbauen?

Zusammenfassung

- Verbessern Sie Ihr Geschick im Umgang mit anderen Menschen.
- Denken Sie daran, daß es sowohl im geschäftlichen Bereich als auch im Hinblick auf Mentoren einer ständigen Kontaktpflege bedarf.
- Halten Sie Schritt mit den neuen Technologien.
- Schaffen Sie selbst die Voraussetzungen, um angemessen Präsenz zeigen zu können.

VI. Kapitel
Spielregeln

Wie lohnend Ihre Arbeit auch immer sein mag, wie sorgfältig und erfolgreich Sie den Verlauf Ihrer Karriere auch immer geplant haben mögen, es werden unweigerlich auch jene Tage kommen, an denen Sie sich selbst Fragen stellen wie: Warum tue ich das eigentlich? Ist es das alles wirklich wert? Was kommt eigentlich für mich selbst dabei heraus?

In den drei vorhergehenden Kapiteln habe ich einen Aktionsplan auf verschiedenen Ebenen für Sie skizziert. Grundvoraussetzung des Ganzen sind jedoch Ihr aufrichtiger Wille und Ihre Entschlossenheit, dieses Ziel auch zu erreichen. Ohne diesen Willen und diese Entschlossenheit werden Sie bestenfalls das Auf und Ab einer durchschnittlich erfolgreichen Karriere durchlaufen, und das wird erfahrungsgemäß ganz zwangsläufig zu Konflikten und Enttäuschungen führen.

Bei der Skizzierung meines Plans habe ich mich auf ganz bestimmte wichtige Bereiche konzentriert, auf praktische Schritte, wie im einzelnen vorzugehen ist, sowie auf die entsprechenden beruflichen Gratifikationen, die dadurch in Aussicht gestellt sind. Nun möchte ich auf die etwas persönlichere Seite des Geschäftslebens zu sprechen kommen, auf das, was zu Ihrem allgemeinen Wohlbefinden, sowohl im beruflichen wie im privaten Bereich, beitragen wird, vorausgesetzt, es gelingt Ihnen, Ihre eigenen Vorstellungen, Kenntnisse, Fertigkeiten und Möglichkeiten im Verlauf Ihrer Karriere auch einzubringen.

Es kann gar nicht ausbleiben, daß wir alle immer wieder mal auch solche Arbeiten übernehmen müssen, die wir entweder nur ungern erledigen oder deren Sinn und Zweck uns nicht sofort einleuchtet.

Wenn es uns jedoch gelingt, in bezug auf unsere alltäglichen Aufgaben zumindest eine gleichbleibend objektive Einstellung zu bewahren, dann werden wir auch weniger interessante Arbeiten als Tätigkeiten ansehen können, die sorgfältig verrichtet zu haben sich langfristig auszahlt.

Indem wir dies vor Augen halten, sollten wir nun vor dem Hintergrund einer auf Karriereplanung ausgerichteten Arbeitskonzeption einmal einige der entscheidenden Problemstellungen untersuchen und uns fragen, was sie jeweils für uns selbst bedeuten.

Diplomatie – der größere Rahmen

»Büropolitik widert mich zwar an, fasziniert mich aber zugleich auch«, meinte eine Frau, die ich für dieses Buch interviewte. »Firmenpolitik mag ich nicht, deshalb ignoriere ich sie«, äußerte eine zweite. Eine dritte hatte da schon einen etwas realistischeren Ansatz: »Diplomatie gehört halt zum Leben . . . Ich habe es gelernt, Drähte und geschäftliche Beziehungen zu nutzen, um dadurch an Informationen heranzukommen.«

Nach Ansicht vieler Frauen ist der Begriff Firmenpolitik derart negativ besetzt, daß sie darüber einige der wichtigsten positiven Aspekte vergessen. So ist diplomatisches Vorgehen zum Beispiel ein geeigneter Weg, um Ihre konzeptionellen Fähigkeiten fortzubilden. Gerade hierbei handelt es sich um etwas, das für Sie in jedem Bereich Ihres Lebens von Nutzen sein wird.

Mit konzeptionellen Fähigkeiten meine ich jenes Vermögen, das Sie befähigt, den allgemeinen Bedeutungsgehalt von Situationen oder Ereignissen erkennen zu können, selbst wenn diese mitunter als belanglos oder konfus erscheinen. Es handelt sich dabei um Fähigkeiten, die sich erheblich von jenen aus eher formalen Aus- oder Fortbildungsmöglichkeiten erworbenen und von Ihrer Fachkompetenz unterscheiden. Konzeptionelle Fähigkeiten bezeichnen das Erkennen von Zusammenhängen und die Entwicklung übergreifender Ideen und Vorstellungen. Konkreter gesagt: In diesem Zusammenhang gilt mein Interesse vor allem dem Aspekt der konzeptionellen Vorausschau, der Fähigkeit also, Erfordernisse oder Konsequenzen in einem firmenpolitischen Gesamtgefüge bereits im voraus erfassen zu können.

Ein ausgeprägtes konzeptionelles Geschick ist ein wesentliches Kriterium für den Erfolg innerhalb eines Unternehmens. Zunächst einmal wird hierdurch Ihre Fähigkeit berührt, Probleme zu lösen und Antworten schneller griffbereit zu haben. Unter firmenpolitischen Gesichtspunkten werden Sie durch dieses Geschick in die Lage versetzt, Ihr Unternehmen bewußt einmal aus einiger Distanz betrachten zu können. Auf diese Weise werden Sie zum Beispiel selbst beurteilen können, ob Ihr Vorgesetzter etwa die Kompetenz hat, allen wichtigen Besprechungen überhaupt folgen zu können, an denen die Schlüsselpersonen Ihres Unternehmens teilnehmen. Außerdem werden Sie auch ein Gespür dafür entwickeln können, ob Ihr Chef oder Ihre Chefin Ihnen tatsächlich eine zuverlässige Hilfestellung im Hinblick auf Ihre Karriere sein kann. Erhalten Sie beispielsweise Informationen über Veränderungen von ihnen, ehe diese bereits eine vollendete Tatsache sind, so daß Sie rechtzeitig handeln können, oder tappen Sie für gewöhnlich bis zur letzten Minute im dunkeln?

Zu den konzeptionellen Fähigkeiten gehört es auch, innerbetriebliche Verhältnisse oder Beziehungsgeflechte objektiv analysieren zu können. In politisch-diplomatischer Hinsicht ist diese Fähigkeit von unschätzbarem Wert, da sie es Ihnen ermöglicht, die Machtstrukturen in Ihrem Unternehmen zu durchschauen. Bei wem laufen die zentralen Drähte zusammen? Wer bestimmt über Anfang und Ende des innerbetrieblichen Informationsflusses?

Darüber hinaus sind solche konzeptionellen Fähigkeiten auch von großem Wert, wenn Sie sich Ihre eigenen innerbetrieblichen karriereorientierten Ziele abstecken. Sie werden nämlich letztlich eher beurteilen können, ob Sie hinsichtlich Ihrer Zukunft in dem Unternehmen, für das Sie arbeiten, ein gutes Gefühl haben dürfen.

Die nachfolgenden Fragen sind dazu gedacht, Ihnen bei der Beurteilung der Struktur Ihres Unternehmens und Ihrer Beziehung dazu behilflich zu sein. Wenn Sie nämlich in den permanenten alltäglichen Kleinarbeiten Ihres Arbeitsplatzes förmlich untergehen, dann haben Sie vielleicht die allgemeineren, aber wesentlichen Aufgaben, die es zu bewältigen gilt, außer acht gelassen. Ob dem so ist, können Sie sich mit Hilfe der nachstehenden Fragen verdeutlichen:

1. Wer sind die Drahtzieher im innerbetrieblichen Szenario?
2. Welche sind die entscheidenden Punkte, die diese Machtgruppe charakterisieren?

3. Welche Firmenbelange sind für Sie wirklich wichtig?

4. Mißt Ihr Unternehmen diesen Belangen die gleiche Bedeutung zu? Falls nicht, können Sie die unterschiedliche Einschätzung ändern?

5. Findet die grundsätzliche Marschroute Ihres Unternehmens Ihre Zustimmung?

6. Welche Ziele möchten Sie innerhalb Ihres Unternehmens persönlich erreichen?

7. Lassen diese sich mit den Zielsetzungen Ihres Unternehmens vereinbaren?

Wenn Ihre Antworten zu den vorstehenden Fragen gravierende Differenzen zwischen den Interessen Ihrer Firma und Ihren eigenen zutage fördern, dann sollten Sie sich Gedanken darüber machen, ob Sie Ihre Arbeitsstelle nicht besser wechseln. Bedenken Sie in diesem Zusammenhang aber auch, daß sich Ihre eigenen Ziele im Laufe der Zeit wahrscheinlich ändern werden. Vor einer solchen Konsequenz sollten Sie sich außerdem fragen, ob Sie es versucht haben, durch das Festlegen spezifischer Ziele, Strategien und Termine, wie ich dies im I. Kapitel vorgeschlagen habe, zu testen, ob Ihr Unternehmen vielleicht doch für Ihre Ideen zugänglich ist?

Einige von Ihnen mögen im Hinblick auf die von mir dargelegten diplomatischen Strategien vielleicht für sich zu dem Ergebnis gekommen sein, daß sie nicht »wichtig« genug seien, um sich letztlich auch selbst damit auseinanderzusetzen. Aus diesem Grund möchte ich die Bedeutung dieser Strategien nochmals in einem größeren Kontext erörtern:

Sozialisierung im Büro

Ich habe bereits an früherer Stelle darauf hingewiesen, daß ein offener Gedankenaustausch mit Ihren Mitarbeitern und Mitarbeiterinnen bei Begegnungen in einer zwanglosen Umgebung außerhalb des Büros, beispielsweise in einem Café oder auch in der Firmenkantine, entwickelt werden kann. Zunächst sind diese zwanglosen Plaudereien im allgemeinen eine ausgezeichnete Informationsquelle, um innerbetriebliche Neuigkeiten zu erfahren. Die Ihnen unterstellten Mitarbeiter und Mitarbeiterinnen wissen nämlich normalerweise recht gut, was auf ihrer Ebene passiert, genau wie Ihre Kollegen und Vorgesetzten dies von ihren jeweiligen Ebenen auch wissen. Im größeren Rahmen kommt dieser Art von Kontaktpflege aber noch eine weitere wichtige Funktion zu. Im gleichen Maße nämlich, wie Ihre Mitarbeiter und Mitarbeiterinnen das Gefühl haben, mit Ihnen besser zurechtzukommen, werden Sie selbst auch merken, daß Sie besser über die besonderen Interessen der Menschen informiert sind, mit denen Sie zusammenarbeiten. Darüber hinaus werden sich aus diesen Kontakten auch Problemstellungen und Ideen erkennen lassen, mit deren Hilfe Sie die innerbetriebliche Marschrichtung besser erfassen und dann auch genauer beurteilen können, inwieweit Sie überhaupt dahinein passen.

Eine gute Leistungsbeurteilung

Da die unmittelbaren Vorteile einer guten Leistungsbeurteilung offensichtlich sind, darf ich Ihnen dringend empfehlen, sich, sofern in Ihrem Unternehmen vorhanden, ein Exemplar der innerbetrieblichen Leistungskriterienformulare geben zu lassen und dieses einmal sorgfältig durchzuarbeiten.

Sie sollten dabei noch einen Schritt weiter gehen und mit diesem Beurteilungsformular, wenn dazu die Möglichkeit besteht, zu Ihrem Vorgesetzten gehen und mit ihm durchsprechen, was nach seiner Einschätzung die wichtigsten Kenntnisse und Fertigkeiten sind, die Sie in Ihrer derzeitigen Position beherrschen müssen. Natürlich werden Sie sich anschließend zunächst einmal auf jene Kenntnisse und Fertigkeiten konzentrieren wollen, die von Ihrem Vorgesetzten in den Vordergrund gestellt wurden. Vergessen Sie dabei aber nicht die übrigen Punkte. Welcher Art von Qualifikationen gilt das vorrangige Interesse Ihres Vorgesetzten? Sind diese Qualifikationen auch für Sie von Nutzen, oder kann nur Ihr Vorgesetzter davon profitieren? Sind die genannten Qualifikationen womöglich richtungweisend für die grundsätzlichen Wünsche, Erwartungen und Hoffnungen, die Ihr Vorgesetzter und das Unternehmen mit Ihrer Person verknüpfen?

Teilnahme an gesellschaftlichen Ereignissen und freiwilligen oder ehrenamtlichen Aktivitäten

Im V. Kapitel habe ich ein solches Engagement bereits als einen möglichen Weg bezeichnet, um innerhalb wie außerhalb Ihrer Firma Zugang zu Informationen zu erhalten, zusätzlich Präsenz zu zeigen und ein Netz geschäftlicher Kontakte aufbauen zu können.

Aber auch darüber hinaus hat ein solches Engagement ganz erhebliche Vorteile. Zunächst einmal dürfte es spürbar dazu beitragen, daß Sie sich wohl fühlen, wenn Sie mit interessanten neuen, fremden Menschen zusammentreffen. Zum anderen kann ein solches Kontaktnetz vor allem für alleinstehende Frauen eine ausgezeichnete Quelle für Unterstützung im privaten Bereich sein, denn auch in einem geschäftlich orientierten außerbetrieblichen Rahmen können sie gute, beständige Freundschaften finden, die für eine vielbeschäftigte Karrierefrau sehr wichtig sind.

Ganz wichtig ist diplomatisches Vorgehen auch in folgender Hinsicht: Sie werden im Laufe Ihrer Karriere auf viele verschiedene Arten von Menschen treffen. Einige werden von ihrer Arbeitshaltung her eher Stabilität, Routine und Sicherheit bevorzugen. Andere dagegen werden ständig neue Ideen entwickeln und mit Enthusiasmus neue Projekte und auch mit Risiken verbundene Unternehmungen vorantreiben wollen. Wenn Sie gerne nach oben kommen möchten, sollten Sie nach Menschen mit ebensolchem Tatendrang Ausschau halten. Deren Elan wird Sie mitreißen, und wenn Sie über Mobilität und Karriere sprechen, dann werden Sie gewiß ihren ungeteilten Beifall finden. Es gibt in diesem Zusammenhang auch noch einen weiteren Aspekt: Diese Menschen haben normalerweise während ihrer eigenen Laufbahn bereits Risiken auf sich genommen und werden dabei bisweilen auch gescheitert sein. Somit können sie Ihnen in prekären Situationen, in denen Sie einen Rückschlag erlebt haben, eine gute Hilfe und Stütze sein.

Folgendes Beispiel mag veranschaulichen, wie durch diplomatisches Geschick ein scheinbares Desaster sogar in einen Triumph verwandelt werden kann: Mary arbeitete als Projektmanagerin für eine Firma, die aufgrund der Rezession verfügt hatte, daß die Gehälter für die Dauer von zwei Jahren auf ihrem derzeitigen Niveau einzufrieren seien. Kurz nachdem diese Maßnahme in Kraft gesetzt war, mußte Mary für ihr Team zwei neue Arbeitskräfte einstellen. Beide hatten im Vergleich zu ihr weniger Erfahrung vorzuweisen. Die Einstellungspolitik des Unternehmens sah aber so aus, daß neue Arbeitnehmer gegenüber der bestehenden Belegschaft begünstigt wurden. Demzufolge wurden diesen beiden neuen Angestellten denn auch Gehälter zugestanden, die höher als Marys Bezüge waren, und das, obwohl sie ihre Vorgesetzte war.

Mary war aufgebracht und sprach mit dem für ihren Bereich zuständigen Manager über die mißliche Lage. Obwohl er für ihre Ungehaltenheit durchaus Verständnis hatte, zeigte er sich dennoch unnachgiebig – ihm seien aufgrund der allgemeinen Firmenpolitik die Hände gebunden. Anfänglich war Mary enttäuscht und verärgert über seine Reaktion, schon bald aber erkannte sie, daß die Situation gefährlichen Sprengstoff in sich barg, wenn es ihr nicht gelang, richtig damit umzugehen. Sie zwang sich nunmehr selbst, ihren Ärger nicht mehr nach außen hin zu zeigen und auch keine überhasteten Entscheidungen zu treffen. Das wichtigste aber war: Sie nutzte ihre konzeptionelle Fähigkeit optimal und konnte schließlich mit einer Lösung aufwarten.

Mary verlangte von dem Manager zweierlei: ein zweites Gespräch binnen zwei Tagen, um dann einige potentielle Veränderungen, die sie vorschlagen wolle, besprechen zu können, und ein gemeinsames Gespräch mit ihm und dem für ihre Abteilung zuständigen Vorstandsmitglied, das eine Woche nach dem zweiten Treffen stattfinden sollte.

Mary besprach sich mit einigen ihrer Kollegen und Kolleginnen, die zwar in der gleichen Branche, allerdings nicht in demselben Unternehmen arbeiteten. Hier holte sie sich Rat, wie sie mit dieser Situation am besten umgehen solle. Als Ergebnis dieser Gespräche konnte sie mit einem vernünftigen und einfachen Vorschlag aufwarten: Sie verlangte, daß für sie eine neue Stellenbezeichnung und damit verbunden eine neue Arbeitsplatzbeschreibung ausgewiesen wird. Als Begründung führte sie an, das ihr unterstellte Personal habe sich zwischenzeitlich vergrößert, und sie trage folglich auch mehr Verantwortung. Durch diese Maßnahme ließe sich dann in ihrem Fall auch eine Gehaltserhöhung rechtfertigen, da sie im Endeffekt ja auf einen neuen Arbeitsplatz befördert würde.

Die Forderung legte sie zunächst dem für ihren Bereich zuständigen Manager zur Begutachtung vor, dann nochmals in der gemeinsamen Besprechung mit dem Vorstandsmitglied. Mary erhielt daraufhin die neue Stellenbezeichnung und auch die von ihr geforderte Ausgleichszahlung in Form einer Gehaltserhöhung – ein Beispiel dafür, wieviel allein dadurch gewonnen werden kann, daß Sie genügend diplomatisches Geschick haben und die Dinge in größerem Zusammenhang sehen.

Fehlendes diplomatisches Geschick kann geradezu verheerende

Folgen haben, was das Beispiel Janes zeigt, die als Abteilungsleiterin in einem großen Unternehmen arbeitete: Sie war mit gewissen kurz bevorstehenden innerbetrieblichen Veränderungen nicht einverstanden. Als von der Chefetage aus eine Personalplanbesprechung zur Diskussion dieser Veränderungen einberufen wurde, meldete sie sich freiwillig als »Versuchskaninchen« für ein Rollenspiel. Das führte schließlich zum Abbruch aller Beziehungen zwischen der Chefetage und ihrer Abteilung. Jane hatte dabei ihren Vorgesetzten nämlich als jemanden porträtiert, der ihre Belange in keinerlei Hinsicht unterstützt, und das tat sie vor gut hundert Belegschaftsmitgliedern. Niemand fühlte sich sonderlich wohl bei dem Vortrag, einige sahen sich sogar veranlaßt, diesen Vorfall direkt an die Chefetage weiterzugeben.

Jedem war klar, daß sie sich durch dieses Verhalten als Abteilungsleiterin in eine unhaltbare Position gebracht hatte. Hierdurch hatte sie sowohl bei ihren eigenen Mitarbeitern als auch bei ihren Vorgesetzten jegliches Vertrauen verspielt. Die Situation spitzte sich schließlich so weit zu, daß Jane knapp zwei Monate danach die Kündigung einreichte.

Ehe Sie sich also Luft machen, sollten Sie verbale Seitenhiebe sehr sorgfältig im Hinblick auf die möglichen Folgen abwägen. Es kann selbst ein belanglos erscheinender diplomatischer Ausrutscher zu schwerwiegenden langfristigen Folgen führen.

Keine Diskussion über die Arbeitsbedingungen von Frauen wäre vollständig, wollte sie die geschlechtsbedingten Diskriminierungen oder Belästigungen am Arbeitsplatz ausklammern, denn diesem Problem sehen sich noch viele Frauen gegenüber. Sollten Sie am Arbeitsplatz konkreten sexuellen Belästigungen oder Diskriminierungen ausgesetzt sein und selbst keinen Ausweg wissen, dann rate ich Ihnen, zunächst einmal Menschen, denen Sie vertrauen, um Rat zu fragen. Sie lassen sich möglicherweise an Ihrem Arbeitsplatz finden, es können aber auch Freundinnen oder Familienmitglieder sein, denen vielleicht sogar das gleiche widerfahren ist oder widerfährt.

Sofern Sie darüber hinaus konkretere Hilfe benötigen, sollten Sie sich nach den Frauenverbänden erkundigen, die es in Ihrer Stadt gibt, sie sind dazu da, Ihnen zu helfen. Diese Verbände können Sie hinsichtlich Ihrer Rechte beraten und Ihnen, falls erforderlich, auch einen angemessenen Weg für eine zufriedenstellende Lösung aufzeigen. Zu welchem Schritt auch immer Sie sich entschließen mögen, unternehmen Sie nichts, ohne vorher Menschen, denen Sie vertrauen, um Rat gebeten zu haben. Sie sollten stets eine zweite Meinung berücksichtigen.

In gerichtlichen Auseinandersetzungen, in denen sexuelle Belästigungen am Arbeitsplatz behandelt werden, sieht die Praxis leider so aus, daß die Opfer meistens mehr unter der Publizität, den Demütigungen und Traumata leiden als der jeweilige Täter. Bevor Sie sich zu irgendwelchen rechtlichen Schritten entschließen, erkundigen Sie sich nach vergleichbaren Präzedenzfällen und Möglichkeiten, die sich Ihnen bieten. Wenn Sie unbesonnen handeln, können die daraus für Sie erwachsenden Konsequenzen geradezu verheerend sein.

Freude an der Arbeit – unser Lebenselixier

Keine noch so gute Arbeit, keine noch so erfolgreiche Gestaltung Ihres persönlichen und beruflichen Lebens und kein noch so rasches Erklimmen der Karriereleiter wird Ihnen letztlich irgend etwas bedeuten, wenn Sie auf dem mitunter weiten Weg zum Ziel keine Freude an Ihrer Arbeit empfinden. Nehmen Sie sich etwas Zeit, über die nachfolgenden Sätze nachzudenken: Treffen diese Aussagen auf Ihre persönliche Lage zu?

1. Ich kann einen schlechten Tag, eine schlechte Woche oder einen schlechten Monat ohne Schwierigkeiten verdauen und wegstecken.
2. Ich empfinde eine aufrichtige Befriedigung, wenn ich bei meiner Arbeit gute Leistungen erbringe.
3. Ich bin stolz auf meine Reputation und auch auf meinen Fleiß.
4. Bei neuen Programmen und mit Risiken verbundenen Unternehmungen erhalte und gebe ich kollegiale Unterstützung.
5. Mir gefällt es, sowohl den größeren Rahmen als auch die alltäglichen Abläufe in unserem Unternehmen zu beobachten.
6. Mit meinem System zur Unterstützung im privaten Bereich, das ich mir aufgebaut habe, um meinen Beruf gut ausüben zu können, bin ich durchaus zufrieden.

Wenn Sie den meisten der Sätze zustimmen können, dann sind Sie auf dem richtigen Weg. Auf jene, zu denen Sie nein gesagt haben, sollten Sie allerdings einen zweiten Blick werfen. Warum treffen diese Aussagen nicht auf Sie zu? Können Sie irgend etwas unternehmen, um die Umstände zu ändern? Läßt sich vielleicht eine allgemeinere Erkenntnis daraus gewinnen (zum Beispiel die, daß Sie auf einem Gebiet bestimmte Schwierigkeiten haben)?

Wir haben alle unterschiedliche Temperamente, Geschmäcker und Begabungen. Passen die Ihrigen zu Ihrem Beruf? Sich freuen zu können ist unser wichtigstes Lebenselixier – und damit natürlich auch eine Grundvoraussetzung für jede erfolgreiche Arbeit schlechthin.

Erfolgreiche Unternehmerinnen entwickeln oft besonders viel Arbeitsfreude. Das mag zum einen auf ihre relative Unabhängigkeit – sie sind ihr eigener Chef, Höhen und Tiefen ihres Geschäfts liegen zum Großteil in ihrer Verantwortlichkeit – zurückzuführen sein, meist ist bei ihnen aber überhaupt ein großes Maß an Lebensfreude zu beobachten.

Ein Beispiel dafür liefert Anne, eine selbständige Firmenberaterin: Ihr Geschäft prosperiert nicht allein deswegen, weil sie in vielerlei Hinsicht fachlich versiert ist, sondern auch ihre persönlichen Eigenschaften spielen eine wesentliche Rolle für den Erfolg ihres Unternehmens. Sie hat einen gewinnenden Charme, und der kommt ihr bei der Akquisition neuer Kunden wie bei der Erhaltung bestehender Geschäftsverbindungen in hohem Maße zugute. Angesichts der starken Konkurrenz zahlt sich dies aus: Wenn ein Mitbewerber oder eine Mitbewerberin für ein Projekt auch die gleichen Qualifikationen vorweisen kann, wird Anne wohl das Rennen machen, da die Menschen ganz einfach gern mit ihr zusammenarbeiten. Sie hat Freude daran, ihre eigene Chefin zu sein, weil ihr das nicht zuletzt auch ein Gefühl gibt, ihr eigenes Schicksal im wesentlichen selbst bestimmen zu können.

Ein weiteres Beispiel: Für Barbara, der es gelungen ist, ein ähnliches Maß an Arbeitsfreude zu entwickeln, indem sie innerhalb einer bestehenden Firma eine neue Abteilung aufgebaut hat, war der Erfolg schon deshalb besonders wichtig, weil sie als Frau von mittlerweile Anfang Fünfzig den Sprung zur Rückkehr in den Beruf erst sechs Jahre zuvor gewagt hatte, nachdem auch ihr letztes Kind zur Universität gegangen war.

Letztlich ist ihr Erfolg ihrer Aufmerksamkeit zuzuschreiben: Sie hatte auf dem Gebiet der Gesundheitsversorgung eine Marktlücke erkannt und widmete ihre Arbeit in der Folgezeit dem Versuch, diese Marktlücke zu schließen. Sie machte dabei als Initiatorin eines Vorschlags von sich reden, der darauf abzielte, einige der Probleme in Zusammenhang mit der Behandlung geistig zurückgebliebener Kinder zu beheben. Ihr Vorschlag schloß unter anderem die Einrichtung von entsprechenden Tagespflegeprogrammen auf karitativ-ehrenamtlicher Basis ein. Dem wurde entsprochen, und Barbara konnte sich das Verdienst zuschreiben, daß sie es war, die die Initiative dazu ergriffen hatte. Sie liebt ihre Arbeit und ist genau wie Anne der Meinung, ihre Energie sei im wesentlichen auf die Freude am Beruf zurückzuführen.

Während es sich in diesen beiden Fällen um »Erfolgsmeldungen« handelt, wird die Bemühung vieler anderer Frauen, sich in den Berufen, die sie ausüben, auch entsprechend einbringen und darin aufblühen zu können, dagegen durch viele emotionale Faktoren ungemein erschwert.

Erfahrungsgemäß liegt das Haupthindernis auf dem Weg, wirklich Freude an der eigenen Arbeit entwickeln zu können, in einer schlechten Zeiteinteilung. Das Spannungsfeld zwischen den Anforderungen am Arbeitsplatz und den häuslichen Verpflichtungen, aber auch die ausgeprägten Schuldgefühle, die bei Frauen ebendeswegen auftreten, halten viele von uns nach wie vor davon ab, jene Initiativen zu ergreifen, die für jede karriereorientierte Berufsausübung nun einmal unentbehrlich sind.

Angesichts des Aufgabenspektrums und der Vielfalt der Arbeiten, die Frauen jeden Tag zu erledigen haben, kann man ihnen nur Anerkennung zollen. Durch den ständigen Druck neigen sie aber auch meist dazu, permanent auf die Uhr zu schauen, selbst dann, wenn sie eigentlich genug Zeit haben. Außer dem dadurch entstehenden zusätzlichen Streß kann dieses Verhalten in Arbeitssituationen ausgesprochen negative Auswirkungen haben.

Wie bereits im IV. Kapitel angesprochen, neigen Frauen dazu, ihre sozialen Kontakte am Arbeitsplatz auf ein Minimum zu beschränken. Die Möglichkeit, auf zwangloser und inoffizieller Basis Kontakte zu knüpfen, kann hierdurch negativ beeinflußt werden. Hinzu kommt das problematische Verhalten vieler Frauen, im Hinblick auf zwischenmenschliche Beziehungen Desinteresse und Ungeduld zu zeigen. So gönnen sich sehr viele selbst nicht genügend Zeit, um solide persönliche Arbeitsbeziehungen aufbauen zu können, die langfristig für ihre Karrieren außerordentlich förderlich sein könnten. Es muß immer wieder betont werden: Ihr Erfolg steht und fällt mit den Personen, die Sie kennen. Ganz wesentlich ist es dabei, ob Sie Verbindungen mit den »richtigen Drähten« und damit auch zum letztlich ausschlaggebenden Insiderwissen der Branche haben, an das Sie nur über solche inoffiziellen Kanäle kommen. Haben Sie in diesem Zusammenhang auch schon einmal daran gedacht, daß solche gesellschaftlichen Kontakte Ihr Leben vereinfachen und Ihnen in der Tat letztlich sogar Zeitersparnisse einbringen können?

Wenn Sie sich beispielsweise ein Kommunikationsdiagramm mit den Schlüsselkontakten für die verschiedenen Branchen- und Dienstleistungsbereiche erstellen und diese Liste ständig griffbereit haben, verfügen Sie damit für den Fall, daß Sie mit einem beruflichen Problem zu tun haben und schnellen Rat brauchen, über ein adäquates Hilfsmittel.

Natürlich müssen solche Beziehungen, wenn der Informationsfluß aufrechterhalten werden soll, auch entsprechend gepflegt werden. Aus diesem Grunde sollten Sie immer wieder den persönlichen Kontakt zu diesen Quellen suchen, beispielsweise indem Sie sich zu einem Drink oder zu einem Essen verabreden.

All dies erfordert Zeit – und genau davon haben Frauen nun einmal nicht allzuviel. Aber der Aufwand kann auch wertvoll sein und Spaß machen, gerade wenn es sich um Leute handelt, die Sie mögen und die Sie darüber hinaus für Ihre Arbeit auch noch motivieren und begeistern können. Vieles hängt also allein von Ihrer Einstellung ab: Betrachten Sie diese geschäftliche Kontaktpflege nämlich als Last, anstatt darin eine bereichernde und angenehme Ergänzung zu Ihrer Arbeit zu sehen, dann wird es auch nichts weiter als eine zusätzliche Aufgabe sein, für die Sie ja eigentlich gar keine Zeit haben . . .

Für das übermäßige Ausbuchen der ihnen zur Verfügung stehenden Zeit werden Frauen meist aber auch noch anderweitig bestraft: Das bißchen an Freiraum, das ihnen im Laufe einer Woche dann noch übrigbleibt, kann in einem solchen Fall nämlich kaum noch für persönliche Bedürfnisse genutzt werden. Vielen Frauen wird diese scheinbar »freie« Zeit statt dessen zu einer vergeudeten Freizeit, weil sie ganz einfach zu erschöpft sind, um irgendwelche anderen Aktivitäten überhaupt noch richtig genießen zu können. Wenn Sie Ihre knapp bemessene Freizeit auch noch damit zubringen, sich ständig darüber zu beschweren, wie wenig Zeit Sie doch haben, dann machen Sie damit alles nur noch schlimmer: Sie steuern geradewegs auf eine der am meisten gefürchteten Krankheiten des modernen Arbeitslebens zu – auf den vorzeitigen totalen physischen und psychischen Verschleiß.

Offensichtliche Verschleißerscheinungen sind eine schlimme, verheerende Erfahrung, bei der mitunter sogar ärztliche Hilfe erforderlich werden kann. Dies führt oft dazu, daß Sie in Ihrem beruflichen wie auch privaten Leben praktisch völlig lahmgelegt werden. Die Symptome solcher Erschöpfungszustände äußern sich ganz unterschiedlich – dabei reicht das Spektrum von bloßer Langeweile bis hin zur Depression, von absoluter Gleichgültigkeit bis zu der manischen Angst, Sie würden mit keiner der Belastungen Ihres Lebens mehr fertig. Eine der Begleiterscheinungen dieser Erschöpfungszustände ist nicht selten auch die Furcht vor neuen, unbekannten oder veränderten Situationen im privaten wie im beruflichen Bereich. Ob es Ihnen nun bewußt ist oder nicht: Ihre Verfassung bleibt Ihren Mitmenschen normalerweise nicht verborgen, und deren Reaktion auf Ihren Zustand kann dann mitunter alles nur noch verschlimmern!

Viele von uns könnten dicke Bücher darüber schreiben, was alles in unserem Leben falsch gelaufen ist. Geht es jedoch um positive Erfahrungen, dann neigen wir dazu, uns hierüber kaum zu äußern. Aus diesem Grunde fordere ich die Teilnehmerinnen an meinen Seminaren häufig dazu auf, doch einmal ein paar Minuten über ihre Interessen und über Erfreuliches, das sich in ihrem Leben ereignet hat, zu sprechen. Denn hin und wieder auch einmal daran erinnert zu werden hilft uns ganz allgemein, ein bißchen mehr Lebensfreude zu empfinden. Darüber hinaus tragen solche Versuche dazu bei, das, was uns belastet und wirklich ernsthaft zu schaffen macht, einmal in ein anderes Licht zu rücken, häufig werden Sie nämlich feststellen: Was Sie zerfressen und zermürbt hat, war doch gar nicht so wichtig, wie es ursprünglich den Anschein hatte.

Natürlich liegen oft sehr wohl auch berechtigte Gründe dafür vor, wenn Sie sich überlastet und unglücklich fühlen. In meinen Seminaren habe ich immer wieder die Erfahrung gemacht, daß eines der Hauptprobleme berufstätiger Frauen darin besteht, ihr Privatleben mit ihrer beruflichen Karriere nur schwer vereinbaren zu können. Dieses Problem taucht immer wieder auf, und nicht zuletzt deshalb habe ich dem Themenbereich Unterstützung im privaten Bereich auch soviel Aufmerksamkeit gewidmet. Eine zufriedenstellende Bewältigung Ihrer privaten und häuslichen Verpflichtungen sind Sie nämlich nicht nur sich selbst, sondern auch Ihrer Familie und Ihrem Unternehmen schuldig.

Im IV. Kapitel haben Sie Arbeitsblätter über Ihr persönliches Hilfssystem ausgefüllt. Die dabei zutage geförderte traurige Wahrheit dürfte, zumindest wenn es Ihnen wie den meisten nicht alleinstehenden Frauen geht, darin liegen, daß Sie nach wie vor die Hauptverantwortung für den Haushalt und alle übrigen privaten Verpflichtungen tragen und Ihre Karriere, sofern Sie verheiratet sind, gegenüber der Ihres Mannes zweitrangig ist. Sollte dies Ihre Situation beschreiben, dann ist es wohl an der Zeit, bisher ungelöste Konflikte und Verhaltensformen, die sich mit Ihren derzeitigen Bedürfnissen und langfristigen Zielen nicht vereinbaren lassen, neu zu überdenken.

Ein gefährlicher Irrtum, dem viele verheiratete Frauen erliegen, und zwar ganz besonders dann, wenn sie zusätzlich auch noch Mütter sind, ist die Annahme, es handele sich bei der Fragestellung nach der Vereinbarkeit von Berufs- und Privatleben letztlich um ein Entweder-Oder. Sie vergessen in diesem Zusammenhang, daß der eigentliche Schlüssel zu dem Problem in der jeweiligen Flexibilität liegt: Von einer bestimmten Sprosse auf der Karriereleiter an werden Privat- und Geschäftsleben unweigerlich in hohem Maß ineinander übergreifen, lassen sich gesellschaftliche Verpflichtungen selten von geschäftlichen trennen.

Meine Kunden und Lieferanten laden mich beispielsweise zum Essen ein, wodurch ich mich natürlich verpflichtet fühle, Gegeneinladungen auszusprechen. Unsere Geschäfte wurden teilweise in Restaurants oder etwa bei sportlichen und sonstigen Wochenendaktivitäten abgewickelt. Frauen neigen häufig zu der Annahme, es käme quasi einem Opfer ihres Privatlebens gleich, wenn sie ihre »private Freizeit« mit dem Geschäftlichen vermischen. Trotzdem geht es aber mitnichten um ein Entweder-Oder, denn es steht Ihnen ja ganz nach Belieben frei, derartige Einladungen häufig oder selten anzunehmen. Sofern Sie für geschäftsbedingte gesellschaftliche Verpflichtungen weder Abende noch Wochenenden opfern möchten, dann nehmen Sie diese halt zu anderen Zeiten wahr: Arrangieren Sie geschäftliche Mittagessen oder auch Drinks am Spätnachmittag. Das Einverständnis Ihrer Familie oder Ihres Lebenspartners vorausgesetzt, können Sie eventuell sogar gemeinsame Ausflüge planen, die es Ihnen nicht nur ermöglichen, so Ihre Zeit gleichzeitig auch mit Ihrer Familie zu verbringen, sondern darüber hinaus noch günstige Rahmenbedingungen dafür schaffen, geschäftliche Beziehungen vielleicht sogar bis hin zu Freundschaften zu intensivieren.

Wenn es darum geht, Ihr Privatleben und Ihren Beruf miteinander in Einklang zu bringen, führt wohl kein Weg an einer diplomatischen Vorgehensweise vorbei. Falls Sie Ehefrau und Mutter sind, werden Sie sich mit Ihrem Mann und Ihrer Familie zusammensetzen und genau wie in jeder geschäftlichen Situation auch Ihre Forderungen auf den Tisch legen und mit ihnen darüber verhandeln müssen. Sollten Sie Hilfe im Haushalt benötigen, dann tragen Sie das vor. Sie werden sich in jedem Fall besser fühlen, wenn die Luft wieder bereinigt ist. Im übrigen ist eines ja wohl völlig klar: Weder Ihre Kinder noch Ihr Mann werden zögern, Ihnen auch ihre eigenen Forderungen vorzutragen. Wie bei allen Verhandlungen sollten sich beide Seiten natürlich auch hier kompromißbereit zeigen. Gerade wenn es gilt, Beruf und Familie in ein ausgewogenes Verhältnis zueinander zu stellen, ist die Bereitschaft zu Innovationen und Veränderungen äußerst wichtig. Wie auch immer Sie sich entscheiden, lassen Sie es keinesfalls zu, daß ein tägliches Aufreiben bei der Haushaltsführung beispielsweise zu einer ernsthaften Beeinträchtigung Ihres Familienlebens führt.

Es wird immer wieder einmal vorkommen, daß wegen Überstunden oder durch die verbindliche Teilnahme an geschäftlichen Aktivitäten und Veranstaltungen freie Abende oder andere geplante gesellschaftliche Aktivitäten ausfallen. In diesen Fällen wird Ihnen eine positive Einstellung und die Freude an Ihrem Beruf helfen, trotz alledem Ihre gute Laune nicht zu verlieren. Nicht außer acht lassen sollten Sie dabei allerdings auch die im IV. Kapitel beschriebenen praktischen Schritte, die für Sie in jedem Fall eine Arbeitserleichterung darstellen können: Delegieren Sie Arbeiten sowohl im Büro als auch zu Hause, bauen Sie sich ein Netz hilfreicher Geschäftskontakte auf, und konsolidieren Sie das System zu Ihrer Unterstützung im privaten Bereich.

Selbst wenn der Weg, den Sie sich für Ihre Karriere abgesteckt haben, teilweise sehr beschwerlich sein wird, so können Sie es dennoch lernen, Freude an Ihrer Arbeit zu haben. Der Schlüssel zu allem ist eine positive und aktiv-gestaltende Einstellung zu Ihrer Karriere.

Das Arbeitsblatt am Ende des Kapitels soll Ihnen dabei behilflich sein, ein genaueres Bild von sich selbst und Ihren Wünschen zu bekommen. Was aber können Sie tun, um die Lücke zu schließen, wenn eine gravierende Kluft zwischen Ihren eigentlichen Bedürfnissen und Ihrer derzeitigen Situation zutage gefördert wird? In einem solchen Fall sollten Sie auch die Arbeitsblätter nochmals überprüfen, die Sie im IV. Kapitel ausgefüllt haben. Sind Sie bereits dabei, jene praktischen Schritte zu unternehmen, die erforderlich sind, um Ihr Berufs- und Privatleben zu erleichtern?

Arbeitsblatt
Wie steht es um Ihre Wünsche?

1. Treffen folgende Aussagen für Sie zu?

	Ja	Nein
Ich möchte mehr Zeit mit meinem Mann verbringen können.	O	O
Ich möchte mehr Zeit mit meiner Familie verbringen können.	O	O
Ich möchte mehr Zeit mit meinen Freunden und Freundinnen verbringen können.	O	O
Die Abende während der Woche würde ich lieber für Freizeitaktivitäten oder Familienunternehmungen reservieren als für berufliche Verpflichtungen.	O	O
Meine Wochenenden möchte ich lieber für Freizeitaktivitäten oder Familienunternehmungen reservieren.	O	O

Sollten Sie Ihr Kreuz jeweils bei »Nein« eingezeichnet haben, ist es Ihnen vielleicht bereits gelungen, Ihr Privatleben und Ihren Beruf miteinander in Einklang zu bringen. Steht es überwiegend bei »Ja«, haben Sie womöglich noch einige Konflikte zu lösen. Beantworten Sie nunmehr folgende Fragen:

2. Ist dieser Konflikt nur vorübergehender oder doch eher langfristiger Natur?
3. Können Sie mit ihm leben? Wie lange noch?
4. Falls Sie glauben, damit nicht leben zu können, welche Schritte unternehmen Sie, um diesen Konflikt zu lösen?
   Schritt 1: Termin:
   Schritt 2: Termin:
   Schritt 3: Termin:

Zusammenfassung

- Behalten Sie stets den größeren Rahmen im Auge.
- Achten Sie sehr genau darauf, inwieweit Sie in die Pläne und in die Politik Ihrer Firma hineinpassen.
- Nehmen Sie Ihrem Berufs- sowie Ihrem Privat- und Familienleben gegenüber eine positive Einstellung ein.
- Seien Sie Innovationen gegenüber offen und flexibel.

VII. Kapitel
Erweiterung der Grundlagen für Ihren Weg zum Erfolg

»Wenn Sie gar nicht wissen, wohin Sie eigentlich wollen, dann werden Sie wahrscheinlich auch ganz woanders ankommen.«

Laurence J. Peter

Fortbildung

Bei der Langzeitplanung Ihrer Karriere bedeuten Fortbildungsmaßnahmen eine der wichtigsten Investitionen in Ihre Zukunft. Zwar sind Frauen meist lernbegierig und bereit, sich neue Kenntnisse anzueignen, viele haben allerdings noch nicht erkannt, daß diplomatisches Geschick und Einfühlungsvermögen auch im Hinblick auf die Lernstrategie gefragt sind.

Jeder Vorgesetzte, jedes Unternehmen und jede Branche hat jeweils eine andere Lernphilosophie. Wichtig ist vor allem, daß Sie selbst ganz gezielte Anstrengungen unternehmen müssen, um ebendiese Auffassungen mit einer auf Ihre eigenen Bedürfnisse abgestimmten Philosophie in Einklang zu bringen. Das dem Zufall überlassen zu wollen, könnte Sie mitunter teuer zu stehen kommen. Ein Problem besteht beispielsweise darin, daß viele Unternehmen dazu neigen, solche Ausbildungsprogramme für ihre Angestellten auszuwählen, durch die sie in erster Linie spezialisiert werden. Einbezogen in derartige Fortbildungsprogramme werden dann vor allem diejenigen Mitarbeiter und Mitarbeiterinnen, die aus Unternehmenssicht auf bestimmten Gebieten eine fachliche Fixierung »benötigen«, um ihre Qualifikation für das jeweilige Arbeitsgebiet zu verbessern.

So kann Ihr Betrieb etwa einen Kurs zum Erlernen schnellen Lesens anbieten, der Ihnen helfen soll, binnen kurzer Zeit auch umfangreiche Dokumentationen erfassen zu können. Kurzfristig gesehen ist das zwar sehr hilfreich, langfristig bietet Ihnen ein solcher Lehrgang jedoch keine Grundlage, die Ihnen helfen könnte, in Ihrem Unternehmen weiterzukommen.

Einige Fragen könnten Ihnen bei dem Versuch helfen, die Ihnen innerbetrieblich angebotenen Fortbildungsmöglichkeiten besser und realistischer einzuschätzen: Überdenken Sie noch einmal, ob Sie in der Vergangenheit vielleicht nicht doch zu zögerlich waren, wenn es darum ging, selbst nach Fortbildungsmöglichkeiten zu fragen oder solche zu beantragen. Ziehen Sie in diesem Zusammenhang auch einmal einen Vergleich zum Verhalten jener Kollegen und Kolleginnen, die auf der Karriereleiter Ihres Unternehmens relativ rasch nach oben gekommen sind. An welchen Konferenzen nehmen sie teil? Welche Lern- und Fortbildungsstrategien haben sie sich zu eigen gemacht? Welche Art von Bezahlung haben sie mit der Unternehmensleitung für ihre Fortbildungslehrgänge ausgehandelt?

Wenn Sie sich firmen- oder fachintern weiterbilden, sind zunächst einmal drei Fragen zu beantworten:

1. Wie plane ich mein Fortbildungsprogramm inhaltlich?
2. Wie wird es finanziert?
3. Welche zeitliche Regelung ist angebracht?

Inhaltliche Planung Ihres Fortbildungsprogramms

Die Erfordernisse, nach denen Sie Ihre Weiterbildung ausrichten müssen, verändern sich in dem Maße, wie Sie auf der Karriereleiter nach oben klettern. Je höher Sie kommen, desto größeres Wissen und desto umfassendere Kenntnisse werden von Ihnen verlangt. Um die richtigen Fortbildungsmaßnahmen auszuwählen, ist – bis zu einem gewissen Maß zumindest – eine gute Portion diplomatisches Geschick jene Kraft, die Sie letztlich auf den rechten Weg führen wird.

Bei einem Großteil der Ausbildungsprogramme wird es zunächst um den Erwerb einiger grundlegender Fertigkeiten gehen, in der Regel um Basiswissen, das Beherrschen praktischer Arbeitsvorgänge. Meine Laufbahn in der Sozialarbeit begann beispielsweise damit, daß ich es lernen mußte, wie Akten angelegt werden und auf dieser Grundlage dann etwa die Einstufung einer Familie, für deren Betreuung ich zuständig war, vorgenommen wird. Ich verbrachte das erste Jahr der Ausbildung im wesentlichen mit dem Erlernen von immer komplexeren Diagnosen sowie der Techniken des Umgangs mit den betreffenden Personen.

Erst wenn Sie das Handwerkszeug der Alltagspraxis im Griff haben, können Sie in einer zweiten Ausbildungsphase dazu übergehen, sich auf eine Führungsaufgabe vorzubereiten. Nachdem ich meine Kompetenz im praktischen Bereich unter Beweis gestellt hatte, eignete ich mir in den nächsten Berufsjahren die Voraussetzungen für die Position eines Supervisors an. Im Lauf der Zeit ergaben sich dann immer neue und größere Aufgaben. In späteren Phasen werden zu Ihrem Aus- und Fortbildungsstoff möglicherweise auch Qualifikationen im Bereich der Budgetplanung und Managementaufgaben gehören. Bei meiner Ausbildung habe ich mich später schwerpunktmäßig auf das gehobene Management und strategische Planungsarbeit konzentriert.

Sicherlich wird sich Ihre Programmauswahl zunächst einmal auf solche fachlichen Qualifikation konzentrieren, die Sie aufgrund Ihrer eigenen Leistungsbeurteilung als verbesserungsbedürftig einstufen. Während also die eine Person beispielsweise einen Kursus zur Verbesserung ihrer Fähigkeiten im Bereich der Zeitplanung belegen wird, da in ihrem Fall mangelnde organisatorische Fähigkeiten offenbar wurden, kann sich eine andere Person sehr wohl einen Lehrgang über Führungsqualifikationen aussuchen, um auf diesem Weg ihr Geschick im Umgang mit anderen Menschen zu verbessern. Die Frage, ob ein ganz bestimmtes Fortbildungsangebot nun firmenintern oder -extern angeboten wird, dürfte im Einzelfall von der Einstellung des jeweiligen Unternehmens zu diesem konkreten Problem, aber auch von der Anzahl der Interessenten abhängen.

Die Festsetzung des jeweils von Ihnen erwarteten Leistungsniveaus erfolgt normalerweise durch Ihren Vorgesetzten. Das ist eine gute Ausgangsposition, und Sie sollten deshalb auch jede sich bietende Gelegenheit nutzen.

Ein Beispiel dafür ist die Geschichte von Beverly, die ihre berufliche Laufbahn als Empfangsdame begann: Schon von ihrem Naturell her war sie stets durch ein großes Geschick im Umgang mit anderen Menschen ausgezeichnet. Das galt für ihre Arbeit an der Rezeption ebenso wie für ihre Telefonate. Da ihr Vorgesetzter diese

Fähigkeiten erkannt hatte, bot er ihr die Chance, an einem Fortbildungsseminar über telefonische Verkaufsabwicklung teilzunehmen. Obwohl sie zunächst der Ansicht war, diese Ausbildung sei für sie eigentlich überflüssig, willigte sie schließlich dennoch ein und besuchte das Seminar. Letztlich sollte sich dieser Kursus als ausgesprochen lohnend erweisen. Er verbesserte nicht nur ihren Stil, sondern ermöglichte darüber hinaus noch einen Einblick in verschiedene Verkaufsstrategien. Beverlys erfolgreiche Seminarteilnahme hatte schließlich ihre Beförderung in den Kundendienst zur Folge, wo sie dann später sogar zur Abteilungsleiterin avancierte.

Wenn Sie in der Lage sind, das Firmengefüge als Ganzes zu überblicken, ist es zu empfehlen, daß Sie die vor Ihnen liegende Strecke für Ihren Aufstieg einmal über einen Zeitraum von mehreren Jahren im Hinblick auf Chancen und Möglichkeiten betrachten und dabei versuchen, vorausschauend zu erkennen, welche Anforderungen und Bedürfnisse sich von seiten Ihres Unternehmens in diesem Zeitraum ergeben könnten. Sie sollten sich bemühen, Trends zu erfassen und zu erkennen, in welche Richtung sich Ihr Unternehmen bewegt, damit Sie Ihre Ausbildung auf die entsprechenden Perspektiven ausrichten können.

Sie sollten sich beispielsweise auf den Gebieten der Computertechnik und Planungsstrategie fortbilden, beides sind Bereiche, die für Ihre Karriere äußerst wichtig sein werden. Allerdings ist eine solche Ausbildung erst dann sinnvoll, wenn bereits ausreichend Kenntnisse und Erfahrungen im Bereich der diversen Managementaufgaben und vor allem auch auf dem Gebiet der kurz- und langfristigen Planung vorhanden sind. Zudem sind die Kurse in der Regel nicht billig: Ich habe seinerzeit eine Veranstaltung besucht, bei der die Tagesgebühr immerhin fast sechshundert Dollar betrug. Daran teilgenommen hatten zweihundert Männer, außer mir nur noch eine einzige weitere Frau . . .

Der Ausbildungsbedarf hängt im Grunde genommen von drei Faktoren ab: von Ihrem persönlichen Status innerhalb Ihres Unternehmens, von den durch Ihre Vorgesetzten an Sie gestellten Erwartungen und nicht zuletzt von Ihren eigenen Aufstiegsplänen. Genau das aber ist der Punkt, an dem diplomatisches Gespür eine besondere Rolle spielt, es hilft Ihnen nämlich, gezielt und genau jene Fortbildungsprogramme auszuwählen, die Ihrer Karriere am förderlichsten sind.

Wenn Sie die ersten Phasen Ihrer Ausbildung hinter sich haben, wäre es diplomatisch und klug, nun darum zu bitten, daß Sie nicht mehr an solchen Fortbildungsprogrammen teilnehmen müssen, die sich schwerpunktmäßig auf das Hier und Jetzt konzentrieren, sondern statt dessen Kurse belegen dürfen, die als Lerninhalte auch Führungsqualifikationen, Managementfähigkeiten, Kenntnisse über Budgetplanung und ähnliches vermitteln. Weisen Sie darauf hin, daß Sie an Qualifikationen interessiert sind, die Sie auf eine Führungsposition vorbereiten. Ebenfalls in Erwägung ziehen sollten Sie auch solche Programme, die Ihre Fähigkeit schulen, in der Öffentlichkeit frei zu sprechen oder auch Besprechungen effektiv zu leiten und abzuhalten. Diese beiden Punkte werden jedoch später in diesem Kapitel ausführlicher behandelt.

Über innerbetriebliche Möglichkeiten zur Weiterbildung können Sie sich beispielsweise bei Ihren Vorgesetzten oder Kollegen informieren – Sie müssen oft selbst die Initiative ergreifen, denn so manches Unternehmen macht seine Fortbildungsangebote nicht in entsprechender Weise bekannt! Generell ratsam ist es deshalb, daß Sie Ihr diplomatisches Geschick ein wenig spielen lassen und ein etwas engeres Verhältnis zu den Mitarbeitern der Personalabteilung Ihres Unternehmens aufbauen, denn sie sind in der Lage, Ihnen die Antworten auf folgende Fragen zu geben:

1. Was sind die für jemanden in Ihrer Position akzeptierten Ausbildungsrichtlinien und Praktiken?
2. Welche Seminare werden für den firmeninternen Bedarf als förderungswürdig angesehen?
3. Welche Seminare bezahlt Ihr Unternehmen?
4. Auf welchen Personenkreis werden Sie durch die Teilnahme an bestimmten Fortbildungsprogrammen möglicherweise treffen?

Es gibt drei grundlegende Arten von Programmen, die der Verbesserung Ihrer fachlichen Qualifikationen dienen: 1. Kurse zum Erreichen formaler Abschlüsse (Zeugnis oder Diplom), 2. Intern veranstaltete Seminare und Programme, 3. Workshops und Konferenzen. Jedes davon hat seine Vor- und Nachteile. Beschränken Sie sich keinesfalls schon von vornherein nur auf eine Form der Ausbildung, Sie finden genügend Zeit für alle drei!

Formale Abschlüsse (Zeugnis oder Diplom)

Das Angebot an Fortbildungsmaßnahmen, die beispielsweise Universitäten, Volkshochschulen und auch die verschiedensten Verbände veranstalten, ist ausgesprochen vielfältig und verwirrend. Aber seien Sie gewarnt: Der einzig nachweisbare Vorteil eines Abschlusses liegt darin, dadurch später belegen zu können, daß Sie Kenntnisse über das jeweilige Thema erworben haben. Abschlüsse und Diplome allein garantieren keine erfolgreiche Karriere.

Ehe Sie sich also auf Programme mit populären Abschlüssen, womöglich noch klangvollen Namen stürzen, sollten sie folgende Kriterien beachten:

1. Gehen Sie zur Bücherei oder zum Studentendienst der nächstgelegenen Fachhochschule oder Universität, deren Fakultäten auch für Sie in Frage kommende Kurse anbieten, und informieren Sie sich zunächst umfassend über die Fortbildungsmaßnahmen, für die Sie sich interessieren. Noch besser: Gehen Sie direkt zu der Abteilung oder Fakultät, an der Sie einen Studiengang belegen möchten, und sprechen mit den dortigen Professoren oder Studienberatern. Bitten Sie diese, Ihnen die volle Kursreihe und die dazu angebotenen Abschlüsse oder Diplome zu erläutern.
2. Befragen Sie darüber hinaus wenigstens drei Personen, die das Programm, das Sie für sich aussuchen möchten, bereits absolviert haben. Bitten Sie diese Personen um Auskunft, welchen langfristigen Wert dieses Programm jeweils für sie hatte.
3. Mit dieser Information sollten Sie dann anschließend zu Ihrem Arbeitgeber gehen und herausfinden, ob und inwieweit die Lerninhalte dieses Programms für Sie im Rahmen Ihrer Laufbahn vorteilhaft sein können.

Im allgemeinen liegt der große Vorteil formaler Abschlüsse darin, daß die jeweiligen Lerneinheiten nach einem sorgfältig geplanten Schema aufgebaut sind. In einer systematischen Reihenfolge leiten sie von einfachen auf kompliziertere Zusammenhänge über, und im allgemeinen ergänzen sich solche Kurse auch gegenseitig oder bauen aufeinander auf. Ein formaler Abschluß wird mit Sicherheit aber noch einen zusätzlichen Auftriebseffekt haben, denn der erfolgreiche Abschluß einer akademischen Arbeit wird ganz zweifellos Ihr Selbstvertrauen in Ihre eigenen Fähigkeiten stärken.

All das hört sich zwar wundervoll an, kann aber auch zu falschen

Hoffnungen über die tatsächliche Brauchbarkeit solcher Abschlüsse auf dem Arbeitsmarkt verleiten. Bedenken Sie also, daß es sich dabei nur um einen Einstieg oder vielleicht um eine Eintrittskarte handeln kann: Diplome allein sind noch keine hinreichende Qualifikation für den Überlebenskampf auf dem Arbeitsmarkt. Frauen mit akademischer Ausbildung werden bei der Arbeitsplatzvergabe zwar als erste berücksichtigt, allerdings gibt es bislang keine Studien, aus denen hervorginge, daß Frauen, die über eine rein formale Ausbildung verfügen, langfristig gesehen auch erfolgreicher Karriere gemacht hätten.

Ein weiterer möglicher Nachteil der auf einen formalen Abschluß abzielenden Programme ist ihre in der Regel recht lange Dauer. Wenn es Ihnen beispielsweise nur möglich ist, Abendkurse zu besuchen, dann kann es fünf oder gar zehn Jahre dauern, bis Sie Ihren Abschluß in Händen haben. Ist der Wert dieses Diploms dann auch noch unbestimmt oder zweifelhaft, haben Sie am Ende eine Unmenge an Zeit, Geld und Energie investiert, ohne dadurch letztlich gewichtige Resultate erzielt zu haben.

Grace beispielsweise, die fünfzehn Jahre im Schuldienst tätig war, hatte im Laufe der Jahre schon an mehreren Fortbildungsmaßnahmen teilgenommen und entschloß sich schließlich, in Philosophie zu promovieren, es war ihr Ziel, eines Tages Rektorin an ihrer Schule zu werden. Aufgrund der verschiedenen Examina hatte Grace viele Hoffnungen und Erwartungen entwickelt. Doch am Ende war sie äußerst enttäuscht, da ihre Bemühungen nicht wie erwartet honoriert wurden: Trotz ihrer formalen Abschlüsse kam Grace nämlich nicht einmal in die engere Wahl als ernsthafte Kandidatin für die Rektorenstelle. Sie verfügte ganz einfach nicht über die für eine solche Position unentbehrlichen administrativen Erfahrungen. Mit anderen Worten, Grace hatte den Stellenwert eines formalen Abschlusses als Eignungskriterium für eine solche Stelle überschätzt und dabei die Bedeutung von Berufserfahrung und laufbahnbezogener Vorbereitung unterschätzt.

Manche Menschen kommen mit der formalen Atmosphäre einer Klassenzimmersituation, in der »frontal« doziert wird, am besten zurecht, andere dagegen überhaupt nicht. Sie selbst fühlen sich vielleicht in einem intern veranstalteten Seminar oder in einem Workshop am wohlsten, wo im allgemeinen auch größere Möglichkeiten zur aktiven Beteiligung bestehen und der Ausbildungsschwerpunkt häufig mehr praxisorientiert ist. Wenn der von Ihnen angestrebte Abschluß in beiden Systemen zu erreichen ist, sollten Sie sich für dasjenige entscheiden, welches zu Ihrem persönlichen Stil am besten paßt.

Vor allem für die Managementausbildung ist es wohl vorteilhafter, wenn solche Fortbildungsprogramme arbeitsplatzintegriert sind. Erfahrungsgemäß entwickeln sich dann unter den Teilnehmern dauerhafte Beziehungen, da diese Gruppe in der firmeninternen Umgebung auch nach Abschluß der Fortbildung weiterhin zusammenarbeiten wird. Solch ein Zusammengehörigkeitsgefühl könnte gerade Frauen im weiteren Verlauf ihrer Karriere eine zusätzliche Form der Unterstützung bieten, die sie möglicherweise dringender benötigen als irgendein »Stück Papier«.

Betriebsinterne Seminare und Programme

Die meisten Unternehmen bieten ihrer Belegschaft eine Vielzahl innerbetrieblicher Fortbildungsmöglichkeiten an, die sie zumeist auch finanziell fördern oder für deren Kosten sie ganz aufkommen. Eine Teilnahme an solchen Veranstaltungen ist dringend zu empfehlen, und zwar aus folgenden Gründen:

1. Die betriebsinternen Kurse oder Veranstaltungen werden von den Firmen durchgeführt, um gezielt solche Qualifikationen zu vermitteln, die nach Ansicht des Firmenmanagements für die jeweiligen Anforderungen am Arbeitsplatz Voraussetzung sind.
2. In der Regel bieten Unternehmen zielgerichtet solche Programme an, die auch ihrer jeweiligen Kultur, ihrer Philosophie und ihren Zielsetzungen entsprechen.
3. Nicht selten werden Personen, die das Format zum Weiterkommen haben, erst in solchen Programmen entdeckt.
4. Betriebsinterne Veranstaltungen bieten Ihnen nicht nur die Chance, Ihre eigenen Qualifikationen zu verbessern und zusätzlich Präsenz zu zeigen, sie sind darüber hinaus oftmals eine gute Quelle, um Kontakte zu Personenkreisen zu knüpfen, auf die Sie anschließend zu Ihrer Unterstützung zurückgreifen können.

Christine ist eine junge Angestellte bei einem sehr fortschrittlich eingestellten Einzelhandelsunternehmen, das sowohl für seine bestehende Belegschaft als auch für neu hinzukommende Firmenmitglieder, die als potentielle Manager in Betracht kommen, fortlaufend Ausbildungsseminare veranstaltet. Christine hatte dort ein Seminar besucht, das einen Monat dauerte, und während dieser Zeit freundete sie sich mit Doris, einer altgedienten Managerin des Unternehmens, an, die einige Betriebsseminare selbst leitete. Nachdem Christine die Fortbildungsveranstaltung beendet hatte, erhielt sie zunächst eine Stelle in einer Kleinstadt. Obwohl sie mit diesem Posten eigentlich nicht sonderlich glücklich war, trat sie die Stelle an und zeigte auch gute Leistungen. Als sechs Monate später in der Filiale von Doris eine interessante und besser dotierte Position vakant wurde, bekam Christine diesen Job – dank Doris' Vermittlung!

Bei dem Beispiel kommt es vor allem darauf an, zu verdeutlichen, daß Christine durch das Fortbildungsseminar nicht nur mit neuem Wissen ausgestattet wurde, sondern zusätzlich auch einen nützlichen Kontakt innerhalb ihres Unternehmens knüpfen konnte: Genau darin liegt der entscheidende Vorteil betriebsinterner Programme.

Bei alldem sollten Sie jedoch ebenfalls berücksichtigen, daß Firmen mitunter Kurse veranstalten, die in erster Linie ihren eigenen Interessen und weniger denen ihrer Angestellten dienlich sind. Zwar können die Vorteile solcher Veranstaltungen für Ihr eigenes Vorankommen durchaus so wirksam wie im Falle Christines sein, um jedoch eine wirklich seriöse Ausbildung zu erhalten, die auch langfristig von Bestand und Wert ist, kann es mitunter erforderlich sein, zusätzlich firmenexterne Seminare zu belegen. Allerdings gilt auch hier: Schauen Sie sich jedes einzelne Programmangebot sehr sorgfältig an, und analysieren Sie die potentiellen Vorteile, die Ihnen eine Teilnahme bringt.

Workshops und Konferenzen

Wenn es Ihnen freisteht, Ihre Kurse selbst zu wählen, dann sollten Sie sich unter der Vielzahl extern angebotener Fortbildungsmaßnahmen möglichst für solche entscheiden, die nicht nur Ihrem derzeitigen Arbeitgeber von Nutzen sind, sondern für solche, die Ihnen selbst auch zusätzliche Qualifikationen für Ihre zukünftige Karriere vermitteln. Da sich der Teilnehmerkreis externer Seminare in der Regel auch aus anderen Firmen oder sogar anderen Industriebranchen rekrutieren wird, werden Sie von den neuen Ideen und Informationsquellen profitieren können, die diese Personen erfahrungsgemäß einbringen.

Viele Frauen neigen dazu, zumal wenn ihre Firma diese Fortbildungsmaßnahme bezahlt, sich extern angebotene Programme eher impulsiv anstatt auf der Grundlage eines breiter angelegten Plans auszusuchen. Es gibt ein Unmenge von Workshops und Konferenzen, die in der Regel als ein- oder zweitägige Kurzzeitprogramme konzipiert, im allgemeinen jedoch stark spezialisiert und nicht aufeinander bezogen sind. Sie sollten also solche Veranstaltungen auswählen, die von der Konzeption her auch auf Ihre langfristige Zielsetzung abgestimmt sind.

Der große Vorteil dieser Workshops liegt darin, daß die hier angebotenen Programme häufig von Institutionen Ihrer Industrie- beziehungsweise Wirtschaftsbranche gefördert oder veranstaltet und zudem von Schlüsselpersonen geleitet werden, die zu den jeweiligen Themen in der Regel ein großes Fachwissen einbringen können. Das gemeinsame Studium mit ihnen wird also nicht nur Ihre Qualifikation steigern, sondern Sie können auch wirksam Präsenz zeigen und Kontakte mit Kollegen aus anderen Firmen aufbauen.

Finanzierung Ihres Fortbildungsprogramms

Zwischen den Richtlinien der einzelnen Firmen zur Bezahlung oder Förderung von Fortbildungsprogrammen bestehen ausgesprochen drastische Unterschiede. Dennoch haben sich diese Maßnahmen als so gewinnbringend auch für die jeweilige Firma erwiesen, daß selbst in Fällen, wo die Personalkostenbudgets insgesamt drastisch gekürzt wurden, sich das Management häufig bereit zeigte, seinen Angestellten die Teilnahme an Fortbildungskursen während der Arbeitszeit zu gestatten und zu finanzieren.

Wenn Sie eine Wahl getroffen haben und der Kurs dazu geeignet ist, Ihre Leistungen am Arbeitsplatz zu verbessern, sollten Sie versuchen, eine Vereinbarung auszuhandeln, wonach Ihr Unternehmen zumindest einen Teil der Studien- oder Kursgebühr bezahlt; tun Sie das jedoch, bevor Sie sich für den Lehrgang einschreiben. Sie sollten darauf vorbereitet sein, gefragt zu werden, inwieweit die Studien Ihre Qualifikation und Arbeitsleistung verbessern. Sofern Sie ein gutes Verhältnis zu Ihrem Arbeitgeber haben, können Sie in diesem Gespräch zudem schon einmal vorfühlen, ob oder inwieweit die Maßnahme Ihre berufliche Position oder Ihre Bezahlung verändert.

Fortbildung verlangt in jedem Fall eine Investition von Ihrer Seite – auch wenn sie von der Firma finanziert wird –, nämlich in Form von Freizeit. Denn selbst wenn Sie einen Kurs während der eigentlichen Arbeitsstunden belegen, sitzen Sie oft spätabends noch an Ihren »Hausaufgaben«.

Manche Frauen nehmen Weiterbildungsangebote nur dann wahr, wenn ihre Bemühungen auch finanziell getragen oder zumindest unterstützt werden. Falls ihr Unternehmen es ablehnt, die Fortbildungsmaßnahme zu finanzieren, sehen sie darin vielfach eine persönliche Zurücksetzung, statt die Möglichkeit zu bedenken, daß, solange nicht das Gegenteil bewiesen ist, diese Entscheidung auf den firmeninternen Richtlinien gründet. Fortbildungsmaßnahmen nicht auch einmal aus eigener Tasche zu bezahlen, bedeutet häufig ein Sparen am falschen Ende. Auffallend viele der Männer und Frauen, die innerhalb ihrer Unternehmen schnell Karriere machen, haben die Kosten für erfolgversprechende Kurse gegebenenfalls selbst bestritten: eine kurzfristige Belastung, die durch ihren Erfolg langfristig mehr als wettgemacht wurde!

Die Firmenrichtlinien zur Bezahlung außerbetrieblicher Workshops und Konferenzen reichen von einer großzügigen Handhabung bis hin zum strikten Grundsatz der generellen Nichterstattung. Selbst innerhalb des gleichen Betriebes kann die Zuteilung der entsprechenden Mittel von Abteilung zu Abteilung variieren. Im allgemeinen wird auch jeweils nur eine begrenzte Zahl von Firmenmitgliedern an einer Veranstaltung teilnehmen dürfen. Welche Richtlinien innerhalb Ihres Unternehmens auch immer gelten mögen, erkundigen Sie sich in jedem Fall zumindest über die Entscheidungskriterien und -praktiken im Hinblick auf die wichtigsten Fortbildungsmaßnahmen, und finden Sie heraus, welche Konferenzen firmenintern schwerpunktmäßig gefördert werden, denn das sind zumeist auch jene Veranstaltungen, die Ihre Firma am ehesten finanzieren wird.

Das folgende Arbeitsblatt soll Ihnen helfen, herauszufinden, auf welchen Gebieten Sie einen Fortbildungsbedarf haben. Mit jeder neuen Sprosse, die Sie auf Ihrer Karriereleiter erreichen, sollten Sie Ihre Prioritäten neu überprüfen und Ihren Plan gegebenenfalls revidieren.

Arbeitsblatt
Auswahl der Fortbildungsmaßnahmen

1. Schätzen Sie Ihre Qualifikationen in den jeweiligen Bereichen ein:

	Ausgezeichnet	Gut	Verbesserungsbedürftig
Arbeitstechn. Bewältigung Ihres derzeitigen Arbeitsplatzes			
Planung			
Problemlösung			
Fähigkeit zur Motivierung der Ihnen unterstellten Mitarbeiter			
Koordinierung des Personals			
Delegieren			
Entscheidungsfindung und -freudigkeit			
Budgetplanung			
Erarbeiten von Gewinn			
Repräsentieren Ihres Unternehmens in der Öffentlichkeit			

2. Haben Sie vor, Ihre Kenntnisse in bestimmten Bereichen zu erweitern?
3. Haben Sie sich bereits für Programme entschieden, die Ihnen kurz- oder langfristig helfen könnten, Ihre persönlichen und karriereorientierten Zielsetzungen zu erreichen?
4. Sofern Sie bereits an einem Fortbildungsprogramm teilnehmen, worin liegen Ihres Erachtens die daraus für Sie – kurz- und langfristig – resultierenden Vorteile?
5. Haben Sie einen Mentor oder einen Kollegen, der Sie psychologisch unterstützt oder Ihnen zusätzliche Informationen zur Auswahl geeigneter Fortbildungsprogramme geben kann?

6. Ist Ihr Unternehmen bereit, die gesamten oder zumindest einen Teil der Kosten Ihrer Ausbildung zu tragen?
7. Falls nicht, sind Sie bereit, die Ausbildungskosten gegebenenfalls selbst zu tragen?
8. Sind Sie auch zu einer Aus- oder Fortbildung bereit, wenn sie ein Studien- oder Arbeitspensum in Ihrer Freizeit erforderlich macht?

Wenn Sie Ihr berufliches Fortkommen auf einer rationellen, langfristig ausgerichteten Planung aufbauen wollen, ist es mit einer Unmenge an Kursen und Seminaren zur rein fachlichen Weiterbildung allein natürlich kaum getan: Sie müssen selektieren. Darüber hinaus sollten Sie Ihr Fortbildungsprogramm auch so planen, daß Sie als Managerin oder künftige Managerin zusätzlich davon profitieren werden, das heißt, nehmen Sie auch an solchen Seminaren teil, bei denen es um öffentliches Auftreten, um die effiziente Leitung und Durchführung von Besprechungen oder um das richtige Verhalten bei Vorstellungsgesprächen geht. Jeder erfolgreiche Unternehmer oder Manager, ob nun männlich oder weiblich, sollte in diesen Bereichen, die ein hohes Maß an diplomatischem Geschick erfordern, absolut fit sein.

Öffentliches Auftreten

Bei Besprechungen melden sich Frauen oft nur zögerlich zu Wort. Das Unvermögen, auch einmal selbst einen Gesprächsbeitrag zu leisten und sich der Herausforderung dieser Situation zu stellen, hat aber gerade im Berufsleben mehrere negative Auswirkungen. Zum einen wird dadurch die Wahrnehmbarkeit Ihrer Präsenz beeinträchtigt, zum anderen verzichten Sie auf die Chance, Profil zu erwerben. Wenn es Ihnen nicht gelingt, ein eigenes firmeninternes Profil zu gewinnen, dann benachteiligen Sie damit gleichzeitig auch Ihr Firmenteam, weil Sie bei geschäftlichen Angelegenheiten zum Beispiel nicht hinreichend aktiv als deren Interessenvertreterin auftreten. Sich angemessen darstellen und auch effizient frei sprechen zu können sind wesentliche Voraussetzungen für das Weiterkommen. Ihre rhetorischen Fähigkeiten gewinnen, je höher Sie aufsteigen, zunehmend an Bedeutung. Nicht frei sprechen zu können ist ein ernstzunehmendes Handicap, das sich, sofern nicht daran gearbeitet wird, zu einem chronischen Leiden entwickeln kann. Denn durch die ständige Angst vor Situationen, die ein freies Sprechen erfordern, nimmt die innerliche Verkrampfung stetig zu.

Diane beispielsweise, die seit fast zehn Jahren als Büroleiterin bei einem Wohltätigkeitsverein arbeitet, hat nicht nur bei der Finanzverwaltung schon wiederholt ihre hervorragenden Fähigkeiten bewiesen, sondern darüber hinaus sämtliche Berichte für den Rechnungsprüfungsausschuß stets selbständig angefertigt. Sie wurde bereits mehrfach von den Mitgliedern des Ausschusses gebeten, ihre Berichte persönlich vorzutragen, sie lehnte es jedoch ab – allein der Gedanke, öffentlich sprechen zu müssen, läßt in ihr eine solche Angst aufkommen, daß sie sich nicht einmal dazu durchringt, diese Berichte wenigstens vom Blatt abzulesen. Immer schiebt sie den Buchhalter vor, Ihre Aufgabe wahrzunehmen, oder sie gestattet es den übrigen ihr unterstellten Mitarbeitern, an ihrer Stelle ins Rampenlicht zu treten.

Obwohl sie äußerst sachkompetent und dazu eine ausgesprochen fähige Managerin ist, verliert sie dennoch allmählich an Boden, ihr Problem ist nämlich nicht nur ihrer Selbstachtung abträglich, auch ihre Organisation empfindet es zunehmend als einen Störfaktor: Sie wurde mittlerweile darauf hingewiesen, daß dieses Verhalten ihrer weiteren Laufbahn schaden wird.

Für Unternehmerinnen ist eine solche Hemmung allerdings wesentlich gravierender, schließlich sind sie noch sehr viel mehr darauf angewiesen, sich ständig selbst zu verkaufen und für sich zu werben, wie das Beispiel Sallys zeigt: Sie betreibt eine Reiseagentur und kommt oft in die Situation, auch vor größerem Publikum ihre Angebote erläutern zu müssen. Sie hat jedoch entsetzliche Angst davor und beauftragt stets einen Verkaufsvertreter ihrer Agentur, diese Aufgabe zu übernehmen. Aber das hat seinen Preis: Ihre Glaubwürdigkeit ist verringert. Weil sie der direkten Kommunikation so auffällig aus dem Weg geht, beginnen ihre Kunden sich zu fragen, ob sie oder ihre Agentur überhaupt seriös ist!

Die Scheu vor öffentlichem Sprechen muß überwunden werden. Glücklicherweise ist die Fähigkeit zur effektiven Selbstdarstellung nicht unbedingt ein angeborenes Talent, sie kann durchaus erlernt werden. Wer Hemmungen hat, frei in der Öffentlichkeit zu sprechen, kann diese Angst Schritt für Schritt abbauen und allmählich zu mehr Selbstbewußtsein kommen. Der erste Schritt ist der, die spezifischen Merkmale der Angst – feuchte Handflächen, trockene Kehle, zittrige Stimme – zu erkennen. Für jedes dieser Anzeichen gibt es eine geeignete Methode, um Abhilfe zu schaffen. Erfahrungsgemäß besteht der beste Weg zum Abbau solcher Ängste darin, einen Kursus zu belegen, der von einer renommierten Lehrkraft geleitet wird, die es versteht, Selbstvertrauen und auch die mit der Organisation und Durchführung von Auftritten verbundenen Fähigkeiten zu vermitteln. Kurse, in denen Videorecorder eingesetzt werden, zeitigen meist die größten Erfolge, denn sich selbst einmal aus dieser Perspektive beobachtet zu haben, ist eine ganz enorme Lernerfahrung.

Nachfolgend nun einige Ratschläge zum »Überleben« bei öffentlichen Reden und Auftritten:

1. Lernen Sie Ihren Vortrag nicht nur einfach auswendig. Konzentrieren Sie sich vielmehr darauf, den Sinngehalt und das gedankliche Konzept dessen, was Sie mitteilen möchten, tatsächlich zu verstehen.
2. Geben Sie jedem Vortrag einen Titel, den Sie dem Publikum auch nennen. Der Titel sollte das Thema Ihres Vortrags möglichst präzise und unmißverständlich beschreiben.
3. Es ist empfehlenswert, die Gliederung, also den Gedankenaufbau, zu Anfang zu erläutern.
4. Während des Vortragens können Sie bereits hier und da einen kurzen Dialog mit Ihrem Publikum aufnehmen, dadurch wird das Eis schon vor der eigentlichen Frage-und-Antwort-Phase gebrochen. Achten Sie dabei aber darauf, daß sich der Diskussionsverlauf am Thema orientiert.
5. Fassen Sie die Schwerpunkte abschließend noch einmal zusammen, und entwickeln Sie die Schlußfolgerungen so, daß am Ende Ihres Vortrags effektive und aussagekräftige Ergebnisse stehen.
6. Erarbeiten Sie selbst einen »Fragenkatalog« zu Ihrem Vortrag, und stellen Sie sich darauf ein, Ihrem Publikum gegebenenfalls auch zu anderen Punkten, die in einem etwas weiter gefaßten Zusammenhang mit dem Thema stehen, Auskunft zu geben. Außerdem sollten Sie mit ein paar eigenen Fragen aufwarten können, um sie als Einstieg für das Publikum notfalls griffbereit zu haben, falls die Diskussion nicht in Gang kommen will.

Die Effektivität von Besprechungen hängt im wesentlichen von zwei Faktoren ab: Ihrer Leistung als Gesprächsleiter und der Einstellung Ihrer Gruppe zu Besprechungen.

Die Firmen beziehen heute mehr denn je ihr Personal in Besprechungen, Komitees und Ausschüsse ein, um über die verschiedensten Aspekte des Betriebslebens zu verhandeln. Obwohl derartige Zusammenkünfte äußerst produktiv sein können, verlaufen viele von ihnen wegen mangelhafter Vorbereitung, mangelhafter Gesprächsleitung oder der Unfähigkeit zu effizientem Umgang mit der verfügbaren Zeit nicht in der angemessenen Form.

Jedes Unternehmen hat wohl einen oder zwei Manager, deren Besprechungen gefürchtet sind, weil die »einstündige« Konferenz mit »nur« 26 Tagesordnungspunkten schließlich doch immer wieder drei Stunden dauert. Das verärgert schon allein deswegen, weil auch noch andere Dinge auf dem Terminkalender stehen: Einige der Teilnehmer verlassen die Sitzung darum vor ihrem offiziellen Ende. Die Zeit wurde überzogen, weil weder der Gesprächsleiter noch die Gruppe klare Prioritäten setzten. Derartige Sitzungen sind nicht nur langweilig und als Kommunikationsinstrument völlig ungeeignet, sie schrecken sogar ab.

Wenn Sie Gesprächsleiterin sind, helfen Ihnen folgende Voraussetzungen zur effizienten Durchführung Ihrer Aufgabe:

- eine genaue Kenntnis der wesentlichen Gruppenprozesse, Kommunikationsfähigkeit und angemessene Entscheidungsfreudigkeit,
- ausreichende Kenntnisse und Hintergrundwissen über die zu verhandelnden Themen, deren Stellenwert auf der Tagesordnung und das Wissen, wie jeweils zu entscheiden ist,
- ein gutes Beobachtungsvermögen, um die Positionen anderer, deren eventuell versteckte Interessen sowie Zustimmung oder Ablehnung erkennen zu können.

Entscheidend ist es jedoch, die eigene Position genau zu kennen und es auch zu verstehen, sie mit Fakten, Zahlen, Statistiken und zusammenfassenden Aussagen zu untermauern. Außerdem sollten Sie in solchen Besprechungen stets Kopien aller Berichte und Stellungnahmen griffbereit haben, auf die Sie möglicherweise im Laufe der Sitzung zurückgreifen müssen. Auch wenn Sie das Gespräch nicht selbst leiten, sollten Sie sicherstellen helfen, daß die Diskussion geradlinig verläuft und das Protokoll genau wiedergibt, worauf die Beteiligten sich einigen.

Falls Sie gebeten werden, bei einer Besprechung den Vorsitz zu übernehmen, dann sollten Sie folgende Vorbereitungen treffen:

1. Wägen Sie ab, ob die Sitzung überhaupt notwendig ist oder eine kurze schriftliche Mitteilung, ein Telefongespräch und dergleichen letztlich nicht vielleicht doch angemessener sein könnten.
2. Entscheiden Sie sorgfältig, welche Ziele Sie in der Besprechung anstreben.
3. Erstellen Sie eine provisorische Tagesordnung, und schicken Sie diese den wichtigsten Teilnehmern frühzeitig zu, damit sie sich entsprechend vorbereiten können.
4. Sofern die Entscheidung über den Teilnehmerkreis bei Ihnen liegt, sollten Sie vor allem solche Mitarbeiter oder Mitarbeiterinnen einladen, von denen Sie auch einen konstruktiven Beitrag erwarten.
5. Legen Sie den Tagungsort fest, und stellen Sie sicher, daß ein entsprechender Raum rechtzeitig reserviert wird.

Ratsuchende, die sich auf die Durchführung von Besprechungen vorbereiten wollen, erinnere ich immer wieder daran, daß sie mit der Planung ihrer Konferenz möglichst frühzeitig beginnen sollten. Anderenfalls gerät das Treffen nämlich meist zu einer »Tagesordnung der Abwesenden«, das heißt, sie riskieren, die eigentlich für die Besprechung angesetzte Zeit mit dem Lamentieren über jene Personen zu vergeuden, die nicht erschienen sind. Der oder die Vorsitzende sollte darauf bestehen, daß alle Personen, die verhindert sein werden, dies rechtzeitig mitteilen. Ein Gesprächsleiter zeichnet auch verantwortlich für einen pünktlichen Beginn der Diskussion.

Selbst wenn jemand im Raum ist, der im Unternehmen eine hohe Autorität genießt, sollten Sie sich dennoch nicht während der gesamten Sitzung ausschließlich an diese Person wenden, um etwa deren Zustimmung zu finden. Nutzen Sie das Potential der gesamten Gruppe, nicht nur die Meinung eines einzelnen – dann bedürfte es nämlich keiner Sitzung.

Die besten Besprechungen sind immer solche, die sich dadurch auszeichnen, daß:

- der oder die Vorsitzende den für die Sitzung angemessenen Stil kennt, dabei reicht das Spektrum je nach den Gepflogenheiten einer Firma von streng formal bis ausgesprochen zwanglos,
- der Gesprächsleiter gut zuhören kann, sich nicht ablenken läßt, bei seinen Beiträgen das Ziel der Besprechung im Auge behält und konzentriert zum Thema spricht,
- es der Vorsitzende nicht nur versteht, Entscheidungen zusammenzufassen, sondern auch deren spätere Umsetzung zu gewährleisten,
- von allen Teilnehmern und Teilnehmerinnen ein Beitrag zur Planung, Vorbereitung und Bewertung der Sitzung erwartet wird.

Vorstellungsgespräche

Sich selbst beispielsweise durch die Leitung effizienter Besprechungen oder durch prägnante Vorträge in den Mittelpunkt rücken zu können ist gerade für das Zeigen Ihrer Präsenz von besonderer Wichtigkeit. Um auf dem Arbeitsmarkt jedoch letztlich »überleben« zu können, ist darüber hinaus entscheidend, daß Sie es lernen, sich bei Vorstellungsgesprächen richtig zu präsentieren. Wegen der starken Konkurrenz auf dem Arbeitsmarkt finden mittlerweile für jede frei werdende Stelle immer mehr Vorstellungsgespräche statt. Infolgedessen sind Ihre Chancen, gleich auf Anhieb eine Position zugesprochen zu bekommen, sehr gering. Es geht ja nicht nur darum, daß Sie sich bei verschiedenen Firmen vorstellen müssen. Von dem Moment an, in dem Sie als Bewerberin für eine Stelle in die engere Auswahl gekommen sind, werden Sie möglicherweise gleich mehrere Vorstellungsgespräche auf verschiedenen Ebenen desselben Unternehmens bestehen müssen. Mitunter kann es sich aber schon als Problem erweisen, überhaupt einen ersten Termin zu bekommen. Dazu ein paar Tips:

1. Bei jedem ersten telefonischen Kontakt mit einem Unternehmen sollte Ihre Unterhaltung stets darauf abzielen, einen Vorstellungstermin zu vereinbaren.

2. Die schriftliche Bewerbung sollte in tadelloser und professioneller Form verfaßt werden und orthographisch korrekt sein, der Lebenslauf maschinengeschrieben, übersichtlich gestaltet, kurz und komprimiert, möglichst auf einer Seite. Die meisten Stellenanbieter

verlangen keine handschriftliche Form des Lebenslaufs. Wenn Sie dennoch dazu aufgefordert werden, ist es sinnvoll, eine tabellarische Darstellung Ihres Bildungsweges und beruflichen Werdegangs maschinengeschrieben hinzuzufügen. Besonders hervorheben sollten Sie diejenigen Stationen Ihrer Laufbahn, die auch für die Stelle von Relevanz sind, um die Sie sich bewerben – wobei Sie Erfolge, auf die Sie verweisen können, nicht verschweigen müssen.

3. Verhandeln Sie immer direkt mit dem, der für die Einstellung und das Vorstellungsgespräch zuständig ist. Bemühen Sie sich um einen Termin, und versuchen Sie, einen persönlichen Kontakt herzustellen, der Ihnen auch nach Abgabe Ihrer Bewerbungsunterlagen die Möglichkeit gibt, in Ihrer Angelegenheit nochmals nachzuhaken. Die eigentliche Bewährungsprobe, die letztlich darüber entscheidet, ob Sie eine Stelle nun erhalten oder nicht, ist dann das Vorstellungsgespräch. Hier kommt es allein auf Ihr persönliches Verhalten an und darauf, wie Sie die Chancen einer solchen Situation zu nutzen wissen. Das positive Wort Chancen verwende ich hier ganz bewußt, da viele Menschen vor Vorstellungsgesprächen eine solche Angst haben, daß sie dazu neigen, sie als ein »Schlachtfeld« zu betrachten. Spezielle Kurse für Arbeitsplatzsuchende können hier Abhilfe schaffen, denn bei den meisten dieser Veranstaltungen geht es in der Hauptsache um das richtige Verhalten bei Vorstellungsgesprächen.

Nachstehend nun einige grundsätzliche Hinweise, worauf Sie bei Ihren Vorbereitungen achten sollten:

1. Die Art und Weise Ihrer Präsentation muß zu der Branche passen, für die Sie sich bewerben. Sofern Sie eine Stelle in einem »kreativen« Bereich, etwa der Werbe- oder Modebranche, erstreben, haben Sie etwa in bezug auf Ihre Kleidung mehr Möglichkeiten. In diesem Fall dürfen Sie, solange Sie dabei nicht übertreiben, getrost auch kräftige Farben oder die neueste Mode tragen. Die meisten anderen Branchen dagegen, beispielsweise Banken oder Versicherungsgesellschaften, bevorzugen eher eine konservative Garderobe, Sie dürften hier mit einem Kostüm niemals falsch liegen.

2. Legen Sie sich ein Vokabular zu, das Ihr Gegenüber in dem Eindruck bestärkt, daß Sie die geeignetste Kandidatin für das Unternehmen sind. Kommen Sie auch auf Ihre organisatorischen Fähigkeiten, Ihre Entschlußfreudigkeit und Ihr Geschick im Umgang mit anderen Menschen zu sprechen. Sofern zutreffend und ange-

bracht, sollten Sie zudem Ihre Erfahrungen in Zusammenhang mit Budgets, Finanzberichten und Computern erwähnen. Vielleicht möchten Sie das anstehende Vorstellungsgespräch auch gerne vorher mit einem Freund oder einer Freundin proben, ehe Sie dann tatsächlich bei der Firma vorsprechen.

3. Lernen Sie es, herauszustellen, was Sie selbst oder Ihre Leistungen vor anderen Mitbewerbern oder Mitbewerberinnen auszeichnet. Warum sollte sich ein Unternehmen unter Hunderten anderer Bewerber und Bewerberinnen ausgerechnet für Sie entscheiden? Rühren Sie bei dem Vorstellungsgespräch ruhig einmal die Werbetrommel für sich selbst – natürlich ohne bei Ihrem Gegenüber den Eindruck zu erwecken, daß Sie übertreiben.

4. Ziehen Sie über die Firma oder die Organisation, bei der Sie sich vorstellen möchten, vorher ein paar Erkundigungen ein. Fragen Sie nach Jahresberichten, oder bemühen Sie sich etwa in Ihrem Freundeskreis um andere verfügbaren Informationen. Denkbar wäre auch, Zeitungen daraufhin durchzuschauen oder auch einmal in der Bücherei nachzusehen. Der Ratschlag, den ich an dieser Stelle oftmals gebe, ist der, daß Sie überprüfen sollten, ob sich nicht irgend etwas Bemerkenswertes über das Unternehmen finden läßt, das sich vielleicht sogar in Zeitungsmeldungen niedergeschlagen hat. Wenn Sie sich mit derartigen Recherchen präparieren, schlagen Sie gleich zwei Fliegen mit einer Klappe: Erstens zeigen Sie damit, daß Sie Ihre »Hausaufgaben« gemacht haben, zweitens werden Sie dadurch als jemand eingestuft, der findig und aufgeweckt ist.

5. Präparieren Sie sich im voraus mit Fragen hinsichtlich des Gesamtpaketes Gehalt, Krankenversicherung, sonstige Vergütungen.

6. Fragen Sie, wann Sie frühestens mit der Arbeit beginnen können: Es zeigt, daß Sie positiv, selbstbewußt und praktisch denken.

Carol arbeitete fünfzehn Jahre als Psychologin in einem Krankenhaus, und sie kann als eine Frau bezeichnet werden, die mit beiden Beinen fest auf dem Boden der Tatsachen steht, von ihrem Naturell her aber ausgesprochen zurückhaltend und bescheiden ist. Als sie sich nach so vielen Dienstjahren an demselben Ort schließlich dazu durchgerungen hatte, eine andere Arbeitsstelle zu suchen, schickte sie zig Bewerbungen an verschiedene Firmen, Organisationen und Krankenhäuser. Aber es stellte sich heraus, daß es ihr extreme Schwierigkeiten bereitete, überhaupt Vorstellungsgespräche zu bekommen. Carols Problem war, nicht zu wissen, wie man sich auf dem Arbeitsmarkt anbietet.

Schließlich besuchte sie einen Kursus, der vermittelt, wie man einen Vorstellungstermin verabredet und sich bei dem Gespräch dann zu verhalten hat. Als wichtigste und für sie völlig neue Erkenntnis nahm sie aus dem Kursus die Lehre mit, daß ein Termin für ein Vorstellungsgespräch in der Regel telefonisch vereinbart wird und die Zusendung der Bewerbungsunterlagen ebenfalls im Rahmen dieses Telefonats besprochen werden sollte. So gelang es ihr zu guter Letzt doch, Termine und auch Informationen über weitere freie Stellen zu bekommen. Am Ende waren mehr als sechs Monate verstrichen, bis Carol schließlich eine neue Anstellung gefunden hatte. Auf ihrem Weg dorthin mußte sie unzählige Absagen hinnehmen, und letztlich verdankt sie ihre neue Stelle der Vermittlung von jemandem, bei dem sie sich ebenfalls vergeblich vorgestellt, der jedoch einen anderen Manager über ihre Bewerbung informiert hat.

Entscheidend in Carols Fall war es wohl, der ursprünglichen Angst vor Vorstellungsgesprächen so gegengesteuert zu haben, daß diese Angst sie nicht am Weitermachen hinderte. Sie rang sich dazu durch, nicht aufzugeben, und erwarb in der Folge auch solche Kenntnisse, über die sie bislang noch nicht verfügte. Nunmehr hat sie nicht nur eine neue Stelle, an der sie sehr gern arbeitet, sondern verfügt zudem über ein gewachsenes Selbstvertrauen in ihre eigenen Fähigkeiten, mit Hindernissen fertig zu werden und mit ungewohnten Situationen umzugehen.

Ob Sie nun tatsächlich eine neue Stelle suchen oder nicht, Sie sollten in jedem Fall regelmäßig, vielleicht sogar ein- bis zweimal pro Jahr, zu Vorstellungsgesprächen gehen. Dies hat den Vorteil, daß Sie dadurch auch über andere sich in Ihrer Branche bietende Möglichkeiten auf dem laufenden bleiben, außerdem – und das ist noch wichtiger – sind Sie auf diese Weise mit den besonderen Situationen von Vorstellungsgesprächen vertraut und wissen, wenn Sie sich schließlich einmal wirklich um eine andere Stelle bewerben möchten, besser, wie Sie damit umzugehen haben.

Anhand des folgenden Arbeitsblatts können Sie Ihre derzeitigen Fortbildungswünsche und -erfordernisse überprüfen. Seien Sie aber bei der Formulierung der Kenntnisse und Fertigkeiten, die Sie gerne erwerben möchten, so konkret wie möglich.

Arbeitsblatt
Fortbildungsmaßnahmen

Innerbetrieblich

1. Welche Fortbildungsmöglichkeiten bestehen im allgemeinen?
2. Was wird zur Zeit angeboten?
3. Nach welchen Kriterien werden die entsprechenden Teilnehmer und Teilnehmerinnen ausgesucht?
4. Welche besonderen Interessengebiete oder Qualifikationen, die Fortbildungsmaßnahmen erforderlich machen, sind nach Ansicht Ihrer Vorgesetzten a) für Sie, b) für Ihre Abteilung von Nutzen?
5. An welchen Programmen mußten Sie bereits teilnehmen?
6. Welche Interessen haben Sie Ihren Vorgesetzten gegenüber bereits angedeutet?
7. Welche Programme wurden von Ihnen gemeinsam ausgewählt?

Außerbetrieblich

1. Welche Kenntnisse und Fertigkeiten, die in der Tabelle auf Seite 148 aufgeführt sind, haben Sie bereits als für Sie interessant eingestuft? (Listen Sie diese nach Priorität auf.)
2. Haben Sie sich nach möglichen Fortbildungsprogrammen erkundigt, im Rahmen derer Sie diese Kenntnisse und Fertigkeiten erwerben können?
3. Haben Sie diese Möglichkeiten Ihrem Unternehmen schon vorgelegt und in Erfahrung bringen können, ob Ihr Unternehmen bereit ist, die Ihnen entstehenden Gebühren mit zu finanzieren oder Sie dafür eventuell während der Arbeitszeit freizustellen?
4. Haben Sie sich bereits einen oder mehrere Termine gesetzt, bis zu dem oder denen Sie die verschiedenen Fortbildungsteilschritte abgeschlossen haben möchten? Wenn nicht, tun Sie dies jetzt.
5. Haben Sie bereits den Zeitaufwand kalkuliert, der für Ihre Studien oder Schulungen erforderlich sein wird? Wieviel Zeit werden Sie schätzungsweise pro Woche dafür aufwenden müssen?
6. Haben Sie auch Ihr System zur Unterstützung im privaten Bereich auf diesen zeitlichen Mehraufwand umgestellt, der nun für Ihre Ausbildung anfallen wird?

Zusammenfassung

- Finden Sie diejenigen Fortbildungsbereiche, von denen Ihre Karriere sowohl derzeit als auch zukünftig profitieren wird.
- Wählen Sie das für Sie geeignete Programm aus.
- Bringen Sie in Erfahrung, welche Form der Unterstützung Ihnen Ihr Unternehmen zu gewähren bereit ist.
- Verbessern Sie Ihre Fähigkeit:
  - ○ Vorträge zu halten,
  - ○ Besprechungen effizient zu leiten,
  - ○ sich bei Vorstellungsgesprächen richtig zu verhalten.

VIII. Kapitel
Wenn Veränderungen angezeigt sind

Die Geheimnisse der Verhandlungsführung

Verhandlung ist ein Wort, das gemeinhin mit Begriffen wie Big Business und Politik in Verbindung gebracht wird, jedoch auch einen Teil Ihres beruflichen und privaten Alltags beschreibt. Allein um schon geringfügige Veränderungen an Ihrem Arbeitsplatz zu bewirken, von denen nicht nur Sie allein betroffen sind, müssen Sie Verhandlungen führen. In Ihrem persönlichen Bereich, der Freizeit, können Sie sogar Diskussionen, die beispielsweise die Frage der Wahl eines Films beim gemeinsamen Kinobesuch in Gang bringt, als Verhandlungen bezeichnen.

Beobachten Sie sich bei solchen persönlichen Verhandlungen einmal selbst, Sie können dabei nämlich eine ganze Menge über Ihre Stärken und Schwächen erfahren: Verteidigen Sie bei derartigen Diskussionen innerhalb Ihrer Familie auch Ihre eigenen Wünsche und Bedürfnisse, oder neigen Sie doch eher dazu, nachzugeben. Reagieren Sie überwiegend emotional, beispielsweise indem Sie Lösungsvorschläge gleich in Form von Forderungen oder Ultimaten auf den Tisch legen, oder bewahren Sie Ruhe? Sind Sie Vorschlägen gegenüber offen, die Sie vorher selbst noch nicht bedacht hatten? Sind Sie bereit, Abstriche zu machen oder Kompromisse einzugehen? Ist Ihre Familie oder Ihr Freundeskreis ebenfalls dazu bereit? Haben Sie das Gefühl, ständig übervorteilt zu werden?

Es ist wichtig, daß jeder, der eine Managementposition bekleidet oder anstrebt, mit den Grundprinzipien des Verhandelns vertraut ist und sie anzuwenden versteht, denn eine Verhandlung kann sich als wesentlich komplizierter und langwieriger herausstellen, als ursprünglich angenommen wurde.

Gerade für weibliche Arbeitnehmer ist dieses Geschick von Bedeutung – allein schon, um einen hinlänglich bekannten Mißstand zu Leibe zu rücken: dem Gehaltsunterschied zwischen Männern und Frauen, die über vergleichbare Erfahrungen und Qualifikationen verfügen. Sie verdienen oft ein Drittel weniger als ihre männlichen Kollegen in ähnlichen Positionen, der rechtlichen Gleichstellung steht eine immer noch faktische Ungleichheit gegenüber.

Nun soll das Thema dieses Kapitels nicht ausschließlich auf die Einkommensdifferenz zwischen Mann und Frau beschränkt bleiben, doch zeigt das Beispiel in eklatanter Weise, wie notwendig es ist, daß Sie sich für Ihre Interessen einsetzen, durch geschickte Verhandlungen diesen Divergenzen gegenzusteuern suchen.

Füllen Sie das nachstehende Arbeitsblatt so objektiv und konkret wie möglich aus. Wenn Sie bisher noch keine Erfahrungen mit geschäftlichen Verhandlungen sammeln konnten, dann beurteilen Sie in diesem Zusammenhang Ihre persönlichen mit Freunden und Freundinnen oder innerhalb Ihrer Familie. Gerade im Hinblick auf die eigenen Schwächen sollten Sie so kritisch wie möglich sein.

Arbeitsblatt
Ihre Erfahrungen bei Verhandlungen

1. Wenn Sie an erfolgreiche Verhandlungen zurückdenken, was waren dabei Ihre drei größten Stärken (zum Beispiel Überzeugungskraft, gut vorbereitete Argumente, diplomatisches Geschick, richtiges Timing)?
   a)
   b)
   c)
2. Haben Sie diese Stärken optimal eingesetzt und genutzt, oder hatten Sie einfach »nur Glück«?
3. Welche würden Sie als Ihre größten Schwächen bei Verhandlungen bezeichnen (beispielsweise Schwierigkeiten bei der Argumentation, Neigung zu vorschnellen emotionalen Reaktionen, fehlende Kompromißbereitschaft)?
   a)
   b)
   c)
4. Gibt es bei Ihrem Verhandlungsstil ein negatives Verhalten, das immer wieder auftaucht? (Bereitet es Ihnen vielleicht Schwierigkeiten, Ihre Fassung zu bewahren, wenn Sie das Gefühl haben zu unterliegen?)
   a)
   b)
   c)
5. Gibt es bestimmte Themen, bei denen Sie Schwierigkeiten haben, wenn sie in Verhandlungen zur Diskussion anstehen (zum Beispiel Gehalt, Arbeitsbedingungen, Verantwortlichkeiten)?
   a)
   b)
   c)
6. Fühlen Sie sich bei Verhandlungen mit jemandem eingeschüchtert, der eine höhere Position als Sie selbst bekleidet?
7. Überprüfen Sie nochmals einige derjenigen Verhandlungen, in denen Sie erfolglos waren. Fallen Ihnen noch Argumente ein, die Sie zusätzlich hätten vorbringen können, oder gar Möglichkeiten, wie Sie diese Verhandlungen eventuell durch ein anderes Taktieren doch noch zu Ihren Gunsten hätten wenden können?

Was würden Sie heute anders machen, wenn Sie die Möglichkeit hätten, diese Verhandlung(en) nochmals führen zu dürfen?

8. An welchen Fertigkeiten oder Eigenschaften glauben Sie gezielt arbeiten zu müssen, um zukünftige Verhandlungen erfolgreicher führen zu können?
   a)
   b)
   c)

Verhandlungen stehen an, wenn jemand die von der Verkaufsabteilung festgesetzten Fristen einhalten soll, diese aber gern geändert hätte. Über Zeitpunkt und Dauer der Nutzung verhandeln müssen Sie, wenn Sie Informationen in den Firmencomputer eingeben oder daraus abrufen möchten. Was würden Sie tun, wenn Sie als Ärztin einen Patienten unbedingt in eine bestimmte Fachklinik einweisen müßten, diese aber leider keinen Platz frei hat? Sie werden gezwungen sein, eine Sonderbehandlung Ihres Patienten zu vermitteln. Ihre letzte Hoffnung wären Verhandlungen sicherlich auch in dem Fall, daß Sie als Studentin einen Abgabetermin nicht einhalten können und bei Ihrem Professor um eine Fristverlängerung nachsuchen müssen.

Es erfordert Geschick, gemäß den verschiedenen branchentypischen Verhandlungsmustern gezielt Taktiken zu entwickeln, um ein Anliegen angemessen durchsetzen zu können. Wenn Sie sich über die in diesem Buch empfohlenen Vorgehensweisen hinaus informieren und Ihre Gewandtheit üben möchten, empfiehlt sich vor allem der Besuch entsprechender Seminare.

Wie im VII. Kapitel bereits betont, sollten Sie sich für den Kursus entscheiden, der am besten auf Ihre Bedürfnisse und Ihren Stil abgestimmt ist. Falls Sie schon bei Verhandlungen ganz bestimmte Schwachpunkte bei sich feststellen konnten, dann wählen Sie gezielt solche Fortbildungsmaßnahmen, in denen diese Probleme schwerpunktmäßig behandelt werden.

Sechs Ratschläge zum »Überleben« bei Verhandlungen

Sind Sie gut vorbereitet, wenn Sie in Ihrem Unternehmen am Verhandlungstisch sitzen? Kennen Sie zum anstehenden Diskussionspunkt die Hintergründe, vergleichbare frühere Fälle, bestehende Gesetze oder Firmenrichtlinien? Welche Ergebnisse kamen nach Ihrer Erfahrung, aber auch nach der Ihrer Kollegen und Kolleginnen bei vergleichbaren früheren Verhandlungen heraus?

Nehmen Sie einmal an, Sie möchten sich aus einem zwingenden Grund für die Dauer von zwei Monaten unentgeltlich von Ihrer Arbeit freistellen lassen: Welche Art von Hintergrundinformationen benötigen Sie dann, damit Sie für die diesbezügliche Unterredung angemessen gewappnet sind? Zunächst sollten Sie sich erkundigen, ob eventuell schon einmal anderen Mitarbeitern oder Mitarbeiterinnen Ihrer Abteilung eine ähnliche Freistellung genehmigt wurde. Ist ein derartiges Gesuch bei einigen Antragstellern abgelehnt, bei anderen dagegen bewilligt worden? Läßt sich der Grund für Ihren Wunsch auf Freistellung mit den Firmenrichtlinien vereinbaren? Selbstverständlich müssen Sie in diesem Zusammenhang auch noch andere Faktoren berücksichtigen, beispielsweise die Wahl des richtigen Zeitpunkts, das Timing: Es ist etwa nicht gerade ratsam, die Initiative zu einer Verhandlung mit Ihren Vorgesetzten ausgerechnet zu einem Zeitpunkt zu ergreifen, wo Sie beide unter Zeitdruck stehen.

Nachstehend nun die sechs wichtigsten Voraussetzungen zum »Überleben« geschäftlicher Verhandlungen, auf die im folgenden dann näher eingegangen wird:

1. die Überprüfung und Verfeinerung Ihrer Zielsetzungen,
2. ein gutes Gespür für die Verhandlungstaktik der Gegenseite,
3. die sichere Beherrschung des Schlüsselvokabulars,
4. das Bemühen um eine positive Gesprächshaltung und ein angenehmes Verhandlungsklima,
5. die Übereinstimmung von verbaler Information und Körpersprache,
6. die gute Beobachtungsgabe.

1. Überprüfung und Verfeinerung Ihrer Zielsetzungen

Der erste wichtige Schritt ist der, sich genau darüber klarzuwerden, was Sie in einer Verhandlung erreichen möchten. Sie werden das von Ihnen angestrebte Ziel nicht immer exakt und in vollem Umfang durchsetzen können, Sie sollten deshalb auch mit einem gewissen Maß an Flexibilität in jede Verhandlung gehen, das heißt, Sie müssen nicht nur wissen, was Sie selbst erreichen wollen, sondern auch was Sie akzeptieren können.

Geht es beispielsweise um den Kauf eines Schreibautomaten, dann möchten Sie vielleicht nicht nur das Gerät möglichst preiswert beziehen, sondern darüber hinaus erreichen, daß die Lieferung frei Haus erfolgt und Ihnen der Lieferant auch günstige Wartungsbedingungen sowie die gewünschte Ratenzahlung einräumt. Wahrscheinlich werden Sie im Verlauf des Kaufgesprächs aber feststellen, daß Sie nicht alle Konditionen durchsetzen können. Sie müssen eventuell auf die Lieferung frei Haus verzichten, damit Sie einen niedrigeren Preis vereinbaren können. Im ungünstigsten Fall zahlen Sie den vollen Preis für den Automaten, ohne überhaupt eine der von Ihnen gewünschten Sonderkonditionen zugestanden zu bekommen!

Wenn solche Konzessionen schon bei einer Kaufverhandlung unumgänglich sein können, bei der Sie in der Rolle des Auftraggebers sind, um wieviel größer ist der Zwang zur Flexibilität aber erst dann, wenn es beispielsweise darum geht, daß Sie als Antragstellerin eine Gehaltserhöhung erreichen möchten?

2. Das gute Gespür für die Verhandlungstaktik der Gegenseite

Erfahrene Verhandlungsstrategen verfügen stets über mehrere taktische Varianten und Alternativpläne, die sie je nach Bedarf anwenden können. Häufig arbeiten solche »alte Hasen« auch als Teams und bedienen sich dabei bewährter Tricks. Das kann in der Modebranche zum Beispiel so aussehen, daß am Ende einer Saison zwei Einkäuferinnen einen Lieferanten aufsuchen, um dort Räumungskäufe zu tätigen. Im Lauf der Besprechung wird sich dann eine der beiden entschuldigen, um zwischenzeitlich die Restbestände im Lager zu sichten. Sind diese noch relativ hoch, dann wissen die Einkäuferinnen natürlich, daß der Lieferant einen zu hohen Warenbestand hat und damit sehr wahrscheinlich auch einen niedrigeren Preis akzeptieren wird. Andererseits wird ein guter Lieferant derartige Taktiken einkalkulieren und seinen Warenbestand vorher entsprechend ordnen. Je mehr jede Seite also über die Strategie der jeweils anderen weiß, um so komplizierter und finessenreicher wird die Verhandlung ablaufen.

Um die Verhandlungssituation besser abschätzen zu können, sollten Sie Ihre Aufmerksamkeit auf folgendes richten: »Täuschungsmanöver«, eine mögliche Verschleppungstaktik, die Grenzen Ihres Verhandlungsspielraums, das Ende der Verhandlung, den Vertragsabschluß.

a) »Täuschungsmanöver«

Ihre Verhandlungspartner werden im Verlauf einer Unterredung möglicherweise gleich mehrmals versuchen, Sie vom eigentlichen Gesprächsgegenstand abzulenken, indem sie auf anderes zu sprechen kommen, was für sie von geringerer Bedeutung ist. Sie tun das, um Ihnen das Gefühl zu geben, sie seien durchaus konzessionsbereit, obwohl es in Wirklichkeit gar nicht der Fall ist. In einer späteren Phase der Diskussion werden Sie nämlich oft feststellen können, daß Ihr Gegenüber bei einem anderen Verhandlungsgegenstand oder speziell bei dem Aspekt, der für Sie wichtig ist, sehr wohl hartnäckig und beharrlich auftritt. Sie sollten deshalb von Anfang an auf mögliche Anzeichen achten, die Ihnen Aufschluß über die eigentlichen Interessen oder Intentionen der anderen Seite geben könnten.

Das entscheidende bei allen Verhandlungen ist, die wahren Absichten Ihres Gegenübers zu erkennen: Bis zu welchem Punkt dürfte der Handel für die andere Seite noch attraktiv sein? Von welchem Punkt an wird Ihr Konterpart den Verhandlungstisch dagegen verlassen und Sie ohne befriedigendes Ergebnis zurücklassen?

b) Verschleppungstaktik

Beobachten Sie, wann Ihre Gesprächspartner die Taktik anwenden, durch zeitliche Verzögerung einer Entscheidung Verwirrung in die Verhandlung zu bringen oder den Ablauf zu verlangsamen, um Sie zu übervorteilen.

Eine Verschleppungsstrategie sollten Sie nur anwenden, wenn Sie auch sicher sind, daß Ihr Gegenüber weniger Spielraum als Sie selbst hat. Wenn Sie beispielsweise einen neuen Wagen kaufen wollen, werden Sie vielleicht versuchen, den Vertragsabschluß ein wenig hinauszuzögern, um auf diese Weise den vom Verkäufer geforderten Preis zu drücken oder bessere Konditionen für die Inzahlungnahme Ihres Gebrauchtfahrzeugs auszuhandeln. Funktionieren wird diese Methode jedoch nur dann, wenn Sie mit ziemlicher Sicherheit wissen, daß der Verkäufer zu diesem Zeitpunkt nicht noch über weitere Interessenten verfügt. Sollte dies nämlich der Fall sein, dann riskieren Sie es, ganz aus dem Geschäft auszuscheiden.

Falls die andere Seite solcherart Versuche unternimmt, sollten Sie die Motive dafür herausfinden, um Ihre Strategie entsprechend anpassen zu können.

Das Vertagen von Verhandlungen wird von beiden Parteien recht häufig auch dazu benutzt, die eigenen Taktiken neu zu überdenken. Wenden Sie dieses Mittel selbst an, sollten Ihre Überlegungen auch berücksichtigen, daß die Gegenseite ebenfalls ihre Position überdenkt und Zeit gewinnt, sich weitere wichtige Informationen zugänglich zu machen.

c) Der Verhandlungsspielraum

Erarbeiten Sie sich einen Plan, der sowohl Ihren eigenen Verhandlungsspielraum als auch den der anderen Partei sowie die beiderseitig denkbaren Alternativvorschläge dazu erfaßt. Wenn Sie Ihre eigenen Zielsetzungen schon im voraus dahin gehend überprüft haben, bis wohin Ihre Konzessionsbereitschaft reichen darf, dann ist die Gefahr wesentlich geringer, im Laufe der Verhandlung durch einen unerwarteten Vorschlag aus der Bahn geworfen zu werden und sich infolgedessen auf etwas einzulassen, das Ihnen später leid tun könnte. Versuchen Sie also, alle möglichen Argumente oder Alternativen zu den von Ihnen abgesteckten Zielen vorauszusehen, und präparieren Sie sich entsprechend mit Gegenargumenten.

d) Das Ende der Verhandlung

Jede Verhandlung muß zu einem sinnvollen Abschluß gebracht werden. Entscheiden Sie sich bereits im voraus, wie Sie den Handel besiegeln möchten. Dies kann, je nach Gegebenheiten, in Form eines Vertrages, einer unterzeichneten Notiz oder auch eines Händedrucks geschehen. Tragen Sie dazu bei, daß auch Ihre Gegenseite die eigenen Bedürfnisse und Forderungen gewahrt sieht, indem Sie auf Ihre Argumente positiv und unzweideutig reagieren. Es wird die Bereitschaft Ihres Gesprächspartners, die Verhandlung zu einem Abschluß zu bringen, ohne Zweifel erhöhen.

e) Der Vertragsabschluß

Erstellen Sie Richtlinien, die den Vertragsgegenstand sowie die weitere Handhabung und Umsetzung der Vertragskonditionen regulieren. Wenn Sie beispielsweise eine Textverarbeitungsanlage kaufen und dabei einen Ausbildungslehrgang für die Bedienung des Geräts aushandeln, dann sollten Sie sicherstellen, daß eine entsprechende Passage auch schriftlich in den Kaufvertrag aufgenommen wird. Das gleiche gilt für berufliche Verhandlungen: Wenn Ihnen ein Fortbildungslehrgang, eine Gehaltserhöhung oder ein größeres Budget zugestanden wird, sollten Sie in jedem Fall dafür sorgen, daß als Teil des Vertrages auch die entsprechenden Termine und die Art und Weise festgehalten werden, wie die Änderungen umgesetzt werden sollen.

3. Das Beherrschen des Schlüsselvokabulars

Bei jeder Verhandlung werden branchenübliche Fachausdrücke, Termini, verwandt, deren Unkenntnis zunächst Verwirrung zur Folge haben kann. Deswegen ist es unbedingt erforderlich, sich mit den gängigsten Begriffen, die für das Diskussionsthema von Relevanz sein könnten, rechtzeitig vertraut zu machen.

Die Verhandlungssprache muß klar und verständlich sein: Indem Sie während der Unterredung Ihre Schlüsselbegriffe einem Branchenfremden vielleicht sogar erklären, werden Sie so manches Mißverständnis vermeiden können. Bei der stark spezialisierten Arbeit, die wir verrichten, darf nämlich nicht in jedem Fall vorausgesetzt werden, daß unsere Verhandlungspartner die jeweils unterschiedlichen Fachausdrücke, Namen und Abkürzungen auch in unserem Sinne verstehen.

4. Das Bemühen um eine positive Gesprächshaltung und ein angenehmes Verhandlungsklima

Eins der wichtigsten Ziele bei Verhandlungen ist, die Gegenseite davon zu überzeugen, daß sie durch die Diskussion etwas gewinnen kann, und zwar auch dann, wenn Sie selbst eigentlich diejenige sind, die um etwas bittet – schon allein das macht es erforderlich, eine Atmosphäre gegenseitigen Vertrauens und Respekts zu schaffen.

Als ich beispielsweise mit einer Kundin einen Vertrag über verschiedene Seminare aushandelte und wir dann auf die finanzielle Seite zu sprechen kamen, machte ich sie darauf aufmerksam, daß sie die Seminarkosten durch Beantragung einer staatlichen Beihilfe senken könne, die sie bis dahin noch nicht in Anspruch genommen hatte. Durch diese Information wurde sie nicht nur von der Erschwinglichkeit meiner Kurse überzeugt, sie befolgte auch noch meinen Vorschlag, die Einsparungen für einige zusätzliche Programme neben den ursprünglich von ihr gewünschten Lehrgängen zu verwenden . . .

Bei allen Verhandlungen sollten Sie so konstruktiv wie möglich auftreten. Wenn Sie sich dagegen zu Drohungen oder unangemessenen Forderungen verleiten lassen, schaden Sie sich damit selbst. Ihre eigenen Wünsche müssen deshalb genau wie Ihre Begründungen stets in einer positiven Haltung vorgetragen werden, ebenso wie Sie sich nicht von vornherein ablehnend gegenüber der Position der anderen zeigen sollten.

Obwohl es bei Verhandlungen meist mehr um ein »Gegeneinander« geht, läßt sich der Ablauf der Diskussionen durchaus kooperativ gestalten. Wann immer möglich, sollten Sie auch Informationen einbringen, die der Gegenseite zu einer zufriedenstellenden Lösung des jeweiligen Problems verhelfen könnten.

5. Die Übereinstimmung von verbaler Information und Körpersprache

Haben Sie neben Ihrem Bemühen um eine klare und unmißverständliche Sprache auch schon einmal Ihre äußere Erscheinung und Ihr Verhalten selbstkritisch beobachtet und darüber nachgedacht, wie dies möglicherweise auf andere wirken und von ihnen interpretiert werden könnte? Selbst in Situationen, in denen Sie nicht sprechen, sollten Sie darauf achten, auch durch Ihre Körpersprache – Mimik, »Zuhörhaltung« – das dem Gegenüber entgegengebrachte Interesse zu signalisieren. Es sind beispielsweise grobe Fehler, wenn Sie es trotz Ihrer durchaus starken Argumente vermeiden, Ihren Verhandlungspartnern in die Augen zu schauen, oder wenn Sie permanent in Ihrem Sessel hin und her rutschen, fortwährend auf die Uhr schauen, als stünden Sie bereits wegen eines weiteren Termins unter Zeitdruck, oder auch jedesmal, wenn Sie sprechen, Ihren Mund verdeckt halten.

Vielleicht ist es das beste, einen Lehrgang über Verhandlungsführung zu belegen, wo Sie Ihre Körpersprache einmal auf einem Video beobachten können. Eine weitere Möglichkeit ist die, solche Situationen zusammen mit einem guten Freund oder einer guten Freundin durchzuspielen, die dann Ihre nonverbalen Botschaften kommentieren können.

6. Die gute Beobachtungsgabe

Ihre Beobachtungsgabe sollte Ihnen helfen, sowohl die eigene Gesamterscheinung als auch die Ihres Gegenübers einschätzen zu können. Denn die daraus gewonnenen Informationen können Ihnen bei einer Verhandlung ausgesprochen nützlich sein. Ist die Körpersprache des Gegenübers beispielsweise offensiv oder defensiv? Manchmal erkennen Sie schon an der Art, wie jemand den Raum betritt, daß die Diskussionen problematisch verlaufen werden. Sie sollten durch Ihr kommunikatives Geschick während der Verhandlung bei der betreffenden Person eine Umkehrung ihres Verhaltens ins Gegenteil bewirken!

Es ist erstaunlich, wie aufschlußreich die Körpersprache sein kann. Hat Ihr Gegenüber etwa das Gefühl zu gewinnen, dann wird er oder sie vielleicht sogar lächeln. Hat Ihr Verhandlungspartner dagegen die Befürchtung zu unterliegen, kann sich das beispielsweise durch einen sehr ernsten Blick, durch Stirnrunzeln und sogar durch Nägelkauen oder andere nervöse Anzeichen ausdrücken. Nutzen Sie diese Beobachtungen für Ihre Strategie.

Drohungen, Schimpfworte, Prahlereien und andere Formen provokativen Verhaltens zeigen Ihnen, daß die Unterhändler entweder ihre Felle davonschwimmen sehen oder ganz einfach noch nicht erfahren und geschickt genug sind, ein positives Klima zu schaffen.

Wenn Sie mit einem Team verhandeln, kann sich die Gegenseite vorher möglicherweise auf ein Rollenspiel verständigt haben, wobei es beispielsweise eine Person auf die »harte« und die andere auf die »weiche Tour« versucht. Das entscheidende hierbei ist, solche Taktiken und besonders die damit verfolgten Absichten frühzeitig zu durchschauen – und dies vor allem nicht persönlich zu nehmen: In jedem Fall gilt es, die Ruhe zu bewahren.

Feilschen und Gegenvorschläge können als Möglichkeit benutzt werden, um von den eigentlichen Verhandlungsgegenständen abzulenken. Beobachten Sie also sehr genau, ob ein bestimmtes Thema zu einem unpassenden Zeitpunkt zur Sprache gebracht wird. Werden außerdem bestimmte Beiträge bewußt nur oberflächlich und flüchtig behandelt oder gar vollends ignoriert? In solchen Fällen sollten Sie versuchen, ohne dabei aggressiv oder vorwurfsvoll zu werden, die Verhandlung auf den Punkt zurückzuführen, um den es Ihres Erachtens ging.

Nicht jede Person wird auch tatsächlich all das hören, was Sie gesagt haben. Und selbst das, was sie hört, wird von ihr möglicherweise anders interpretiert, als es ursprünglich gemeint war. Dennoch kann eine genaue Beobachtung sowohl der Körpersprache als auch der Worte, welche die Gegenseite als Reaktion auf Ihre Argumente zeigt, Aufschluß darüber geben, ob Sie falsch verstanden wurden.

Zusammenfassend läßt sich also sagen, daß die Grundlagen des Verhandlungsgeschicks eine angemessene Vorbereitung, die Fähigkeit, eine Situation schnell erfassen zu können, und eine gute Beobachtungsgabe sind. Trainieren können Sie diese Fähigkeiten wohl am besten, indem Sie zunächst einmal als Beobachterin und nicht gleich als aktive Unterhändlerin an Verhandlungen teilnehmen. Dadurch bauen Sie Ihre Angst, die Sie anfänglich vielleicht noch haben, Schritt für Schritt ab. Sollte es sich bei den Unterredungen, denen Sie zunächst einmal nur als Beobachterin beiwohnen, um solche handeln, an denen Ihre Kollegen und Kolleginnen beteiligt sind, dann bekommen Sie bei dieser Gelegenheit bereits einen Eindruck über deren Stil und Strategien, bevor Sie später selbst einmal in die Lage kommen, mit ihnen verhandeln zu müssen.

Die Fragen des nachstehenden Arbeitsblatts sollten Sie beantworten, nachdem Sie einer solchen Verhandlung einmal als Beobachterin beigewohnt haben.

Arbeitsblatt
Das Beobachten von Verhandlungen

1. Beobachteten Sie eine Verhandlung im Team oder zwischen zwei Einzelpersonen?
2. Wer waren die Beteiligten? Gab es einen Verhandlungsleiter oder eine Verhandlungsleiterin?
3. Lag der Verhandlung eine eindeutige Absichtserklärung zugrunde? Gab es genaue Zielsetzungen?
4. Welche der Vorbereitung dienenden Informationen in Form von Briefen, Kurzmitteilungen und Akten wurden zusammengetragen, oder welche technischen und rechtlichen Vorarbeiten waren erforderlich?
5. Erfolgten die Beiträge in einem formalen oder eher zwanglosen Rahmen?
6. Notieren Sie, was Sie am jeweiligen Verhalten der Beteiligten in folgenden Hinsichten beobachten konnten:

	Beteiligte/r 1	Beteiligte/r 2
Interesse		
Fachwissen		
Haltung (positiv oder negativ)		
Voreingenommenheit		
Körpersprache		

7. Konnten Sie irgendwelche Persönlichkeitskonflikte zwischen den Beteiligten feststellen? Wenn ja, haben diese die Verhandlungen beeinflußt?
8. Wurde irgendeine konkrete Entscheidung getroffen?
9. Sofern eine Entscheidung getroffen wurde, die weitere Aktivitäten erforderlich macht, wurde klar und unmißverständlich vereinbart, wer diese ausführt und bis wann dies geschehen soll?
10. War die Verhandlung Ihres Erachtens erfolgreich? Warum (oder warum nicht)? Konnte sie den angestrebten Zweck erfüllen?
11. Konnten Sie besondere Geschicklichkeiten oder Praktiken be-

obachten, die Sie bei zukünftigen Verhandlungen auch gern beherrschen möchten? Um welche handelt es sich dabei?

12. Konnten Sie irgendwelche Fehler oder Probleme beobachten, die sich nach Ihrer Meinung durchaus hätten vermeiden lassen? Wie hätten Sie statt dessen selbst verfahren?
13. Falls an der Unterredung auch Personen beteiligt waren, mit denen Sie möglicherweise eines Tages selbst verhandeln müssen, konnten Sie bei ihnen irgendeinen persönlichen Stil oder ein Verhaltensmuster beobachten, deren Kenntnis für Sie später vielleicht einmal von Nutzen sein könnte?

Je mehr Sie Ihre Beobachtungsgabe schärfen und praktische Erfahrung sammeln, desto schneller werden Sie auch feststellen, daß erfolgreiche Verhandlungsführung keine Hexerei ist. Hierzu bedarf es lediglich sorgfältig ausgearbeiteter Pläne und einer hinreichenden Vertrautheit mit den Fertigkeiten und Instrumentarien, die für die Erreichung der eigenen Ziele unerläßlich sind. Eine positive Haltung ist dabei ganz wesentlich, und wenn Sie sich bewußtmachen, daß es beim Verhandeln um etwas geht, mit dem Sie auch in Ihrem Privatleben ständig umgehen, sollte es Ihnen diese Erkenntnis eigentlich ermöglichen, gelassener und weniger ängstlich an die Sache heranzugehen. Ist Ihnen das gelungen, dann sind Sie bereits auf dem richtigen Weg!

Auf die wichtigen Aspekte, die im Zusammenhang mit der Planung und dem Beobachten einer Verhandlung zu beachten sind, wurde verwiesen. Der nächste Schritt ist, diese Kriterien auf der Basis der eigenen Erfahrungen in Ihrer Firma nun auch in der praktischen Anwendung zu berücksichtigen. Doch bevor Sie sich zur Verhandlungsaufnahme entschließen, sollten Sie möglichst sicher sein, daß für Ihr Anliegen auch die entsprechenden Erfolgsaussichten bestehen und der richtige Zeitpunkt gewählt ist. Das folgende Arbeitsblatt ist dazu gedacht, Ihnen bei derartigen Überlegungen behilflich zu sein.

Arbeitsblatt
Sind Sie bereit, selbst zu verhandeln?

1. Benennen Sie das Problem, über das Sie verhandeln möchten.
   a) Was ist dabei für Sie der Kernpunkt?
   b) Gibt es darüber hinaus auch noch geringfügige Probleme, die Sie ebenfalls zur Sprache bringen möchten, oder Probleme, die im Laufe der Verhandlung auftauchen könnten? Um welche handelt es sich dabei?
   c) Haben Sie sich auch Gedanken über Gesichtspunkte gemacht, die möglicherweise von der Gegenseite vorgebracht werden könnten, und darüber, wie Sie darauf reagieren wollen?
2. Wurde das Kernproblem vielleicht schon einmal früher von Ihnen selbst oder durch Kollegen zur Sprache gebracht? Mit welchem Ergebnis?
3. Ist Ihre Forderung – hinsichtlich des dafür gewählten Zeitpunktes, der allgemeinen Arbeitsbedingungen in Ihrem Unternehmen, des dafür möglicherweise erforderlichen finanziellen Aufwandes und anderer relevanter Aspekte – Ihrer Ansicht nach angemessen?
4. Könnte Ihre Forderung zu Konflikten führen?
   a) Zwischen wem?
   b) Lassen sich diese regeln? Wie?
5. Könnten für Sie persönliche Konsequenzen entstehen?
   a) Was machen Sie, wenn Sie verlieren?
   b) Was machen Sie, wenn Sie Erfolg haben?
6. Sind Ihre Argumente gut vorbereitet? Können Sie gegebenenfalls auf Quellen oder Beweismaterial verweisen?
   a) Extern (zum Beispiel Rechtsanwalt, Wirtschaftsprüfer, Bankier, Vermittler);
   b) Intern (beispielsweise Dokumente, Basisinformationen, Mitarbeiter/Mitarbeiterinnen).
7. Benötigen Sie die Hilfestellung anderer für die Verhandlung (etwa eines Teams)?
8. Inwieweit dürfte diese Verhandlung Ihre langfristige Beziehung zur Gegenseite beeinflussen?

Wenn Sie nunmehr alle Ihre Antworten nochmals durchgehen, haben Sie dann das Gefühl, daß Sie ausreichend vorbereitet sind, oder neigen Sie eher dazu, besser noch weitere Recherchen anzustellen, ehe Sie sich auf eine Verhandlung einlassen? Wird sich die Verhandlung, gerade auch angesichts möglicher Konsequenzen, für Sie lohnen? Wie beurteilen Sie die Erfolgsaussichten? Sind Sie hinreichend auch auf die Möglichkeit einer Niederlage vorbereitet? Lassen Sie keinen dieser Aspekte unberücksichtigt.

Verhandlungen über Beförderungen, Gehaltserhöhungen und Sonderzulagen

Bisher ging es in diesem Kapitel um die allgemeinen Prinzipien der Verhandlungsführung und entsprechende Regeln zur Weiterentwicklung Ihres dazu nötigen Geschicks, wobei die Betonung auf einer positiven Haltung, dem Entspanntsein und dem ausreichenden Präparieren mit Fakten und Plänen lag. Dieselben Fähigkeiten sind auch bei jener Art von Verhandlungen entscheidend, von deren Ausgang wir alle betroffen sind – nämlich solche über Gehaltserhöhungen oder Sondervergütungen.

Bei meinen Interviews für dieses Buch konnte ich in bezug auf Verhandlungen über Beförderungen und Gehaltserhöhungen zwei entgegengesetzte Einstellungen ausmachen: Einige Frauen gingen diesen Problemen kurzerhand grundsätzlich aus dem Weg, oder sie ließen sich allenfalls, wenn es denn absolut unvermeidbar war, völlig unvorbereitet auf solche Verhandlungen ein. Demgegenüber hatte die zweite Gruppe den Stier bei den Hörnern gepackt und das eigene Verhandlungsgeschick genutzt, um einige Sprossen der Karriereleiter hinaufklettern zu können.

Gail begann ihre Laufbahn als Schreibkraft bei einem Immobilienmakler. Als sie dann nach sieben Jahren darum bat, ihr ein anderes Ressort zu übertragen, wurde sie aufgrund ihrer guten Leistungen zur Darlehenssachbearbeiterin in der Finanzabteilung befördert.

Im Grunde genommen ist sie mit ihrer neuen Arbeitsstelle durchaus zufrieden. Sie gibt allerdings zu, daß sie schon ganz gern eine etwas aufregendere und wichtigere Arbeit übernehmen möchte. Obwohl sie erlebt hat, zu welch erstaunlichen Resultaten ihre positive Eigeninitiative führte – immerhin war ihr der Sprung von einer

Schreibkraft zur Sachbearbeiterin gelungen –, hat sie dennoch ein Problem: Sie ist von ihrer Grundeinstellung her nämlich einfach nicht bereit, ihrer Karriere gegenüber eine aktive Haltung einzunehmen und sich mit Blick auf ihr persönliches Weiterkommen aktiv in die Firmenpolitik einzumischen, entwickelt arbeitsplatzbezogen nur kurzfristig erreichbare Ziele.

Dagegen ist Trudy, eine sehr erfolgreiche Geschäftsführerin in der Werbebranche, genau das Gegenteil. Ihre Verhandlungsstrategie für Gehaltserhöhungen und Beförderungen basiert auf einem sorgfältig geplanten System, das sie stets konsequent anwendet. Nachstehend nun Trudys Taktik, mit der sie ihre Bezüge auszuhandeln pflegt:

Als erstes versucht sie stets, so viele Informationen wie möglich über das Gehaltssystem ihres Unternehmens zu sammeln, und obwohl sie einräumt, daß es häufig nur sehr schwer oder auch überhaupt nicht möglich ist, an diese Informationen heranzukommen, läßt sie sich dennoch nicht davon abhalten, dies zumindest zu versuchen. Ihre erste potentielle Informationsquelle ist dabei stets ihr Vorgesetzter. Fließen die Auskünfte von dieser Stelle allzu spärlich, dann wendet sie sich als nächstes an die Personalabteilung.

In der Regel werden die Auskünfte über Gehälter und Zulagen, welche die Personalabteilung zu geben bereit ist, allerdings kaum konkrete Zahlen enthalten. Dagegen gibt es bei staatlichen Dienststellen und größeren Firmen im allgemeinen klar eingegrenzte Besoldungsstufen für Angestellte, die außerdem zumeist auch ohne größere Schwierigkeiten einsehbar sind.

Sie erinnern sich sicherlich noch an meinen Rat, wenigstens einmal im Jahr ein Bewerbungsgespräch wahrzunehmen, um auf diesem Wege Ihr Geschick bei Vorstellungsgesprächen zu verfeinern. In diesem Zusammenhang wird deutlich, daß eine solche Vorgehensweise auch noch einen zusätzlichen Vorteil bringt, den Trudy voll erkannt und deshalb auch als festen Bestandteil in ihre Strategie aufgenommen hat. Dadurch nämlich, daß Sie in Erfahrung bringen, was eine Firma, bei der Sie sich bewerben, für Ihre Stellung zu zahlen bereit ist, erhalten Sie einen wertvollen Einblick in das Gehaltssystem für vergleichbare Positionen in Ihrer Region. Und dieses Wissen können Sie dann natürlich auch nutzbringend in zukünftige Verhandlungen mit Ihrem eigenen Unternehmen einfließen lassen.

Zur tatsächlichen Festlegung Ihres persönlichen Marktwertes gehört es allerdings auch, daß Sie – wenn nicht auf Mark und Pfennig genau, so doch wenigstens annähernd – eine Vorstellung von dem zu Ihrem Gehalt gehörenden Vergünstigungs- oder Zulagenpaket haben. Die Sozialleistungen oder freiwilligen Zulagen beispielsweise sind von Unternehmen zu Unternehmen sehr unterschiedlich. Während Ihnen die eine Firma vielleicht jährlich fünftausend Mark Zulage zu Ihrem Gehalt bietet, stellt Ihnen ein anderes Unternehmen statt dessen möglicherweise einen Firmenwagen zur Verfügung. Was nun für Sie persönlich vorteilhafter ist, das müssen Sie von Fall zu Fall entscheiden. Trudy hat die Erfahrung gemacht, daß es sehr wichtig ist, genau über die Gehaltsregelungen einschließlich der Sozialleistungen und freiwilligen Zulagen informiert zu sein, und was sie darüber in Erfahrung bringen konnte, wußte sie anschließend bei ihren Verhandlungen auch stets zu ihrem Vorteil zu nutzen.

Sofern Sie die Position einer Gruppenleiterin bekleiden, dürfen Sie eventuell in einem gewissen Rahmen, beispielsweise bei der Kundenbetreuung, Spesen machen, wenn auch vielleicht nur nach entsprechender Genehmigung durch Ihren Vorgesetzten. Sind Sie dagegen in einer höheren Position, etwa der einer Abteilungsleiterin, werden Sie für solche Zwecke wahrscheinlich selbst stets eine gewisse Summe zur Verfügung haben, was Ihnen einen größeren Spielraum bei Ihren beruflichen Dispositionen verschafft. Kennen Sie aber, falls Sie über eine Beförderung verhandeln möchten, auch die entsprechenden Vergünstigungen in Ihrem Unternehmen?

Machen Sie bei Ihren Beförderungsverhandlungen jedoch nicht den Fehler, unbedingt nur die Position anzustreben, die am besten dotiert ist. Durch solch eine Fixierung verbauen Sie sich auf lange Sicht nämlich möglicherweise noch größere berufliche Chancen. Viele Manager, die auf eine erfolgreiche Karriere zurückblicken, haben beispielsweise an irgendeinem Punkt ihrer Laufbahn bewußt sogar Gehaltseinbußen hingenommen, um so den Sprung in eine andere Branche oder eine andere Firma zu schaffen. Die Gründe dafür waren unterschiedlich, mal schien ein anderer Arbeitsbereich größere Wachstumschancen zu haben, mal bot sich die Chance, in einer anderen Firma eine erfüllendere Arbeit verrichten zu können. All diese Entscheidungen haben sich langfristig fast ausnahmslos ausgezahlt, und zwar nicht nur hinsichtlich der Zufriedenheit mit dem Arbeitsplatz, sondern auch materiell, konkret ablesbar am Gehalt und an den Vergünstigungen.

Ihre langfristigen Pläne sollten also stets in Ihre Verhandlungsstrategie einfließen. Für Trudy ist es beispielsweise von besonderer Bedeutung, welche Auswirkungen eine neue Position auf ihren Lebensstil, die Wahl des Wohnorts hat und wieviel Verantwortung sie trägt. Sie erkundigt sich bei den Verhandlungen stets, wie weit sie in einer Firma kommen kann, ob sie innerhalb des Betriebs oder in eine andere Stadt versetzt werden kann. Zu den besonderen Vergünstigungen, die sie stets für sich aushandelt, gehören beispielsweise die Übernahme der Umzugskosten durch das Unternehmen sowie die Disposition über finanzielle Mittel, die ihr etwa die Kundenbewirtung erleichtern. Trudy empfiehlt für die effiziente Verhandlungsführung folgende Vorgehensweise:

Schritt 1

Nach Trudys Ansicht ist es wichtig, sich vor dem Eintritt in eine Verhandlung selbst Mut zuzusprechen. Halten Sie sich dabei immer vor Augen, daß Sie nicht wegen eines Trinkgelds vorstellig werden. Schließlich verfügen Sie über Kenntnisse und Fähigkeiten, die einen festen Marktwert haben. Sie fordern nichts anderes als Ihren Wert, seien Sie bereit, dies auch durch Ihre Argumente zu belegen.

Zeigen Sie Selbstvertrauen. Ihr Gegenüber soll durchaus den Eindruck gewinnen, daß Sie ein ernst zu nehmender Verhandlungspartner sind und von der Diskussion Ergebnisse erwarten.

Schritt 2

Wählen Sie für Ihre Unterredung den richtigen Zeitpunkt. Ehe Trudy eine Verhandlung angeht, überdenkt sie sehr sorgfältig – von der Stimmung ihres Vorgesetzten bis hin zur Finanzsituation ihres Unternehmens –, ob sie auch die Gunst der Stunde nutzt.

Schritt 3

Stellen Sie sich auf vertretbare Konzessionen Ihrerseits ein. Trudy verweist darauf, daß es für eine geschickte Verhandlungsführung unerläßlich ist, von Anfang an die eigenen Ziele im Auge zu behalten, sich aber auch darüber im klaren zu sein, daß verschiedene Forderungen vielleicht während der Diskussion revidiert werden müssen: Wenn sie zum Beispiel beim Gehalt keinen Spielraum mehr hat, verhandelt sie etwa über zusätzlichen Sonderurlaub. Sollte ihr Gesprächspartner Gegenangebote auf den Tisch legen, die sie nicht auf Anhieb akzeptieren kann, hält sie sich immer noch die Möglichkeit offen, um Bedenkzeit zu bitten und einen neuen Termin für die Wiederaufnahme der Unterredung zu vereinbaren.

Sie müssen mit Ihren Verhandlungspartnern meistenteils auch in der Folgezeit zusammenarbeiten, weswegen Sie darauf achten sollten, sich während des Gesprächs so zu verhalten, daß Ihr gutes Betriebsklima nicht beeinträchtigt wird.

Trudy hat die Grundregeln für eine effiziente Verhandlungsführung beherrscht und mit Erfolg angewandt. Ihr Beispiel verdeutlicht die Methode, soll als Muster dienen. Es zeigt, wie auch Sie die auf Ihre Bedürfnisse zugeschnittenen Forderungen weitestgehend durchsetzen können.

Bei Vorstellungsgesprächen und Verhandlungen über die Erhöhung Ihrer Bezüge sollten Sie darüber informiert sein, welche Sonderzulagen und Vergünstigungen Sie neben Ihrem eigentlichen Gehalt in Anspruch nehmen können. Deswegen ist im folgenden eine kleine Auswahl derartiger Zuwendungen angeführt, anhand derer Sie vielleicht feststellen, daß Sie noch nicht alle Möglichkeiten zur Aufbesserung Ihres Gehalts oder Erweiterung Ihres Dispositionsspielraums berücksichtigt haben:

1. Manche Firmen stellen ihren Mitarbeitern in gehobenen Positionen Firmenwagen zur Verfügung. Dies geschieht jedoch nicht immer »automatisch«, oft müssen Sie in Verhandlungen eintreten.
2. Viele Unternehmen bieten ihren Angestellten zinsverbilligte Darlehen an. Da die Konditionen für diese Kredite möglicherweise verhandelbar sind, sollten Sie herausfinden, ob das auch bei Ihrem Arbeitgeber der Fall ist.
3. Einige Konzerne beteiligen ihre Angestellten am Gewinn. Besorgen Sie sich die entsprechenden Informationen, wenn Sie sich für eine Stelle bewerben.
4. Sie sollten sich erkundigen, ob Sie berechtigt sind, ein eigenes Spesenkonto für geschäftliche Bewirtungen zu beantragen.
5. Versäumen Sie nicht, Abonnements wichtiger Fachzeitschriften für Ihr Büro zu beantragen.

6. Finden Sie heraus, ob Sie auf Firmenkosten an Konferenzen, Workshops und Tagungen teilnehmen können.

Jedesmal wenn Sie eine Gehalts- oder Vergütungserhöhung erhalten, sollten Sie überprüfen, welche Auswirkungen das auf Ihre Einkommensteuer haben wird. Eine nur geringfügige Erhöhung kann nämlich mitunter schon bedeuten, daß Sie in eine höhere Progressionszone rutschen und netto weniger mit nach Hause nehmen können als vorher. Sollte ein solcher Fall einmal eintreten, empfiehlt es sich, zu prüfen, ob nicht vielleicht andere Vergütungsformen für Sie doch vorteilhafter wären.

Ganz gleich, welche Standard-Vergünstigungen nun speziell in Ihrer Branche oder Ihrem Betrieb gewährt werden, ziehen Sie schon vor Ihrem Vorstellungsgespräch oder vor Ihrer Gehaltsrevision so viele Erkundigungen wie eben möglich ein.

Fazit

Verhandlungen führen wir fast an jedem Tag unseres Privat- und Geschäftslebens. Ob bewußt oder unbewußt: viele von uns machen ihre Sache durchaus schon recht ordentlich.

Vielleicht liegt der größte Nachteil der Frauen im Hinblick auf eine erfolgreiche Verhandlungsführung darin, daß sie allzuleicht übersehen, welche Vorteile ihnen durch ihr Einfühlungs- und Anpassungsvermögen für den Verhandlungstisch erwachsen. Obwohl diese Einschätzung nachweislich falsch ist, neigen Frauen oft zu der Annahme, Verhandlungen seien etwas Neues für sie, das den Rahmen ihrer Möglichkeiten sprenge. Deshalb soll hier einmal deutlich gesagt werden, daß gerade Verhaltensformen wie Hilfsbereitschaft und Anpassungsvermögen unsere eigentliche Stärke bei Verhandlungen sind. Wie wichtig es ist, auch für ein positives Klima und eine kooperative Atmosphäre zu sorgen, wurde bereits angesprochen, und Frauen sind oftmals besonders geschickt, wenn es darauf ankommt, anderen Menschen das Gefühl zu geben, sie dürften mit sich selbst zufrieden sein. Besonders bei Verhandlungen ist dies von unschätzbarem Wert. Wenn wir uns fragen, wie wir die Qualität unseres Verhandlungsstils verbessern können, dann sollten wir uns dabei getrost auf unser weibliches Einfühlungsvermögen und auf unser

Geschick im Umgang mit anderen Menschen besinnen. Denken Sie in diesem Zusammenhang also auch daran, daß Sie nicht allzu aufgaben- und arbeitsfixiert verhandeln und einleitende Gespräche über Allgemeineres nicht als bloße »Zeitverschwendung« abtun.

Mitunter kann allein schon die Änderung Ihrer Haltung bei Verhandlungen die entscheidende Wende in Richtung Erfolg bedeuten, und zwar sowohl am Arbeitsplatz als auch zu Hause. Das bloße Gewinnen bei Verhandlungen ist sicher nicht das einzige, was für Sie dabei herauskommen kann. Wenn Sie nämlich erst einmal Ihre Ziele und Ihre persönlichen Möglichkeiten zum Erreichen dieser Ziele erkannt haben, dann wird Sie dies mit Sicherheit auch ein entscheidendes Stück weiterbringen in Richtung auf eine selbstkontrollierte und selbstbestimmte Zukunft.

Arbeitsblatt
Ihr Verhandlungsplan

1. Formulieren Sie Ihre Ziele:
   a)
   b)
   c)
   d)
2. Welchen Vorschlag unterbreiten Sie der Gegenseite, um diese Ziele zu erreichen?
3. Entscheiden Sie sich, wie Sie die Verhandlung führen möchten (Teamform, zwischen zwei Einzelpersonen, formal oder zwanglos).
4. Welche Abstriche wird die Gegenseite möglicherweise an Ihrem Vorschlag vornehmen wollen?
5. Welche dieser eventuellen Abstriche werden Sie akzeptieren können?
6. Bis wann sollten die Verhandlungen aus Ihrer Sicht endgültig abgeschlossen sein? Können Sie irgendwelche Anzeichen erkennen, die eine zeitliche Verzögerung oder Verschleppung erwarten lassen?
7. Welche Konditionen wollen Sie selbst beim Vertragsabschluß gerne schriftlich festgelegt sehen?

Zusammenfassung

- Verhandeln ist nichts Neues. Sie praktizieren dies bereits jeden Tag.
- Erkennen Sie Ihre Stärken und Schwächen.
- Seien Sie positiv.
- Bestimmen Sie Ihre Ziele stets neu, und entwerfen Sie Pläne, wie Sie diese erreichen wollen.

IX. Kapitel
»Da hast du bitterlich geweint«

Was tun bei Rückschlägen?

Gewinnen ist etwas Schönes, wer wollte das bezweifeln. Doch es kommt selbst in der erfolgreichsten Karriere ab und an zu Rückschlägen, nur die wenigsten Menschen zählen *immer* zu den Gewinnern. Aber permanenter Erfolg ist nicht unbedingt auch stets der lohnendste Weg, denn im Unglück weiß man wahrhaft, wer man ist, wie es sprichwörtlich heißt.

Unabhängig von jeder noch so gut durchdachten Strategie wird es immer wieder vorkommen, daß sich die gewünschten Erfolge nicht einstellen. Gerade dann aber ist es für Sie besonders wichtig, nicht nur ständig auf Ihre mißliche Lage zu blicken, sondern auch den Silberstreifen am Horizont zu sehen. Erfahrungsgemäß können Sie aus Ihren Fehlern am meisten lernen. Wenn es Ihnen gelingt, auf Rückschläge angemessen zu reagieren, sind Sie auf dem richtigen Weg.

Frauen, die erfolgreich sind, waren meist schon einmal in großen Schwierigkeiten, haben es dann aber geschafft, das Boot wieder von den Klippen zu ziehen, sich selbst aufzurappeln und jene schmerzlichen Schritte zu unternehmen, die notwendig waren, um sich aus der selbsterrichteten oder von außen gestellten Falle zu befreien. Dadurch nämlich, daß sie es erfolgreich versucht haben, sich aus eigener Kraft zu befreien, hat ihr Selbstwertgefühl einen enormen Auftrieb erhalten.

Jennifer beispielsweise, mit 22 Jahren noch relativ jung, wurde dennoch dank ihrer guten Leistungen zunächst für eine dreimonatige Probezeit zur Leiterin der Personalabteilung ihres Unternehmens befördert. Da sie sehr ehrgeizig war und in der Probezeit ihre Kompetenz unter Beweis stellen konnte, beraumte ihr Chef eine

Besprechung an, in welcher der Dauerstatus der neuen Funktion und das damit verbundene Gehalt besprochen werden sollten.

Die Beziehung von Jennifer zu ihrem Verlobten brach jedoch ausgerechnet an jenem Tag auseinander, an dem diese Unterredung stattfand. Sie war sehr mitgenommen, konnte ihre seelische Verfassung gegenüber ihren Freundinnen und Freunden aber trotzdem verbergen. In Wirklichkeit stand sie unter einem regelrechten Schock. Als sie dann gerade im Büro des Präsidenten Platz nehmen wollte, geschah das Unglück – er erkundigte sich nämlich nach ihren Heiratsplänen, woraufhin sie plötzlich unkontrolliert in Tränen ausbrach.

Sie rannte fluchtartig aus dem Büro in den Waschraum, wo sie etwa zwanzig Minuten brauchte, um ihre Fassung zurückzugewinnen. Sie war fest davon überzeugt, ihre Karriere nunmehr endgültig verspielt zu haben. Als sie jedoch in das Büro des Chefs zurückkehrte und ihm die Situation erklärte, reagierte er entgegen ihren Erwartungen ausgesprochen verständnisvoll, und obwohl er diesen Vorfall später nie wieder mit einem einzigen Wort erwähnte, sind sie sich dadurch menschlich nähergekommen. Er besprach im Laufe der folgenden Jahre ab und an auch seine eigenen persönlichen Probleme mit ihr. Sie ist fest davon überzeugt, daß sie ihre erfolgreiche Karriere innerhalb des Unternehmens, zumindest teilweise, dieser Freundschaft verdankt.

Leider aber erfahren nur wenige, wie aus einem solchen Unglück sogar ein Glücksfall werden kann, denn aus verschiedenen Gründen geben viele Frauen lieber gleich auf, wenn sich ihnen Hindernisse in den Weg stellen, was ein folgenschwerer Fehler sein kann.

Anne beispielsweise, die bei einer gemeinnützigen Organisation arbeitet, hat die Aufgabe, Mitglieder und Sponsoren für karitative Veranstaltungen anzuwerben. Eine Zeitlang war es für solche Organisationen sehr schwer, an Geld heranzukommen. Auch Anne war es deshalb nicht möglich gewesen, die eigenen Dienstleistungen wunschgemäß anbringen und die notwendigen Geldmittel dazu eintreiben zu können. Sie glaubte, ihr fehlten der nötige Führungselan und das erforderliche Durchhaltevermögen, um eine solch schwierige Phase durchstehen zu können. Sie bat deshalb darum, an einen anderen Arbeitsplatz versetzt zu werden. Dies wurde aber abgelehnt, da die Verwaltungsdirektion höhere Erwartungen an sie geknüpft hatte und ihr mangelndes Durchhaltevermögen folglich auch nicht nachvollziehen konnte. Als ernsthafte Kandidatin für eine Beförderung kam sie wegen ihrer Reaktion fortan nicht länger in Betracht . . .

Frauen sind im allgemeinen für Unzufriedenheit am Arbeitsplatz wesentlich anfälliger als Männer, nicht zuletzt wohl auch deshalb, weil sie besonders hart arbeiten und infolgedessen erwarten, auch entsprechend belohnt zu werden. Dagegen dürften die Leserinnen dieses Buches mittlerweile wohl erkannt haben, daß harte Arbeit allein noch keine erfolgreiche Geschäftsfrau ausmacht. Das Erfolgsgeheimnis von Karrierefrauen besteht darin, den harten Arbeitseinsatz als Einzelelement einer insgesamt komplexen Formel zu betrachten, die erst in ihrer Gesamtheit über das Weiterkommen entscheidet.

Zugegeben, Frauen zeichnen sich im Berufsleben immer mehr durch ein gutes Kommunikationsgeschick aus und schaffen es meist, selbst schwierige Situationen schnell zu erfassen und zu bewerten, komplizierte Probleme zu lösen. Und dies wird auch zum großen Teil anerkannt. Geht es jedoch darum, einmal einen Mißerfolg oder eine Niederlage einzustecken, dann neigen nicht wenige noch immer dazu, ihren Fehlern allzu lange nachzuhängen, was häufig zur Folge hat, daß auch die Vorgesetzten ihr Mißgeschick als zu kostspielig betrachten.

Bei einer Auseinandersetzung oder einem Konflikt tendieren viele Firmen dazu, Männer öffentlich in Schutz zu nehmen, während die gebotene Unterstützung in vergleichbaren Fällen für Frauen längst nicht immer so klar und eindeutig erkennbar wird. Darüber hinaus erhalten Frauen auch selten ein effektives Feedback oder einen konstruktiven Rat, wenn sie einmal kleinere Fehler gemacht haben, denn häufig wissen Männer nicht, wie sie Frauen überhaupt kritisieren sollen, befürchten womöglich, ihre Gefühle zu verletzen. Sie sollten es jedoch lernen, daß es sich bei ihren weiblichen Mitarbeitern keineswegs um zerbrechliche Blumen handelt! Gerade Frauen sind äußerst lernbegierig, was natürlich mit einschließt, auch aus Fehlern lernen zu müssen. Vielleicht helfen Sie Ihren Kollegen dabei, Ihnen die konstruktive Kritik zukommen zu lassen, indem Sie möglicherweise nachhaken, wenn Sie ein angemessenes Feedback vermissen.

Im Gegensatz zu Männern reagieren weibliche Arbeitnehmer oft übersensibel, wenn sie von höherer Stelle in bestimmten Situationen

Anweisungen bekommen, und betrachten das als Zweifel an ihrer Kompetenz. Doch dazu ein Beispiel: David ist Marketing-Manager bei einem großen pharmazeutischen Unternehmen. Als zwischen seiner Firma und einem Großkunden eine Besprechung anstand, wurde er von seinem Vorgesetzten dazu aufgefordert, sich während der Unterredung zurückzuhalten, obwohl er die alleinige und volle Verantwortung für diesen Kunden hatte. Zunächst fühlte er sich durch diese Aufforderung vor den Kopf gestoßen, schließlich sah er den Grund jedoch ein, denn es ging bei der Verhandlung nur um allgemeine Fragen, nicht um konkrete Punkte, die des genaueren abzuklären immer noch seine Aufgabe blieb.

Nicht wenige Frauen reagieren in einer solchen Situation recht empfindlich, weil sie glauben, sie hätten irgend etwas falsch gemacht. Dieser Selbstzweifel und die Unfähigkeit, auch einmal einen Tadel wegzustecken, sind bei weiblichen Arbeitnehmern noch weit verbreitet. Die Fähigkeit, sich selbst wiederaufzurichten, die eigenen Grenzen zu akzeptieren und die Stärken in den Vordergrund zu stellen, Schwierigkeiten zu überwinden und sich von unangenehmen Situationen auch wieder erholen zu können, sind jene wesentlichen persönlichen Herausforderungen, denen sie sich, sofern sie weiterkommen möchten, noch vermehrt werden stellen müssen.

Sich nach einem Fehler wieder erholen

Wenn wir Frauen es gelernt haben, der Diskriminierung bei Löhnen und Gehältern zu begegnen, auf geschlechtsbedingte Belästigungen zu reagieren und mit der Finanzplanung, der Zeiteinteilung und anderen Problemen umzugehen, dann gibt es keinen Grund, warum wir es nicht auch schaffen sollten, uns nach einem Mißgriff wieder zu erholen.

Viele neigen leider immer noch dazu, als Konfliktlösung nur die zwei Möglichkeiten Sieg oder völlige Niederlage zu sehen. So ergeht es beispielsweise auch Amy: Sie kündigte ihre Arbeitsstellen immer dann, wenn sie mit einer Kontroverse nicht mehr fertig werden konnte, und die Liste ihrer Beschäftigungsverhältnisse entwickelte sich zu einer recht illustren Anhäufung von Berufs- beziehungsweise Stellenbezeichnungen. Jedesmal wenn sie persönlichen Konflikten gegenüberstand, fehlte ihr das nötige Durchhaltevermögen, und sie versuchte nicht einmal, die Probleme anzugehen. Statt dessen kündigte sie und suchte sich abermals eine neue Arbeitsstelle.

Zuletzt arbeitete sie bei einem Wohlfahrtsverband, ihre Aufgabe dort war die Organisation, Verwaltung und Abwicklung finanzieller Hilfeleistungen an Bedürftige. Sie konnte hinsichtlich ihrer Arbeitsleistungen durchaus auf gute Beurteilungen verweisen, da sie sich im Umgang mit anderen Menschen jedoch schwertat, mied sie weitestgehend den Kontakt zu ihren Kollegen und Kolleginnen und versuchte, ihr Privatleben vollends vom Büro zu trennen. Ihre Misere kündigte sich an, als sie schließlich in eine andere Abteilung versetzt wurde, wo eine engere Zusammenarbeit mit ihren Mitarbeitern vonnöten war. Aus vielerlei Gründen, die jedoch keineswegs nur Amy anzulasten waren, entstand zwischen ihr und einer ihr unterstellten Kollegin Konfliktstoff, und obwohl Amy das Gespräch über die Probleme suchte, war die Frau nicht bereit, sich auf ein Gespräch einzulassen. Die Mitarbeiterin kündigte ihre Stelle schließlich, legte die Kündigung aber nicht Amy, sondern deren Vorgesetztem vor.

Amy wußte, daß die Kollegin nur ihretwegen die Stelle aufgegeben hatte, und nahm sich den Vorgang sehr zu Herzen. Dazu hatte ihre Kontrahentin aus Verärgerung auch Geschichten in die Welt gesetzt, die Amys Ansehen erheblich schadeten. Allmählich kamen dann auch dem Management Zweifel an ihrem Geschick im Umgang mit anderen Menschen und damit gleichzeitig natürlich auch Bedenken gegenüber ihrer Fähigkeit zur Personalführung. Als Folge davon wurde Amy bei einer Beförderung übergangen. Kurze Zeit später kündigte sie dann ihre Arbeitsstelle, und ihr beruflicher Lebenslauf wurde um ein Beispiel bereichert, das ihre Unfähigkeit dokumentierte, konstruktiv mit persönlichen Konflikten umzugehen und es längere Zeit an der gleichen Arbeitsstelle aushalten zu können. Indem sie ihren eigenen Fehler dann auch noch maßlos überbewertete, machte sie natürlich alles nur noch schlimmer.

Das wirklich Tragische an ihrer Geschichte ist, daß es gar nicht soweit hätte kommen müssen. Im allgemeinen sind die Kollegen und Vorgesetzten nämlich durchaus bereit, gewisse Fehler oder Unzulänglichkeiten bei anderen zu akzeptieren. Kein verwaltungstechnischer oder persönlicher Fehler wird eine Karriere beenden, wenn die Person, die den Fehler begangen hat, dies erkennt und sich um seine Korrektur bemüht, den Irrtum einräumt und die sich daraus ergebenden Konsequenzen akzeptiert, beispielsweise die Kollegen und Kolleginnen zu warnen, damit sie sich entsprechend auf das Problem einstellen können, um den Schaden schließlich so gering wie möglich zu halten. Keinesfalls sollten Sie versuchen, anderen die Schuld dafür zuzuschieben oder allzulange über ein Mißgeschick nachgrübeln.

Leslie, Leiterin einer Hochschule, weiß sehr wohl, daß sie auf Kritik überempfindlich reagiert, und war manchmal noch nicht einmal dazu bereit, sich eventuelle Einwände anzuhören. Glücklicherweise erkannte sie diese Schwäche, und obwohl sie nach wie vor damit zu kämpfen hat, lernt sie es ganz allmählich doch, sich zu entspannen und bei Kritik sogar das gebotene Maß an Humor aufzubringen.

»Wenn die Dinge einmal brenzlig werden, dann versuche ich einfach, etwas Abstand zu gewinnen und tief durchzuatmen. Dann zwinge ich mich, das, was da vor sich geht, einmal kritisch zu betrachten«, meint Leslie. »Das wichtigste bei alledem ist, daß ich es sogar in schwierigen und unangenehmen Situationen gelernt habe, mir für solche Dinge, die ich gut gemacht habe, selbst auf die Schultern zu klopfen und nicht zuzulassen, daß ich mich durch eine etwaige Katastrophenstimmung auch noch selbst traumatisiere. Mit einem Satz: Ich verliere die Perspektive niemals mehr aus den Augen.«

Eine Möglichkeit, mit der Sie verhindern können, daß Ihnen ein Rückschlag allzusehr zusetzt, ist sicherlich auch die, sich einmal Ihre bisherige Leistung vor Augen zu halten. Wenn Ihre beruflichen Leistungen in der Vergangenheit Anerkennung gefunden haben, wird ein einziger Fehler Ihre ansonsten produktiven Bemühungen kaum zunichte machen können.

Im folgenden nun einige weitere Empfehlungen dazu, wie Sie ein Mißgeschick »überleben« können:

1. Akzeptieren Sie, daß Ihr berufliches Image nicht durch einen einzigen Mißgriff bis an Ihr Lebensende beeinträchtigt oder gar zerstört ist. Lassen Sie nicht zu, nicht einmal für eine einzige Minute, daß die Vorstellung von Ihnen Besitz ergreift, dadurch würde nun ein dauerhafter Makel an Ihrer Karriere haften.
2. Wichtig ist, selbst zu erkennen, wie es zu diesem Fehler kommen konnte. Dokumentieren Sie die Fakten, die zu Ihrer Fehlentscheidung oder Ihrem Fehlverhalten geführt haben, und analysieren Sie diese noch einmal sehr sorgfältig, damit Ihnen der gleiche Fehler nicht mehr unterlaufen kann.

3. Sofern der Fehler korrigierbar ist, sollten Sie unbedingt eine Strategie zur weiteren Vorgehensweise entwerfen. Zeigen Sie sich bei allem, was Sie tun, positiv. In Ihrer Umgebung den Eindruck zu erwecken, daß Sie selbst etwaige Spätfolgen Ihres Fehlers in jedem Fall ausschließen, ist mindestens genauso wichtig wie Ihr eigener Glaube daran, daß dies auch zutrifft.
4. Wenn die Situation zur Verbesserung des Arbeitsklimas weitere Analysen erfordert, dann sollten Sie unverzüglich handeln und mit einem Plan aufwarten, der folgende Strategiepunkte beinhaltet:
   a) Mit wem sollten Sie sprechen?
   b) Was sollten Sie sagen?
   c) Was muß dokumentiert werden?
5. Informieren Sie alle Beteiligten über die von Ihnen beabsichtigten Korrekturmaßnahmen, und setzen Sie diese dann in die Tat um. Wenn Sie versuchen, sich von den Folgen eines Fehlers zu erholen, ist es außerdem wichtig, daß Sie sich nicht von Ihren Mitarbeitern abschotten. Es ist im Gegenteil sogar ratsam, offen mit Ihren Kollegen und Kolleginnen über den Mißgriff zu sprechen, denn sie sind schließlich auch davon betroffen, und die Beziehung zu ihnen muß, wenn sie eng und stark bleiben soll, ständig gepflegt und verfestigt werden. Übertreiben Sie die Darstellung Ihres Fehlers nicht, denken Sie aber gerade dann, wenn er wirklich gravierend war, auch daran, daß nicht alles gleich mit einem einmaligen »Entschuldigen« vergessen ist.
6. Wenn es sich nicht um einen geringfügigen Fehler handelt, dann sollten Sie keinesfalls versuchen, diesen zu vertuschen. Das würde alles nur noch verschlimmern, wenn er dann eines Tages doch entdeckt würde.
7. Schieben Sie nichts auf die lange Bank. Versuchen Sie schnellstmöglich, Ihren Fehler zu korrigieren. Wenn Sie damit fertig werden, fühlen Sie sich gleich viel besser.

Denken Sie daran, daß niemand ununterbrochen erfolgreich sein kann. Einen Fehler zu machen oder einmal zu versagen bedeutet nicht gleich das Ende der Welt. Andere werden die Situation oft erst dann so interpretieren, wenn Sie selbst den Eindruck erwecken, als ob Sie sich in einer Art Weltuntergangsstimmung befänden. Eine positive Entschlossenheit ist nämlich noch vor aller Übersicht oder

Perfektion das effektivste Instrument, um in einem Unternehmen auf der Karriereleiter nach oben zu kommen.

Von allen Ratschlägen, die ich Ihnen für den Umgang mit Fehlern geben kann, sind die drei nachstehenden die wohl wichtigsten: Schieben Sie nichts auf die lange Bank, reinigen Sie die Luft, und schauen Sie nach vorn, nicht zurück.

Konflikte

Die Fähigkeit, mit Konflikten umzugehen, gehört zu den wichtigsten Fertigkeiten, die von Frauen bei ihren Karriereplänen oft übersehen werden. Dies liegt sicherlich zum Großteil in ihrer Erziehung begründet, denn ihnen wurde in der Kindheit nicht selten das Ideal des »guten und braven Mädchens« vorgehalten, das Streitereien zu meiden hat, und so neigen sie häufig auch im Erwachsenenalter noch immer dazu, Konflikten um jeden Preis aus dem Weg zu gehen. Anstatt sich ihnen zu stellen und sie zu lösen, kehren sie die Probleme unter den Teppich, in der trügerischen Hoffnung, daß sie dann aus der Welt sind.

Vielfach sehen sie eine Gefahr darin, durch ihr selbstbewußtes Auftreten bei Meinungsverschiedenheiten von der anderen Seite, vornehmlich der männlichen, als »aufmüpfig« bezeichnet zu werden. Sie müssen es lernen, sich mit den Zwängen abzufinden, die mit einer Führungsrolle nun einmal verbunden sind. Dazu gehört es eben, daß sie beim Versuch einer Konfliktschlichtung aus einer Führungsposition heraus Gefahr laufen, als kalt und berechnend zu erscheinen. Natürlich kann es in einem solchen Fall auf seiten ihrer Mitarbeiter auch zu Ablehnung und Eifersucht kommen. Doch Frauen, die sich zu einer Karriere entschlossen haben, werden nicht umhinkommen zu akzeptieren, daß sie nicht von jedermann geliebt werden können. Aber trösten Sie sich: Dies hat sehr häufig viel mehr mit den Minderwertigkeitsgefühlen der anderen zu tun als mit dem, was Sie selbst zu vertreten hätten. Wann immer Sie also mit Konflikten umzugehen haben, sollten Sie daran denken, daß Sie es zwar einigen dauerhaft oder auch allen über eine gewisse Zeit recht machen können, aber niemals allen Menschen auf Dauer.

Viele Frauen haben Angst, als »männlich« abklassifiziert zu werden, wenn sie sich einem Konflikt rational stellen. Es ist für sie gewiß wichtig, Betonung auf ihre Weiblichkeit zu legen, sie sollten es aber auch nicht zulassen, daß ebendiese Weiblichkeit im falsch verstandenen Sinne sie auf ihrem Weg behindert.

Was damit gemeint ist, verdeutlicht das Beispiel zweier Managerinnen, die für dieses Buch interviewt wurden: Beide sind durchaus selbstsicher und verfügen über ausgezeichnete Führungsqualitäten, sehen sich sehr bewußt als Frauen und wenden im Büro eine angemessene Zeit für ihre Image- und Kommunikationspflege auf. Sie nannten mir die Kommentare anderer, über die sie sich jeweils am meisten gefreut hatten: Die eine war als »hartnäckig, aber fürsorgend«, die andere als »progressiv und weich« bezeichnet worden. Sicherlich fallen die Attribute fürsorgend und weich nicht gerade häufig, wenn es gilt, Manager zu beschreiben. Trotzdem liegt wohl gerade darin die wirkliche Stärke von Frauen im Berufsleben, und zwar sowohl heute als auch in der Zukunft. Denn gerade im oft harten Busineß ist es wichtig, daß Frauen ihre diplomatischen und fürsorglichen Qualitäten an geeigneter Stelle einbringen.

Das Problem so mancher Frau ist es, das ihr durch die Erziehung vermittelte Rollenbild nicht effizient mit dem in Einklang bringen zu können, was für eine erfolgreiche Karriere notwendig ist. Sie sind im Hinblick auf ihre gesellschaftlichen Rollen anders erzogen als Männer, wobei ihnen die entsprechenden Ergebnisse teilweise zum Vorteil, teilweise zum Nachteil gereichen. Wir Frauen müssen es lernen, das für uns Nachteilige über Bord zu werfen und unsere eigentlichen Stärken zum Tragen zu bringen. Was gegen uns arbeitet, ist beispielsweise die anerzogene Angst vor Konflikten, dagegen sind wir durch unser diplomatisches und fürsorgliches Geschick geradezu dazu prädestiniert, genau jene Konflikte, vor denen wir solche Angst haben, auch lösen zu können.

Schrecken Sie davor zurück, Macht auszuüben? Es ist unbedingt notwendig, sich über die eigene diesbezügliche Position im klaren zu sein. Denn die Beantwortung dieser Frage ist eine Grundvoraussetzung, um den richtigen Umgang mit Konflikten überhaupt lernen zu können. Macht ist ja nicht allein zur Befriedigung der eigenen Bedürfnisse und Wünsche nützlich, sondern auch zum Dienst an den Menschen, für deren Belange Sie sich in einer Konfliktsituation möglicherweise einsetzen. Wenn Sie darauf verzichten, dieses Instrument wenn notwendig einzusetzen, werden andere dies womöglich nutzen, um Sie zu übervorteilen.

Im folgenden sind nun einige typische Konfliktsituationen beschrieben, dazu jeweils Möglichkeiten, ihnen zu begegnen:

1. Zu einer Auseinandersetzung kann es kommen, falls Spannungen zwischen führenden und geleiteten Mitarbeitern entstehen, besonders wenn mehrere Bewerber um eine Führungsrolle konkurrieren. Geht es dabei zum Beispiel um die Besetzung der Position eines Ausschußvorsitzenden, können Sie vorschlagen, nach dem »Rotationsprinzip« zu verfahren. Vielleicht einigen sich die Betroffenen dahingehend, für eine gewisse Zeit jeweils einen anderen in der leitenden Position zu akzeptieren. Eine weitere Lösung wäre, auf mehrere der Beteiligten jeweils die volle Verantwortung für Teilbereiche des Projekts zu übertragen.

2. Es kann zu Konflikten führen, wenn zwei Anwärter auf dieselbe Führungsposition zusammenarbeiten müssen. Auch in diesem Fall führt das bloße Beharren auf dem eigenen Standpunkt kaum zum gewünschten Erfolg, eine gesunde Mischung von Geben und Nehmen ist für beide vorteilhafter. Glauben Sie jedoch, daß bisher allein Sie diejenige waren, die stets nachgab, dann sollten Sie freundlich, aber bestimmt mehr für Ihre Interessen eintreten.

3. Es kann zu Auseinandersetzungen zwischen zwei Kollegen oder Abteilungen kommen, die zur erfolgreichen Erledigung ihrer Aufgaben auf Zusammenarbeit angewiesen sind, aber einen unterschiedlichen Arbeitsstil haben oder verschiedene Leistungsanforderungen stellen. Um hier eine allseits akzeptable Lösung herbeizuführen, bedarf es meist eines oder einer besonders umsichtigen Vorgesetzten. Keine der Parteien darf sich zu sehr benachteiligt fühlen, die Notwendigkeit eines Lösungsvorschlags sollte mit Verweis auf das Erfordernis einer effektiven Gesamtleistung des Unternehmens plausibel gemacht werden.

4. Vorprogrammiert sind Konflikte immer dann, wenn eine Seite stur darauf beharrt, daß es für ein bestimmtes Problem nur eine Lösung gibt, nämlich die von ihr vorgeschlagene. Als beispielsweise bei verschiedenen kanadischen Unternehmen die Einführung der Viertagewoche anstand, entschlossen sich einige Betriebe zur Einführung einer einheitlichen, für alle Angestellten gleichermaßen festgelegten neuen Arbeitszeit. Nach und nach aber mehrten sich die Stimmen im Kreis der Beschäftigten, die mit diesen Regelungen unzufrieden waren. Erst nachdem man erkannt hatte, daß sich durchaus mehrere Varianten miteinander kombinieren ließen und diese dann auch ein-

geführt wurden, flaute der Konflikt allmählich ab. Ganz so einfach ist es allerdings nicht in jedem Fall, denn manchmal gibt es tatsächlich nur eine Lösung. Wann immer möglich, sollten Alternativen jedoch gesucht, geprüft und mit berücksichtigt werden.

Empfehlungen für den Umgang mit Konflikten

Wir dürfen es nicht zulassen, daß wir wegen emotionaler Rückschläge aus der Bahn geworfen werden. Vergleichen Sie einmal Ihre bisherige Reaktion auf Konflikte mit den im folgenden vorgeschlagenen Verhaltensweisen, und bedenken Sie, wenn Sie die Empfehlungen in die Tat umsetzen sollten, daß Sie stets Ihre positive Einstellung, Optimismus zeigen sollten!

1. Schieben Sie nichts auf die lange Bank. Setzen Sie sich umgehend konstruktiv mit dem Konflikt auseinander, ehe er sich verschlimmert.
2. Reagieren Sie niemals heftig oder wütend. Bemühen Sie sich, stets die Ruhe zu bewahren.
3. Wann immer möglich, sollten Sie das Problem intern und ausschließlich mit den jeweils Beteiligten lösen. Prangern Sie die Betroffenen nicht öffentlich an. Orientieren Sie sich beim Umgang mit Konflikten am Stil Ihres Unternehmens, das wird Ihrer Firma, Ihnen selbst und auch anderen helfen, das Gesicht zu wahren.
4. Versuchen Sie, einen starken Zusammenhalt in Teams und mit Verbündeten aufzubauen. Unabhängig davon, daß es Ihnen bei der Lösung des anstehenden Problems helfen wird, kann es auch in Zukunft von Nutzen für Sie sein.
5. Schlichten Sie die Konflikte möglichst so, daß Ihre Beziehung zu den anderen dabei nicht gleich völlig zerrüttet wird. Reißen Sie also nicht unnötig Brücken ein.

Die Konfliktlösung ist eine besondere Art der Verhandlungsführung, bei der die gleichen grundlegenden Fertigkeiten und Qualitäten erforderlich sind wie bei anderen Verhandlungen auch, nur daß ein zusätzliches Maß an Diplomatie und Konzessionsbereitschaft vonnöten ist. Wenn Sie eine Auseinandersetzung ähnlich wie ein technisches Problem angehen – also rational, pragmatisch und optimistisch –, dann ist dies der beste Weg zum Erfolg.

Arbeitsblatt
Lösungsansatz für Konflikte

Stellen Sie sich zu einem Konflikt, den Sie kürzlich erlebt haben, folgende Fragen:

1. Was hat den Konflikt herbeigeführt?
2. Wie bin ich damit umgegangen?
3. Was waren im Hinblick auf die Art und Weise, wie ich damit umgegangen bin, die positiven Gesichtspunkte?
4. Was waren die negativen Gesichtspunkte?
5. Was kann ich besser machen, wenn ich noch einmal in eine solche oder ähnliche Auseinandersetzung gerate?

Zusammenfassung

- Kaum etwas – auch nicht ein Fehler – dauert ewig.
- Reagieren Sie sofort konstruktiv auf Ihre Fehler.
- Seien Sie optimistisch und selbstbewußt.

X. Kapitel
Die Gratwanderung

Würden Sie eine beliebige Zahl von Frauen oder Männern danach befragen, was es ihrer Ansicht nach heißt, »glücklich« zu sein, bekämen Sie wohl ebensoviel verschiedene Antworten, wie es Befragte gibt. Es kann naturgemäß keinen einfachen, allgemeinverbindlichen Maßstab hierfür geben, Zufriedenheit hängt jeweils von den individuellen Ansprüchen und deren Verwirklichung ab. Eine erfüllende, erfolgreiche Berufstätigkeit und ein geordnetes, übersichtliches Privatleben sind jedoch für die meisten Menschen Voraussetzung dafür, sich glücklich schätzen zu können. Wenn Sie es verstehen, in beiden Bereichen gleichermaßen geschickt zu sein und Ihr Privatleben harmonisch mit Ihrem Berufsleben in Einklang zu bringen, dann haben Sie genau das erfolgreich absolviert, was hier als Gratwanderung bezeichnet ist.

Den Begriff Gratwanderung habe ich deshalb gewählt, weil er besonders anschaulich das ständige Abwägen und die permanenten Anstrengungen widerspiegelt, die erforderlich sind, um Ihren persönlichen Bereich nach jeder erklommenen Stufe der Karriereleiter auf die veränderte berufliche Situation abzustimmen. Die wichtigsten Kriterien dabei sind Anpassungsfähigkeit und die richtige »Marschgeschwindigkeit«. Sie müssen es beispielsweise lernen, auch einmal eine Pause einzulegen, wenn die Belastung zu groß wird. Betrachten Sie eine solche Unterbrechung dann aber nicht gleich als ein Zeichen der Niederlage, sondern als eine probate Maßnahme, die wichtig ist, um Sie vor einem möglichen Zusammenbruch zu bewahren.

Es fällt nicht jedem leicht, das rechte persönliche Lebensgleichgewicht zu finden, und diese Schwierigkeit ist für berufstätige Frauen, die an eine Familie gebunden sind, besonders groß, weil sie meist nach wie vor die Hauptverantwortung für den Haushalt und alles, was damit zusammenhängt, tragen. Sie sind ständig der Belastung ausgesetzt, ihre häuslichen Pflichten mit ihren beruflichen in Einklang zu bringen. Frauen, die mit solchen Doppel- oder Mehrfachbelastungen umzugehen haben, müssen eher als andere erkennen, daß eine erfolgversprechende Karriereplanung nicht nur physische Kraft, sondern auch intellektuelle Stärke erfordert – beides Grundvoraussetzungen für jeden Aufstieg, die gezielt eingesetzt werden müssen.

Wie wichtig ein individuell abgestimmtes System zur Unterstützung im privaten Bereich bei der Gratwanderung ist, kann gar nicht häufig genug betont werden. Bei jedem Schritt, den Sie in Ihrer Karriere weiterkommen, müssen Sie Ihr System überprüfen und jeweils neu an Ihre möglicherweise veränderten beruflichen Erfordernisse anpassen.

Gegen Ende der sechziger und zu Anfang der siebziger Jahre waren meine Kinder noch klein. Trotzdem arbeitete ich schon damals ganztags, obwohl die Bedingungen für berufstätige Mütter seinerzeit ungleich schlechter und Frauen damals noch mehr auf sich selbst gestellt und sich selbst überlassen waren als heute. Von öffentlicher Seite erfuhr eine berufstätige Mutter damals so gut wie keine Unterstützung. Folglich war ich gezwungen, mir die Hilfe, die ich brauchte, selbst zu organisieren.

Heute muß ich sagen, daß eine meiner klügsten Entscheidungen damals wohl auch die war, ein Mädchen im Teenageralter zu engagieren, das jedes Wochenende zu uns kam. Sie übernahm das Einkaufen der Lebensmittel und auch andere kleinere Botengänge, wodurch ich selbst mehr Zeit für die Kinder hatte. Da wir darüber hinaus die Wochenenden oft für Besuche und gesellschaftliche Verpflichtungen nutzten, hatte die Einstellung des Mädchens gleichzeitig den Vorteil, daß ich mich nicht auch noch auf die Suche nach einem Babysitter begeben mußte. Glücklicherweise dauerte diese Regelung vier Jahre.

Währenddessen hielt ich auch ständig nach Dienstleistungsunternehmen Ausschau, die ins Haus lieferten, denn dadurch konnte ich zusätzlich Zeit sparen, die vorher noch für ständig anfallende Erledigungen wie zum Beispiel Lebensmitteleinkäufe aufgebracht werden mußte. Auch die übrigen Familienmitglieder waren ein wesentlicher Bestandteil meines Hilfssystems. Sofern Sie beispielsweise Eltern haben, die schon im Ruhestand leben und über viel Zeit verfügen, könnten Sie es möglicherweise in Erwägung ziehen, sie wochentags um Hilfe bei der Kinderbetreuung zu bitten. Erfahrungsgemäß stehen die Chancen, daß die Großeltern gern auf Ihren Vorschlag eingehen, recht gut. Die Schuldgefühle, die uns manchmal plagen, wenn wir unsere Kinder der Obhut anderer anvertrauen, haben ihre Ursache nicht selten in dem Stereotyp, wonach der Platz einer Frau das Zuhause ist.

Meine Entscheidung, ganztags berufstätig zu sein, habe ich unter Berücksichtigung dieser Gefühle getroffen, wobei es mir allerdings wichtig war, während ganz bestimmter Zeiten des Jahres in jedem Fall mit meinen Kindern zusammenzusein. Als sie im Vorschulalter waren, habe ich beispielsweise einmal wöchentlich den Fahrgemeinschaftsdienst zum Kindergarten übernommen. Aber auch als sie älter wurden, legte ich Wert darauf, besonders im September, nach den Ferien, mehr Zeit für sie zu haben. Meine beruflichen Verpflichtungen habe ich dann etwas eingeschränkt, um ihnen bei der Gewöhnung an den Schulalltag behilflich zu sein.

Denken Sie daran, sich eine entsprechende Hilfe zu besorgen, wenn es Ihnen nicht möglich ist, bestimmte Aufgaben und Pflichten selbst zu erledigen. Ich konnte mich daher stets auf meinen Mann verlassen, der auch einmal bereit war, bei der Fahrgemeinschaft auszuhelfen oder in Notsituationen einzuspringen.

Heutzutage ist es oft schon so, daß Männer und Frauen bereits in allen Einzelheiten gemeinsam planen, wie sie ihr berufliches Engagement und die Versorgung ihrer Kinder miteinander in Einklang bringen können, lange bevor sie überhaupt ein Baby haben. Andere Frauen dagegen warten mit den Entscheidungen, um sie dann auf die jeweiligen individuellen Gegebenheiten, Bedürfnisse und auch zeitlichen Verpflichtungen abstimmen zu können.

Audrey beispielsweise hat einen Jungen von sechzehn Monaten. Ihr Ehemann ist Professor, sie selbst arbeitet als Börsenmaklerin. Beide planen die Regelung zur Versorgung ihres Kindes jeweils wöchentlich. Dabei werden die Eltern- und Haushaltspflichten je nach den zeitlichen Verpflichtungen beider Elternteile von Woche zu Woche neu diskutiert und verteilt. Da sich beide Seiten für die anstehenden Aufgaben gleichermaßen verantwortlich fühlen, ist die Regelung der Einzelheiten dann nur noch eine Formsache.

Eine weitere Hilfsquelle sind möglicherweise auch andere Frauen, die in der gleichen Lage wie Sie selbst sind. Hat eine Ihnen bekannte Mutter zum Beispiel eine Haushaltshilfe, dann läßt es sich vielleicht arrangieren, daß sich Ihre Kinder gelegentlich auch dort aufhalten. Hierbei müssen Sie allerdings eins beachten: Das Erweisen von Gefälligkeiten sollte auf Gegenseitigkeit beruhen.

Aber selbst solche Frauen, die es zustande gebracht haben, ihre routinemäßigen häuslichen Verpflichtungen durch Delegieren zu lösen, schaffen es häufig nicht, ihre Kinder ohne Schuldgefühle zu Hause zurückzulassen. Der Aufbau eines Netzes persönlicher Kontakte verspricht wohl gerade auch in dieser Hinsicht eine unbezahlbare Hilfe für die Bewältigung der Gratwanderung. Sie bieten Frauen die Möglichkeit, miteinander über ihre Probleme zu sprechen und sich gegenseitig Kraft und Unterstützung zu geben. Das Gefühl, mit seinen Problemen ganz allein dazustehen, gehört wohl zu den entmutigendsten Erfahrungen überhaupt. Ein Kontaktnetz ist ein gutes Gegenmittel, solchen Isolationsgefühlen und -ängsten zu begegnen, vor allem wohl auch für alleinstehende Frauen, die nicht über ein familiäres Unterstützungssystem verfügen.

Wie immer Sie sich im einzelnen auch entscheiden, um Ihr Privatleben zu organisieren: Es gibt drei Faktoren, die Sie stets berücksichtigen sollten, damit Sie für Ihren beruflichen Erfolg nicht einen zu hohen Preis zu Lasten Ihres persönlichen Bereichs zahlen müssen: Ihre Ziele, Ihre individuellen Bedürfnisse und die Erfordernisse des Arbeitgebers. Diese drei Faktoren sollen im folgenden nun näher erläutert werden:

Ziele

Mitunter kann sich die Gratwanderung als ein holpriger Weg erweisen. Haben Sie aber genaue und realistische Ziele vor Augen, dann lassen sich die Teilabschnitte auf diesem Weg besser bewältigen. Die jeweiligen Etappenziele sind bei der Gratwanderung ein wesentlicher Faktor, und zwar aus folgenden Gründen:

1. Sie helfen Ihnen, beim Bemühen um beruflichen Erfolg aktiv zu bleiben. Dabei wird Ihnen eine sorgfältige und realistische Einschätzung Ihrer eigenen Fähigkeiten dazu dienen, nicht vom richtigen Weg abzuweichen.

2. Ziele haben Lockmittelfunktion. Wenn berufliche mit privaten Zielsetzungen zu kollidieren drohen, dann bedeutet Ihr eventueller Entschluß, zugunsten des Privatbereichs im Beruf einmal vorübergehend etwas kürzerzutreten, keinesfalls, daß dadurch Ihr Selbstwertgefühl erschüttert sein sollte: Sie haben mit einer solchen »Interimslösung« Ihre beruflichen Ziele ja nicht aufgegeben, sondern lediglich den Zeitpunkt für deren Erreichen etwas hinausgeschoben, um auch anderen, durchaus gleichberechtigten Ansprüchen zu genügen!

Nachfolgend nun ein paar Hinweise, die Ihnen helfen sollen, Ihre Ziele weder zu hoch noch zu niedrig anzusetzen:

Ihre Ziele müssen zu Ihrer Selbsteinschätzung passen

Ziele lassen sich nur unter der möglichst objektiven Berücksichtigung der jeweils individuellen Fähigkeiten und der Zeit, die für ihre Verwirklichung geplant ist, festlegen. Jede von uns hat ein anderes Maß an Energie und Kraft, ist unterschiedlich schwer belastbar und qualifiziert.

Margaret beispielsweise ist eine Frau, die in der Werbe- und Marketingbranche bereits nachdrücklich bewiesen hat, über welche außerordentlichen Fähigkeiten sie verfügt. Sie stammt aus einer sehr angesehenen österreichischen Familie. Ihr Wissen und ihre Energie waren jedem Werbeunternehmen stets willkommen, sie hatte bei ihrer Arbeit ausgesprochenen Erfolg. Sie heiratete schließlich einen 52 Jahre alten Herrn, der in seiner negativen Einstellung gegenüber der Berufstätigkeit von Frauen sehr festgefahren war. Margaret gab daraufhin ihre Ganztagsstelle auf und arbeitete fortan, nun auf selbständiger Basis, nur noch drei Tage in der Woche. Für viele ihrer Freundinnen war dies eindeutig ein Kneifen. Sie übersahen in diesem Zusammenhang, daß es sich dabei um Margarets ureigenste Entscheidung handelte, die durch ihren bisherigen beruflichen Werdegang und ihre Ziele genauso stark beeinflußt worden war wie durch die Ansichten ihres Mannes. Sie hatte den von ihr angestrebten Erfolg erreicht, nunmehr wollte sie mehr Zeit für ihr Privatleben haben. Das entscheidende ist, die Ziele auf die eigenen Bedürfnisse und nicht auf die Erwartungshaltung anderer abzustimmen. Wenn wir es lernen, das zu akzeptieren, dann wird es uns eine Hilfe sein, unsere wirklichen eigenen Ansprüche erkennen zu können.

Da jede Frau die eigenen Karriereziele und den Zeitplan für ihren

Erfolg individuell auf ihr Privatleben abstimmen muß, ist es wichtig, sich einige Schlüsselfragen zu beantworten, die den Bereich der Koordination betreffen. Ihre Antworten dazu werden nämlich Ihre Prioritäten und Ihr persönliches Wertesystem widerspiegeln:

1. Welche von allen meinen Rollen (zum Beispiel als Geschäftsfrau, Ehefrau, Mutter) beansprucht die meiste Zeit und Kraft? Die Reihenfolge sollte der Priorität entsprechen.
2. Wenn es nach meinem eigenen Willen ginge, in welcher Reihenfolge würden diese Rollen dann stehen?
3. Worin liegen meine Stärken – persönlich, privat und beruflich?
4. Wo liegen jeweils meine Grenzen?
5. Welchen persönlichen und beruflichen Aktivitäten möchte ich auch weiterhin gerne nachgehen?
6. Welche persönlichen und beruflichen Aktivitäten möchte ich dagegen lieber aufgeben beziehungsweise beenden?
7. Wie möchte ich in meiner Karriere weiterkommen?

Sollten sich Ihre Antworten auf die Fragen 1 und 2 unterscheiden, dann läßt dies darauf schließen, daß Sie möglicherweise konkrete Schritte unternehmen möchten, um einige Veränderungen beim Zeit- und Energieaufwand zu realisieren, den Sie bisher in Ihre verschiedenen Aufgabenbereiche investiert haben. Ergibt sich aus Ihren Stärken und Schwächen ein einheitliches Bild, das Ihnen bei Ihren Zielsetzungen richtungweisend behilflich sein kann? Wenn Sie festgestellt haben, daß Sie bestimmte Aktivitäten gerne aufgeben oder beenden möchten, ist es Ihnen dann auch möglich, die entsprechenden Schritte zur Verwirklichung dieser Absicht zu unternehmen? Wenn Sie Ihre Ziele abstecken, sollten Sie keine dieser Fragen auslassen.

Entwickeln Sie Flexibilität

Flexibilität ist zur Bewältigung der Gratwanderung auf Ihrem Weg nach oben äußerst wichtig. Durch die Ziele, die wir setzen, geben wir unserem Alltag einen strukturellen Rahmen, aber obwohl wir den persönlichen Erfolgsplan natürlich am liebsten präzise einhalten würden, werden die Umstände dies jedoch nicht immer zulassen. Es tauchen neue Chancen auf, es werden neue Anforderungen und Ansprüche an uns gestellt, neue Entwicklungen stellen sich uns in den Weg. Der Schlüssel zum Erfolg liegt darin, daß man es lernt, sich jeweils angemessen auf eine neue Situation einzustellen, um sie meistern zu können.

Das erfordert Flexibilität und die Bereitschaft, die eigene Entwicklung und den persönlichen Fortschritt ständig neu zu bewerten. Ich möchte damit sagen, es ist wohl kaum ratsam, ein Ziel um jeden Preis zu verfolgen. Sofern Sie die Brauchbarkeit oder Umsetzbarkeit Ihrer Ziele nämlich nicht am Maßstab der Resultate messen, zu denen sie führen, werden Sie das Gespür dafür verlieren, ob Sie Fortschritte machen oder auf der Stelle treten. Wenn Sie einmal erkannt haben, daß eine Situation festgefahren ist, sollten Sie die eigene Niederlage lieber eingestehen, als am Ende einem unerreichbaren Ziel hinterherzulaufen, womöglich bis zum Rentenalter . . .

Im Laufe der Zeit werden sich auch Ihre Bedürfnisse ändern. Es kommt darauf an, Probleme, Veränderungen oder »unvorhergesehene Ereignisse« soweit wie möglich im voraus zu berücksichtigen.

Linda beispielsweise begann ihre Berufstätigkeit im Personalbüro eines mittelständischen Unternehmens und hat sich dort auch profilieren können. Während der Zeit interessierte sie sich immer mehr für Reisen, und als sie sich finanziell dazu imstande sah, ging sie sogar das Risiko ein, ihre Arbeitsstelle aufzugeben, um sich ihren Traum einer Weltreise zu erfüllen. Die Arbeit im Personalbereich nahm sie anschließend allerdings nie wieder auf, statt dessen wechselte sie ihren Beruf und wurde Einkäuferin bei einem Warenhaus, unter anderem weil ihr die dort gebotenen Reisemöglichkeiten attraktiver erschienen. Linda hat ihre erste Tätigkeit im Personalwesen zu keinem Zeitpunkt bedauert – ausschlaggebend für ihren Wechsel war allein, daß sich ihre Prioritäten mittlerweile geändert hatten.

Viele Menschen sind dagegen mit den Zielen, die sie sich irgendwann in der Vergangenheit einmal gesetzt haben, so sehr beschäftigt, daß es ihnen nicht bewußt wird, wenn diese Ziele im Grunde genommen mit ihren derzeitigen Bedürfnissen und Wünschen unvereinbar geworden sind. In einigen meiner Seminare, in denen es schwerpunktmäßig um die richtige Planung geht, lege ich zwar besonderen Wert darauf, Pläne stets innerhalb eines Rahmens zu entwickeln, trotzdem rate ich den Frauen in diesem Zusammenhang aber auch immer wieder, sich keinesfalls allzu fest und starr in diesen Rahmen einbinden zu lassen, weil dadurch ihre Fähigkeit eingeschränkt wird, auch für neue Informationen zugänglich zu sein. Lassen Sie es nicht soweit kommen wie die Soldaten, die zu sehr in ihren Schlachtplan vertieft waren, um zu bemerken, daß der Feind längst abgerückt ist . . .

Folgende Fragen können Sie sich stellen, wenn Sie sich auf neue Situationen besser einstellen möchten:

1. Welche zukünftigen Entwicklungen in Ihrer Branche könnten Auswirkungen auf Ihre Karrierepläne haben?
2. Welches Rüstzeug benötigen Sie, um auf solche Trends vorbereitet zu sein (zum Beispiel Fortbildung, mehr Erfahrung, Umzug/Wohnortwechsel)?
3. Welche schwerwiegenden Veränderungen sehen oder erwarten Sie in Ihrem Privatleben für das nächste Jahr?
4. Welche Pläne sollten Sie machen, um sich auf diese Veränderungen einzustellen?
5. Stehen diese Pläne in Einklang mit Ihren übrigen Zielsetzungen? Falls nicht, wie können Sie diese in Einklang bringen? Oder sollten Sie die Zielsetzungen möglicherweise nochmals überdenken?

Individuelle Bedürfnisse und Gegebenheiten

Ihr persönliches Tempo

Selbst die scheinbar klügsten Entscheidungen hinsichtlich Ihrer Karriere werden sich nicht umsetzen lassen, wenn Sie diese nicht auf Ihr persönliches, Ihr privates Leben abgestimmt haben. Daher ist es enorm wichtig, daß Ihr eigener Karriereweg so verläuft, wie es Ihrem ganz persönlichen Zeitplan am besten entspricht. Darüber hinaus führt kein Weg an der Einsicht vorbei, daß Ihr eigenes Tempo unweigerlich auch vom Lebensrhythmus der Menschen beeinflußt wird, die für Sie eine wichtige Rolle spielen.

Stellen Sie sich einmal vor, Ihr Mann, Ihre Kinder oder Ihre Eltern bedürften über einen bestimmten Zeitraum besonderer Aufmerksamkeit oder Pflege. In solchen Fällen werden Sie nicht umhinkommen, bei Entscheidungen im Hinblick auf berufliche Veränderungen oder Karrierepläne beispielsweise auch Ihre eigene Belastungsfähigkeit mit zu berücksichtigen. Sollten gar schwerwiegende familiäre Probleme vorliegen, dann dürfte ein Wechsel in Ihrem beruflichen Leben, selbst wenn dieser für Sie persönlich einen Schritt nach vorne bedeutet, kaum ratsam sein.

Leider zeigt sich nur allzuoft, daß die Arbeitswelt weitgehend nicht auf die Bedürfnisse von Frauen eingestellt ist. In manchen Firmen ist es für sie schier unmöglich, genauso schnell wie Männer auch in Managementpositionen aufzusteigen. Trotzdem wäre es nicht ganz ehrlich, wenn ich in diesem Zusammenhang unterschlagen würde, daß einige der Hemmnisse für den Aufstieg von Frauen vorrangig bei den Frauen selbst und weniger an den äußeren Umständen liegen. Oft stellt sich das Problem nämlich nicht in Form einer tatsächlichen Barriere, sondern vielmehr in Gestalt der Unfähigkeit einzelner Frauen, sich Klarheit darüber zu verschaffen, wie ihr persönlicher Weg zum Erfolg aussehen könnte. Das gilt ganz besonders für jene, die eine Unmenge an psychologischem Ballast mit sich herumtragen, wozu sicherlich auch ihre versteckte Angst vor Unabhängigkeit gehört.

Genau das aber ist der Punkt, an dem die Kraft des positiven Denkens ins Spiel kommen muß. Denken Sie dabei an das alte Sprichwort, wonach ein Erfolg den nächsten zeitigt. Das Wissen darum, daß Sie Situationen gemeistert haben, von denen Sie sich nie hätten träumen lassen, damit überhaupt jemals in Berührung zu kommen, sollte Ihnen ein solches Maß an Energie und Auftrieb geben, um damit nicht nur den »inneren Schweinehund«, sondern auch etwaige innerbetriebliche Widerstände hinsichtlich der Beförderung von Frauen überwinden zu können. Ihr persönliches Tempo sollte auf der Grundlage einer gesunden Mischung aus praktischem und positivem, optimistischem Denken gewachsen sein.

Die Wahl des Arbeitplatzes

Ob Sie nun lieber selbständig wären, gerne in einem großen Konzern oder doch lieber in einem kleineren Unternehmen arbeiten möchten, ist eine Frage, die Sie jeweils nur unter Zugrundelegung Ihrer ganz persönlichen Zielsetzungen, Ihres Stils und Ihrer Möglichkeiten beantworten können. Nachstehend nun ein kurzer Überblick über die verschiedenen Vorteile, die jede dieser Möglichkeiten bietet. Welche davon könnte für Sie die richtige sein?

1. Selbständigkeit

Als Unternehmerin »für sich selbst« zu arbeiten kann durchaus stimulierend auf Ihre Innovationsfreudigkeit, Ihr Pflichtgefühl, Ihren Arbeitseinsatz und auf Ihre Entschlossenheit wirken, die einmal gesetzten Ziele auch tatsächlich zu erreichen.

Gerade Frauen, die in einem Beschäftigungsverhältnis stehen, sehen vielfach die Möglichkeit, sich selbständig zu machen, eigentlich als den besseren Weg an, ihren Ambitionen gerecht werden zu können. Sie haben vielfach das Gefühl, daß ihnen jene Stellen, die sie eigentlich haben wollten, entweder vorenthalten wurden oder sich ihre Firmen allzu langsam auf die Bedürfnisse von Frauen einstellen. So erging es beispielsweise Betty, einer der von mir interviewten Frauen. Sie war sogar regelrecht plumpen Diskriminierungen ausgesetzt: Man sagte ihr glatt auf den Kopf zu, diese oder jene Position, die sie anstrebe, sei »nun einmal nichts für eine Frau«.

Betty reagierte – und machte sich selbständig. Sie war es einfach leid, ständig nur darauf zu warten, daß sich die Unternehmensstruktur vielleicht irgendwann einmal zugunsten der Frauen ändern würde, und wollte nicht bis dahin ihre Energie und die Geschwindigkeit ihres beruflichen Aufstiegs permanent den Firmengegebenheiten unterordnen müssen.

Manche Frauen sind von dem Gedanken, ihre eigene Chefin zu sein, finanzielle Risiken einzugehen und sich der Vielschichtigkeit der in einem Unternehmen anfallenden Aufgaben eigenverantwortlich stellen zu müssen, geradezu fasziniert. Genau das nämlich wird auf Sie zukommen, wenn Sie sich selbständig machen. Wenn auch Sie die Unabhängigkeit lieben, könnte eine solche Perspektive vielleicht die richtige für Sie sein.

Andererseits muß aber auch berücksichtigt werden, daß ein eigenes Unternehmen möglicherweise sehr viel Zeit beanspruchen wird, und zwar vor allem dann, wenn Sie noch am Anfang stehen. Wenn Sie eine Familie haben oder Ihre Interessenschwerpunkte außerhalb Ihres Berufes liegen, dann sollten Sie dies alles noch einmal sehr sorgfältig überdenken, bevor Sie den Sprung wagen und sich selbständig machen.

2. Großunternehmen

Obwohl auch in Großbetrieben in bezug auf weibliche Mitarbeiter sicherlich noch so manches verbesserungsbedürftig beziehungsweise -fähig ist, kommt es gerade hier am häufigsten vor, daß Frauen den großen Durchbruch schaffen. Da einzelne Managerinnen in bestimmten Unternehmen die entsprechende Pionierarbeit schon geleistet haben, können sie nunmehr den nachrückenden Frauen als Beispiel dienen. In bestimmten Branchen, wie etwa in Werbe-, Mode- und Dienstleistungsunternehmen, teilweise aber auch auf Verwaltungsebene, hat sich das Tempo dieses Integrationsprozesses enorm beschleunigt. Andere Bereiche werden mit Sicherheit schon bald folgen!

Jackie ist Managerin in einem Großunternehmen für Kommunikationssysteme. Auch sie hatte zunächst die Möglichkeit in Betracht gezogen, zu einer kleineren Firma zu gehen, sich dann aber doch für ihren jetzigen Arbeitgeber entschlossen, weil sie dort bessere Arbeitsbedingungen, wie etwa eine Forschungsabteilung, eine Bücherei und ein größeres Budget, vorfand. Ferner war für sie auch die Tatsache ausschlaggebend, daß sie hier den Großteil ihrer Zeit hochgradig spezialisierten Projekten widmen konnte, für die sie eine besondere Vorliebe hat. In einer kleineren Firma hätte sich diese Chance wahrscheinlich kaum geboten.

3. Kleinere Unternehmen

Im allgemeinen haben Frauen in kleinen Unternehmen größere Chancen, schnell Karriere zu machen und auf mehreren Gebieten Erfahrungen zu sammeln. Wenn es sich dazu auch noch um ein gewinnträchtiges Unternehmen handelt, können Frauen durchaus attraktive Arbeitsvereinbarungen und Gehaltspakete aushandeln.

Lydia ist eine junge Frau, die als Verwaltungsassistentin bei einem kleinen Management-Beratungsunternehmen arbeitet. Neben der üblichen Sekretariatsarbeit erledigt sie auch noch einfache Aufgaben der Buchhaltung und ist für Zeitungsannoncen zuständig. Sie bevorzugt eine kleine Firma vor allem wegen der Vielfältigkeit der ihr dort gebotenen Arbeiten. Diese Vielseitigkeit der Anforderungen, vor allem am Anfang oder in der Frühphase einer Karriere, kann allein schon deshalb von großem Wert sein, weil die damit verbundene breitere Streuung der erworbenen Kenntnisse und Fertigkeiten auch zusätzliche Möglichkeiten für die spätere Laufbahn schafft.

Wir sind uns häufig ganz einfach nicht bewußt, wie viele »alte Zöpfe« unser Alltagsleben noch immer belasten. In bezug auf eine erfolgreiche Karriere aber kann sich das Festhalten an alten Gewohnheiten durchaus als problematisch erweisen, da wir gerade in einer Führungsposition ständig aufgefordert sind, uns neu zu orientieren. Welche Dinge revisionsbedürftig sind oder wie oft eine neue Betrachtungsweise aus aktuellem Anlaß vonnöten ist, daraufhin sollten wir unsere persönlichen und individuellen Umstände sorgfältig überprüfen.

Marion zum Beispiel ist eine verheiratete berufstätige Mutter und arbeitet seit siebzehn Jahren ganztags. Während der ersten zehn Jahre hatte sie auch alle Hausarbeiten noch selbst übernommen. Heute beschreibt sie diese Zeit als eine Sklaverei. Der einzige Ausweg war der, eine Putzfrau einzustellen und ihren Mann dazu zu bringen, Erledigungen wie das Einkaufen von Lebensmitteln zu übernehmen. Damit hatte sie ihr bisheriges Selbstverständnis – das einer Vollzeit-Hausfrau plus Arbeitnehmerin in das einer Vollzeit-Karrierefrau – umgewandelt, eine Umorientierung, die den Realitäten weitaus eher angepaßt war.

Weil es so wichtig ist, soll es noch einmal betont werden: Wir Frauen müssen im besonderen unser auf Perfektionismus ausgerichtetes Verhalten ablegen, auch haben wir dahingehend umzudenken, daß wir es lernen, uns selbst mehr Zeit zu gönnen, damit wir unsere beruflichen Beziehungen besser pflegen können, ohne dabei ständig auf die Uhr zu schauen. Unsere Zeiteinteilungsprobleme würden sich zum Großteil von selbst lösen, sofern es gelänge, uns endlich von dem Mythos zu trennen, nach dem Frauen die volle Verantwortung für den Haushalt tragen müssen. Wenn wir es schaffen, neue und angemessene Rollenbilder zu entwickeln, dann werden uns daraus gleichzeitig auch neue Kräfte erwachsen, die uns helfen, die Gratwanderung besser meistern zu können.

Geht es darum, im angebrachten Moment Macht auszuüben, tun wir uns schwer, allein schon weil die Frau in der Vergangenheit eher diejenige war, die die Macht anderer zu spüren bekam. Aber auch in dieser Hinsicht sollte sich unsere Einstellung in demselben Maß verändern, wie sich unsere Rolle in der Arbeitswelt verändert.

Die Art und Weise, wie Sie mit Macht umgehen, kann in vielerlei Hinsicht Auswirkungen darauf haben, wie Sie bei Ihrer Gratwanderung letztlich zurechtkommen. Einmal angenommen, Sie sind in einer vorgesetzten Position und benötigen Ihren Urlaub während eines ganz bestimmten Zeitraums, um mit Ihrer Familie die Ferien gemeinsam verbringen zu können. In einer solchen Situation sind Sie förmlich gezwungen – besonders wenn Sie sich in den Vorjahren in diesem Punkt nachgiebig gezeigt haben und andere Mitarbeiter Ihrer Abteilung, die keine schulpflichtigen Kinder haben, Sie vertreten könnten –, gegenüber Ihren Belegschaftsmitgliedern von Ihrem Vorgesetztenstatus Gebrauch zu machen, falls Sie sichergehen wollen, daß Sie Ihren Urlaub auch wirklich dann bekommen, wenn Sie ihn haben möchten. Bringen Sie in dieser Lage Macht nämlich nicht ins Spiel, dann werden Sie womöglich als Schlußlicht auf der Urlaubskandidatenliste landen, wohin sich Frauen sehr häufig katapultieren.

Auch wenn es ungewöhnlich klingen mag, ich vergleiche den Karriereweg in einem Unternehmen gern mit dem Autofahren. Sie steuern das Auto zwar selbst, müssen sich die Straße aber mit anderen teilen. Wie gut Sie dann letztlich damit zu Rande kommen, hängt nicht nur von Ihren eigenen Fahrkünsten, sondern auch davon ab, wie genau Sie die Verhaltensweisen der übrigen Autofahrer vorhersehen können. Zusätzlich zu den übrigen Verkehrsteilnehmern müssen Sie aber auch noch die Straßenschilder beachten, die Ihnen die Fahrtrichtung, die Möglichkeit zu Überholvorgängen, Vorfahrtshinweise oder etwaige Fahrspurwechsel signalisieren. Dieses Bild läßt sich gut auf die Machtstrukturen und -mechanismen, Führungsrollen und den Erfolg in der Berufswelt übertragen. All diese Begleitfaktoren zu kennen ist wie im Straßenverkehr auch für eine erfolgreiche Karriere überlebenswichtig. Frauen, die mit Macht geschickt und effizient umgehen, werden dabei feststellen, daß ihre Untergebenen weniger widerstrebend auf etwaige Veränderungen reagieren und insgesamt auch kooperativer sein werden, als sie es vielleicht erwarten. Weiß eine Vorgesetzte die eigene Macht gezielt und für die Sache der Abteilung erfolgreich einzusetzen, dann wird dies auch den Teamgeist fördern. Ein solch gutes Verhältnis aufzubauen hat auch für Ihre Zukunft noch einen weiteren positiven Effekt: Sollten Sie dann nämlich die Karriereleiter eines Tages wirklich einmal erfolgreich erklommen haben, dann dürfen Sie eine solide Unterstützung solidarischer Mitarbeiter und Mitarbeiterinnen hinter sich wähnen.

Wenn Sie Bedenken haben, dann, wenn es angebracht ist, Macht auszuüben, sollten Sie an dem Problem arbeiten, weil es in bestimmten Situationen Ihrem beruflichen Fortkommen äußerst hinderlich sein könnte. Beginnen Sie damit, sich darüber klarzuwerden, warum Sie davor zurückschrecken. Vielleicht erkennen Sie so, daß die Gründe nicht ausreichend schwerwiegend im Vergleich zu dem sind, was Sie durch das Machtausüben erreichen könnten.

Der Preis für den Erfolg

Es scheint nach wie vor viele Unstimmigkeiten darüber zu geben, welchen Preis eine Frau für ihren Erfolg zu zahlen bereit sein soll. Wie eh und je übernehmen Frauen den Löwenanteil der häuslichen Pflichten. Tauchen zu Hause einmal Probleme auf, dann bedeutet dies noch immer, daß davon gleichzeitig auch ihre Berufsausübung betroffen wird. Aus gutem Grund erwähne ich stets wieder die Doppelbelastung von Frauen in Beruf und Haushalt. Das ist nämlich der eigentlich entscheidende Ursachenbereich, der auch heute noch zu Schuldgefühlen und Unentschlossenheit führt und damit letztlich verhindert, daß Frauen mit Familie Karriere machen können, mehr noch: Der typische Tagesablauf einer berufstätigen Mutter grenzt oft an völlige Selbstaufgabe, von einem »erfüllten Leben« kann hier kaum die Rede sein.

Die Situation Vickys, einer solchen dreißigjährigen berufstätigen Mutter, sieht in Anbetracht dessen noch vergleichsweise harmlos aus: Sie lebt mit ihrem Mann Doug und ihrer vierjährigen Tochter Susan in einem Vorort. Beide müssen mit dem Wagen zur Arbeit fahren. Während Vicky dazu eine dreiviertel Stunde braucht, reichen bei Doug 25 Minuten. Susan besucht eine Kindertagesstätte in der Nachbarschaft, und sie wird morgens von Doug dorthin gebracht, abends um halb sechs von ihrer Mutter wieder abgeholt. Vicky verbindet das dann meist mit ein paar Einkäufen und Erledigungen. Wenn Doug abends keine Besprechungen mehr zu führen hat, kommt er um sieben Uhr nach Hause. Bis zu seiner Heimkehr hat Vicky für gewöhnlich schon das Abendessen vorbereitet, anschließend putzt sie noch die Wohnung, macht die Wäsche oder was sonst gerade im Haushalt anfällt. Er hilft ihr, indem er Susan badet und mit ihr spielt, bis sie ins Bett gebracht wird.

Dieser Tagesablauf wiederholt sich das ganze Jahr über. Obwohl Vicky dadurch, daß ihr Mann ihr wenigstens teilweise hilft, schon zu denjenigen berufstätigen Frauen gehört, die als »privilegiert« gelten können, wird dieses Leben bei ihr nur so lange funktionieren, wie keine Notsituationen eintreten. Mit jeder Unterbrechung dieser Routine – sei es nun durch eine Geschäftsreise von Doug, einen Krankheitsfall oder weil die Kindertagesstätte Ferien hat – steht Vicky vor einem großen Problem.

Es gibt tatsächlich niemanden, der oben auf der Karriereleiter angekommen ist und auf dem Weg dorthin mit solch engem zeitlichen Rahmen leben und zurechtkommen mußte. Will es eine Frau wirklich so weit wie ein Mann bringen, dann werden auch für sie Überstunden häufig unausweichlich sein.

Vickys Beispiel veranschaulicht recht gut, was ich mit der Gratwanderung meine. Die vor ihr liegende Straße hat eine Gabelung. Sie kann nun entweder ihre beruflichen Verpflichtungen einschränken oder das Unterstützungssystem für ihr Privatleben weiter ausbauen. In einem Bereich wird sie nachgeben müssen. Tut sie das nicht, kommt sie unweigerlich in Schwierigkeiten.

Manche Frauen entscheiden sich dafür, zu akzeptieren, daß Kinder ihren beruflichen Aufstieg verlangsamen. In einem solchen Fall haben sie wiederum zwei Wahlmöglichkeiten: Entweder können sie zur Erfüllung ihrer Mutterpflichten eine Veränderung der Arbeitszeitregelung herbeiführen, oder sie arbeiten auch weiterhin ganztags, drosseln dafür den zusätzlichen karriereorientierten Aufwand jedoch entsprechend. Nach beiden Methoden werden sie natürlich an ihrem Arbeitsplatz eine Zeitlang auf der Stelle treten.

Die Entscheidung für den anderen Weg an dieser Straßengabelung liefe darauf hinaus, daß sie mit gleichbleibendem Elan an ihren Karriereplänen festhielten, sich dafür aber jede nur denkbare Unterstützung für ihren häuslichen Bereich besorgen. Sollten Sie sich für diesen Weg entschieden haben, ist die beste Lösung noch immer die Einstellung einer Haushaltshilfe,die auch bei Ihnen wohnt. Die Gewißheit, ständig jemanden im Hause zu haben, beruhigt eine berufstätige Mutter nicht nur im Hinblick auf ihre Kinder, sondern sie weiß auch den Haushalt gut versorgt.

Eine Mutter, die langfristig berufstätig bleiben will, ist in jedem Fall gut beraten, wenn sie sich gelegentlich für eine gewisse Zeit von ihrer Arbeit freistellen läßt. Anderenfalls dürfte ihr Zusammenbruch vorprogrammiert sein. Je weiter sie jedoch die Karriereleiter hinaufsteigt, desto mehr wird sie die damit verbundene zusätzliche

Macht allerdings auch nutzen können, um sich bei der Arbeitszeitregelung mehr Flexibilität erlauben zu können.

Ich habe bereits in früheren Kapiteln angedeutet, daß Sie teilweise auch Ihren Arbeitgeber als Bestandteil Ihres Hilfssystems betrachten können. Ihm gegenüber können Sie Ihr Verhandlungsgeschick auf den Prüfstand bringen, indem Sie es unter Berücksichtigung der zeitlichen Umstände und sonstigen Konsequenzen Ihrer Forderungen ruhig einmal riskieren, Vorteile aus Ihrer Position zu schlagen, und eigene Vorschläge zur Arbeitszeitregelung unterbreiten, die Ihnen am Ende eine flexiblere Gestaltung der Arbeitszeit ermöglichen.

Ich selbst war und bin dann am produktivsten, wenn ich statt des Neun-bis-siebzehn-Uhr-Rhythmus beweglich sein kann. Glücklicherweise konnte ich bei bestimmten Projekten auch zu Hause arbeiten. Außerdem bin ich gerade abends sehr produktiv, was zu nutzen natürlich voraussetzt, daß ich eine Hilfe finde, damit meine Familie in dieser Zeit auch gut versorgt ist.

Das rechte Gleichgewicht im Leben zu finden kann sich aber auch für ältere Frauen, deren Kinder bereits erwachsen und nicht mehr zu Hause sind, als schwierig erweisen. Helen zum Beispiel ist 48 Jahre alt und betreibt erfolgreich eine eigene Druckerei mit 26 Angestellten. Sie liebt ihr eigenes Unternehmen und würde, so gesteht sie, in völlige Verzweiflung geraten, wenn sie es verlöre. Oberflächlich betrachtet, scheint Helen die Karrierefrau schlechthin zu sein: zielorientiert, finanziell unabhängig und glücklich verheiratet.

Sie selbst dagegen meint, daß jemand, der die daraus resultierenden Belastungen sowohl für die Beziehung zum Lebenspartner als auch für die Arbeit kennt, das nicht so sehen wird. Sie neigt eher zu der Ansicht, es sei für die Beteiligten selbst doch schon etwas einsam dort oben an der Spitze. Sie hat sich zwar bemüht, in ihrer Umgebung Kontakt zu Frauen zu finden, die in ähnlichen Positionen sind, was jedoch mit Schwierigkeiten verbunden war. Die meisten Frauen tauschten Informationen über die eigenen Firmen, die über Belanglosigkeiten hinausgehen, nur äußerst ungern aus.

Zudem hat die Familie für Helen nach wie vor Priorität. Mit ihren beiden Kindern pflegt sie einen engen Kontakt, obwohl sie bereits 18 und 26 Jahre alt sind und beide nicht mehr bei den Eltern wohnen. Während ihr Verhältnis zu den Kindern also recht gut ist, will es in der Ehe nicht mehr so recht klappen. Sie glaubt, die Beziehung zu ihrem Mann sei nicht mehr so, wie sie sein sollte. Sie weiß nun nicht so recht, ob ihre Ehe darunter leidet, daß sie ihrem Geschäft zuviel Zeit widmet, oder ob sie sich deshalb in ihre Arbeit stürzt, weil ihre Ehe nicht in Ordnung ist. Bevor Helen ihre Situation verbessern kann, wird sie ihre Prioritäten und Zielsetzungen – privat und auch beruflich – wohl noch einmal sorgfältig überdenken müssen.

Für alleinstehende Frauen ist die Gratwanderung nicht unbedingt leichter. Selbst wenn die Art der Belastungen für sie eine andere sein mag – der Preis, den sie zahlen müssen, ist trotzdem der gleiche. Gerade eine alleinstehende und erfolgreiche Frau kann mitunter nämlich so sehr in ihre Arbeit vertieft sein, daß ein gesellschaftliches Leben kaum stattfindet. Wenn sie womöglich ständig von einer Stadt zur anderen versetzt wird und allein schon deshalb keine Gelegenheit hat, Freundschaften zu schließen, wird oft das Gefühl der Isolation aufkommen, was sehr gefährlich sein kann, da gerade das die beste Voraussetzung für eine schwere Depression ist.

Viele alleinstehende Frauen verhindern eine solche Entwicklung, indem sie sich lokalen Vereinigungen anschließen oder einen engen Bekanntenkreis aufbauen. Aus den Kontakten entstehen dann oft auch Freundschaften, sie unternehmen gemeinsame Reisen und können sich im Notfall auch einmal an jemanden um Hilfe wenden.

Alleinstehende berufstätige Frauen haben noch ein weiteres Problem, und zwar fühlen sie sich häufig gerade von solchen Männern angezogen, die mächtiger sind als sie selbst. Wenn eine erfolgreiche Frau aber bereits Schwierigkeiten hat, einen Partner mit gleichem Einkommensniveau oder Status zu finden, um wieviel schwerer ist es dann erst, solche Männer zu finden, die noch erfolgreicher als sie selbst sind. Außerdem gibt es ja auch nicht wenige Männer, die sich durch Karrierefrauen förmlich bedroht fühlen. Und genau diese Schwierigkeit, den gewünschten Partner zu finden, macht nicht wenigen arg zu schaffen!

Wie auch immer unsere persönlichen Voraussetzungen aussehen mögen, wir müssen in jedem Fall einen Preis zahlen und so oder so konzessionsbereit sein. Hinsichtlich unserer Bedürfnisse und Prioritäten ist eine umsichtige Bestandsaufnahme vonnöten, bevor wir entscheiden, was wir für unsere Karriere zu opfern bereit sind.

Die Karrierestrategie einer Frau mag noch so gut durchdacht sein, umsetzen lassen wird sie sich letztlich nur dann, wenn sie auch auf die Gegebenheiten des jeweiligen Unternehmens abgestimmt ist. Tatsächlich erfolgreich werden deshalb nur die Frauen sein, die sich in angemessener Weise auf die Gepflogenheiten ihrer Unternehmen eingestellt haben. Dazu gehört auch ein gutes Gespür für das richtige Timing der eigenen Aktionen und deren mögliche Interpretation im Kreis der Kollegen und Kolleginnen.

Gerade diejenigen Frauen, die beruflich sehr schnell aufsteigen möchten, sollten ein besonders fein ausgeprägtes Gespür dafür haben, wie ihr Verhalten auf andere wirkt. Vor allem müssen sie darum bemüht sein, ihre Karriereambitionen, die es ja nun auch mit sich bringen, das nötige Rampenlicht zu suchen, mit den betrieblichen Erfordernissen in Einklang zu bringen. Einige Frauen werden die Geschwindigkeit deshalb ganz einfach etwas bremsen und statt dessen mehr die jeweiligen Zuständigkeiten beachten müssen, weil sie nämlich in den Augen ihrer Kollegen sonst womöglich »zu schnell tanzen«.

Ein Beispiel soll das verdeutlichen: Jackie, die an einem meiner Seminare teilnahm, erzählte, ihre Firma habe einen neuen Marketingplan entwickelt, und sie selbst sei an dessen weiterer Ausarbeitung gern beteiligt. Wie sie zu verstehen gab, hatte sie allerdings nicht die Absicht, über ihre diesbezüglichen Vorstellungen auch mit dem unmittelbaren Vorgesetzten, dem Regionalmanager, zu sprechen. Sie wollte sich vielmehr direkt an den Marketingmanager wenden, da er die letzte Entscheidung über das Projekt zu fällen hatte.

Ich gab Jackie daraufhin den Rat, die Einbeziehung ihres direkten Vorgesetzten noch einmal zu überdenken. Als Begründung hielt ich ihr die Vorteile vor Augen, welche die vorherige Einschaltung ihres Vorgesetzten mit sich bringen würde. Außerdem erinnerte ich sie daran, daß es angesichts ihrer Erfahrungen mit diesem Vorgesetzten in der Vergangenheit wohl eigentlich keinen Grund gibt, an seiner Unterstützung für ihre Absichten zu zweifeln. Sie befolgte meinen Rat, und es sollte sich für sie lohnen. Ihr Vorgesetzter war von ihrem Vorschlag hellauf begeistert und gestattete ihr, zwei Wochen lang an einem Sonderprojekt zur Ausarbeitung des neuen Marketingplans mitzuwirken. Zwar hätte Jackie möglicherweise auch dann bei dem Projekt mitarbeiten dürfen, wenn sie sich direkt an den Marketingmanager gewandt hätte, allerdings wäre dies mit Sicherheit auf Kosten ihres guten Verhältnisses zum unmittelbaren Vorgesetzten gegangen.

Die organisatorischen und strukturellen Begleitumstände in einem Unternehmen erfordern nun einmal Geduld und die Einsicht, daß es eine gewisse Zeit dauert, bis eine enge Beziehung zur Firma aufgebaut ist und Sie sich auf deren Kultur eingestellt haben. Währenddessen müssen Sie Ihre eigenen Wünsche gegebenenfalls hinter die Belange des Unternehmens zurückstellen. Wenn das Umfeld Ihrer Firma oder Ihrer Branche jedoch eindeutig nicht zu Ihrem Temperament oder Stil paßt, ist es häufig am besten zu kündigen. Viele Menschen unterschätzen allzuleicht die Bedeutung, die sowohl das Arbeitsumfeld als auch die Kollegen und Kolleginnen für die eigene Zufriedenheit im Berufsleben haben. Größten Wert sollten Sie allgemein darauf legen, daß das Unternehmen Ihrer Wahl fähig und willens ist, Ihren Erfolg anzuerkennen und Ihnen auch als Frau auf der Grundlage der beruflichen Leistungen und Ihrer Einsatzbereitschaft Karrierechancen anzubieten.

Die Entscheidung liegt bei Ihnen selbst

Am Anfang der beruflichen Laufbahn neigen wir dazu, unseren Ausbildungsberuf als alleinige Möglichkeit zu betrachten, einen Platz in der Arbeitswelt einzunehmen. Je mehr wir jedoch mit neuen Produkten, neuen Kunden oder neuen Lieferanten zu tun haben, wird sich auch unser Horizont erweitern: Wir lernen andere Menschen kennen, deren augenblicklicher Tätigkeitsbereich nichts mehr mit ihrer ursprünglichen Ausbildung oder ihrem bisherigen Werdegang zu tun hat, und dadurch womöglich auch selbst Anstöße erhalten, über einen Firmen- oder Branchenwechsel nachzudenken.

Eine Frau, die Veränderungen gegenüber wirklich aufgeschlossen ist, wird sich niemals so fest an eine bestimmte Arbeitsstelle klammern, sondern ständig neu entscheiden, ob sie die Richtung ihrer Karriere gegebenenfalls ändern muß. Frances zum Beispiel, eine frühere Verwaltungsassistentin, hat den Sprung zu einer Französisch-Englisch-Übersetzerin geschafft.

Da sie zweisprachig aufgewachsen war und sich ihr hier ein für sie ausgezeichnetes Arbeitsfeld eröffnete, entschloß sie sich, die Chance zu nutzen und ihren früheren Beruf aufzugeben. Später spezialisierte sie sich dann auf die Übersetzung juristischer Dokumente.

Im Vergleich zu ihrer ersten Stelle war das allein schon von den fachlichen Anforderungen her ein riesiger Sprung, sie war jedoch flexibel genug, sich diesen Herausforderungen zu stellen. Ganz gleich, ob derartige Gelegenheiten nun reine Glückssache oder das Ergebnis konkreter Planung sind, in jedem Fall setzen sie voraus, die eigenen Prioritäten und Zielsetzungen ständig neu überprüfen und gegebenenfalls auch revidieren zu können. An diesen Wendepunkten Ihrer Karriere sollte natürlich auch das Hilfssystem für den privaten Bereich sorgfältig überprüft werden, um festzustellen, ob entsprechende Korrekturmaßnahmen auch hier erforderlich sind.

Zusammenfassend möchte ich nochmals betonen, wie wichtig es ist, sich darüber im klaren zu sein, daß jede Karriere eine Gratwanderung ist und ständig von neuen Einflüssen und Veränderungen begleitet sein wird. Gerade diese Veränderungen und neuen persönlichen Herausforderungen eröffnen uns Frauen gleichzeitig aber auch ausgezeichnete Chancen und Perspektiven, wobei wir natürlich stets mit einem Auge auf mögliche Gefahren am Wegrand achten müssen. Für gewöhnlich werden Frauen ihren beruflichen Anfang in einem Arbeitsgebiet suchen, das ihnen vertraut ist. Doch schon bald kristallisieren sich erfahrungsgemäß erste Überlegungen und Entscheidungen im Hinblick auf eine spätere Karriere heraus, die dann möglicherweise den Weg in eine ganz andere Richtung weisen.

Die Tatsache, daß es heutzutage weitaus flexiblere Rollenmuster und Lebensformen gibt als früher, macht Mut. Uns Frauen bieten sich dadurch neue Chancen zur Selbstverwirklichung, und zwar sowohl im beruflichen wie im häuslichen Bereich. Außerdem stimmt es hoffnungsvoll, daß heute weitaus weniger Frauen im Beruf scheitern als früher und die Zahl derer, die im Arbeitsleben auf der Strecke bleiben, stetig abnimmt. Auch in Zukunft werden wir es sicher nicht leicht haben, doch sind unsere Aussichten besser geworden.

XI. Kapitel
Den Blick nach vorn richten

In der Agrarwirtschaft hatten Frauen, als sie auf den Feldern an der Seite ihrer Männer arbeiteten, einen sehr konkreten und sichtbaren Beitrag zum Familieneinkommen beigesteuert. Mit fortschreitender Industrialisierung jedoch wurde die Kluft zwischen den Arbeitssphären immer größer: Der Mann arbeitet außerhalb, und die Frau bleibt daheim, um dort die Kinder zu versorgen und die im Haus anfallenden Arbeiten zu erledigen. Zwar veränderte sich dieses Bild vorübergehend, beispielsweise während des Zweiten Weltkrieges, als viele Frauen die von ihren Männern zurückgelassenen Arbeitsstellen besetzen mußten, allerdings war dies nur von kurzer Dauer. Schon der Nachkriegswohlstand ermöglichte bereits wieder das Auftauchen jenes Typs von Mann, der irgendwo in einem Vorort ein Reihenhaus besitzt, zwei Autos in der Garage stehen und daheim eine Frau hat, deren einzige Aufgabe zu sein scheint, den »Boß« bei Laune zu halten und die Kinder in der Gegend herumzuchauffieren.

Inzwischen hat sich dieses Bild abermals drastisch gewandelt, da in den meisten Ländern der industrialisierten Welt mittlerweile über fünfzig Prozent der Frauen berufstätig sind. Das Hauptanliegen dieses Buches ist, zu verdeutlichen, wie sehr unser Leben durch diese Veränderungen revolutioniert wurde und welche Auswirkungen sie für unsere Zukunft haben könnten.

Obwohl ich weder Futuristin bin noch besonders gern weitreichende Prognosen stelle, läßt mich meine optimistische Grundstimmung fest darauf vertrauen, daß es auch in dieser neuen Ära wieder ganz bestimmte Chancen gibt, mittels derer wir Frauen uns behaupten können. Bewahren Sie die Wertvorstellungen, die Ihre Persönlichkeit gefestigt haben, seien Sie jedoch auch offen für solche Veränderungen, die zur notwendigen Anpassung an eine sich rasant verändernde Welt angezeigt sind. Selbst wenn dies vielleicht paradox klingt, es ist keineswegs ein Gegensatz: Ihre Wertmaßstäbe werden Ihnen helfen, sich sowohl Ziele als auch Grenzen zu setzen. Und innerhalb dieser Grenzen werden Flexibilität und Anpassungsfähigkeit von unschätzbarem Wert für Sie sein.

Rückblickend werden Sie feststellen, daß es in den ersten fünf Kapiteln dieses Buches um eine Art »Grundausstattung« ging. Folgendes stand dabei im Vordergrund: 1. praktische Methoden, die Ihnen helfen sollen, überhaupt Fuß zu fassen; 2. eine Bestandsaufnahme über Ihre momentane Arbeitssituation; 3. eine Langzeitplanung für Ihre Karriere. In den nächsten fünf Kapiteln ging es dagegen eher um Problemstellungen, die im Zusammenhang mit einer Karriere vor allem Flexibilität und Innovationsbereitschaft erfordern.

Am Beispiel von Kathy, Joan und Sandra, deren Situation in der Einleitung zu diesem Buch beschrieben wurde, soll nun einmal versucht werden, das Gelernte rückblickend auf ihre Probleme anzuwenden.

Kathy, Sie erinnern sich, arbeitet als Sachbearbeiterin in der Kreditabteilung einer städtischen Bank. Sie ist 28 Jahre alt, verheiratet, kinderlos und arbeitet im Grunde genommen nur für kurzfristige Ziele wie gute Kleidung, den Jahresurlaub und ihr eigenes Auto. Sie hat es noch nicht gelernt, ihren Job als Karrieremöglichkeit zu betrachten. Sie ist ein Opfer ihrer Selbstzufriedenheit. Nachstehend nun einige Ratschläge an Kathy: Sie kann sich innerhalb ihres Unternehmens einmal umschauen und sich fragen, welchem Typ von Frau sie eventuell gern nacheifern würde. Wenn sie dann einmal über die verschiedenen ihr zur Auswahl stehenden möglichen Vorbilder nachgedacht hat, und zwar sowohl im Hinblick auf ihr Privatleben als auch bezüglich ihrer Karriere, sollte sie als nächstes die Wege überprüfen, die ihre Vorbilder beschritten haben. Wie sind sie beispielsweise dahin gekommen, wo sie heute im Unternehmen stehen? Welchen Preis mußten sie in ihrem Privatleben zahlen?

Sollte das, was sie dabei erfahren hat, sie inspirieren, ihrerseits aufstiegsorientierte Interessen zu entwickeln, dann könnten ihr die nachstehenden persönlichen Tips gerade für die Startphase durchaus behilflich sein:

1. Kathy sollte über den Status derjenigen Mitarbeiter und Mitarbeiterinnen in ihrem Unternehmen nachdenken, die in vergleichbaren Positionen sind, und zwar auch unter dem Aspekt, wieviel Zeit sie für die angestrebte Veränderung gebraucht haben.
2. Ihr derzeitiges Arbeitsgebiet sollte daraufhin überprüft werden, welche zusätzlichen Verantwortlichkeiten, die über den Rahmen dessen hinausgehen, wofür sie ursprünglich eingestellt wurde, sie noch mit übernehmen könnte.
3. Es ist ihr zu empfehlen, sich mit den Vorgesetzten und anderen Büromitarbeitern einmal eingehend darüber zu unterhalten, worin nach ihrer Meinung Kathys besondere Talente liegen.

Kathy sollte sich jedoch als erstes fragen, inwieweit ihre eigene Arbeit auch für andere nützlich und von Bedeutung sein könnte. Genau das kann sie aus ihrer Selbstzufriedenheit und ihrem Trott herausführen, einen Übergang von der passiven zu einer aktiven Haltung bewirken. Es ist zwar denkbar, daß sie dann später, vielleicht sogar gerade wegen dieser neuen und aktiven Einstellung, eine weitere Arbeitskrise durchlebt, trotzdem hätte sie auch dann noch einen großen Vorteil: Sie ist jung, sie kann sich wiederaufrichten und hat genügend Zeit, die Karriereleiter Schritt für Schritt hinaufzuklettern. Ich hoffe deshalb für Kathy, daß sie Vorbilder findet, die ihren Horizont sowohl privat als auch beruflich erweitern. Vielleicht sollte sie sogar etwas völlig Neues anfangen. Wozu auch immer sie sich entscheiden wird, in jedem Fall ist es in ihrer Situation zunächst das wichtigste, durch andere eine Vorstellung von ihrem persönlichen Wert für das Unternehmen zu bekommen.

Wahrscheinlich hat Kathy in bestimmten Kenntnis- und Fertigkeitsbereichen noch Lücken. Die Schwachstellen sollte sie durch Weiterbildungsmaßnahmen korrigieren, um dann auch in dieser Hinsicht ausreichend präpariert zu sein, wenn sie eine Aufstiegschance sieht.

Kathy genießt zwar das Privileg der Jugend, aber auch das kann seinen Preis haben: Ihr Chef ist möglicherweise der Meinung, daß sie für eine Beförderung nicht geeignet ist, weil sie wegen einer Schwangerschaft eventuell kündigt. Zu diesem Punkt sollte sie gegenüber ihrem Vorgesetzten ganz deutlich Stellung beziehen.

Damit wäre dann der Anfang bereits geschafft. Gespräche über den Wunsch, ihren derzeitigen Status zu verändern, sollte sie aber erst in Gang setzen, wenn sie ein hinreichendes Selbstvertrauen gewonnen hat. Ihre bisherige Bequemlichkeit wird nämlich Einfluß auf ihr Selbstvertrauen, ihren Ehrgeiz und vor allem auch auf jene Träume gehabt haben, die den Willen zum Weiterkommen anspornen.

Im zweiten Beispiel ging es um Joan. Sie ist 52 Jahre alt und mit einem völlig anderen Problem beschäftigt. Ihr Mann überlegt, ob er sich aus dem Arbeitsleben zurückziehen soll. Joan selbst nahm seinerzeit eine Berufstätigkeit auf, um den Collegebesuch ihrer Kinder finanzieren zu helfen. Inzwischen aber hat sie auch über den finanziellen Aspekt hinaus Gefallen an ihrer Arbeit gefunden und soll demnächst befördert werden, was mehr an Verantwortung und Pflichten mit sich brächte, die auf Kosten ihres Privatlebens gingen.

Joan leidet an einem typischen Frauenproblem. Sie glaubt, alles, was sie tut, sei festgefügt, endgültig und unveränderbar. Gerade für Frauen ihrer Altersgruppe ist eine solche Grundhaltung besonders typisch. Wenn sie nämlich ihre Berufstätigkeit nach einer längeren Pause wiederaufnehmen, meinen sie oft, daß die erste Arbeitsstelle, die sie bekommen, für den Rest ihres Lebens auch die letzte sein wird.

So steht Joan aus ihrer Sicht natürlich vor einer folgenschweren Entscheidung. Obwohl ihre Kinder längst erwachsen und unabhängig sind, betrachtet sie die Annahme der Beförderung als eine Vernachlässigung ihrer Familie und glaubt, diese Situation würde nun ewig so bleiben. Statt dessen sollte Joan ihre Entscheidung besser einmal unter dem Gesichtspunkt betrachten, was die neue Position für die Dauer von etwa drei Jahren bedeuten könnte, und sich von der Vorstellung lösen, ihre Entscheidung sei so gewaltig, als ginge es dabei gleich um ein Entweder-Oder. Und genau dies ist dann auch die eigentliche Kernaussage des Rats, den ich allen Frauen für ihre Gratwanderung mit auf den Weg geben möchte: Seien Sie flexibel. Akzeptieren Sie, daß die Dinge keineswegs während der gesamten Wegstrecke nach einem festgefügten Schema ablaufen müssen. Gerade in Joans Fall bieten sich nämlich in Wirklichkeit mehrere Alternativen an.

Ich denke, Joan sollte die neue Stellung annehmen. Sie dürfte in diesem Fall wahrscheinlich mit sich selbst wesentlich zufriedener sein, als wenn sie sich anders entscheidet. Und vielleicht hat ja auch ihr Mann seine Pläne in ein oder zwei Jahren längst wieder geändert!

Sandra, die dritte der Frauen, betrachtet ihre Arbeit zwar durchaus als etwas Langfristiges, hat aber eine Abneigung dagegen, sich an der Büropolitik und dem Konkurrenzgerangel im Spitzenmanagement zu beteiligen. Dabei kämpft sie schon auf eine sehr konkrete Art und Weise gegen ihre eigenen Erfolgsängste an: So möchte sie sich beispielsweise weder von ihrem Personal noch von ihren Freunden und Freundinnen isolieren. Dennoch neigt sie zu der Auffassung, sie sollte doch besser dort bleiben, wo sie heute ist.

In Wirklichkeit hat sie bereits mehr verändert und gelernt, als ihr selbst bewußt ist. Da sie einige Zeit alleinstehend war, erlebte sie, was es heißt, auf sich selbst gestellt zu sein. Sie hat sich an das Geld und die damit verbundene Unabhängigkeit gewöhnt, nunmehr wird sie erkennen müssen, daß es sich bei der so gemiedenen Büropolitik einfach nur um eine andere Art des Lernens und Gewöhnens handelt. Wenn sie es also schafft, tatsächlich über ihren Schatten zu springen und den Umgang mit diesem Bereich zu lernen, wird wohl auch sie Karriere machen. Darüber hinaus muß sie aber auch noch ihre Familie und den Freundeskreis als Unterstützungssystem einplanen, um sich den vor ihr liegenden Weg auf diese Weise wenigstens etwas zu erleichtern.

Um Sandra zu helfen, ihre Erfolgsängste zu überwinden, rate ich ihr, daß sie jede kleine Erfolgsstufe ihrer Karriere als einen Lehrgang zur Fortbildung ihrer Kenntnisse und Fertigkeiten betrachtet. Eine erstaunlich große Zahl von Frauen ihres Formats ist scheinbar unfähig zu erkennen, was sie in der Vergangenheit schon alles gemeistert oder wie gut sie ihre Sache in Wahrheit gemacht haben. Infolgedessen sind sie sich auch nicht darüber im klaren, daß sie eigentlich längst völlig neue Menschen geworden sind – verglichen mit dem, was sie noch vor ein paar Jahren waren.

Frauen, auf die das zutrifft, sollten sich selbst fragen, inwieweit ihre Arbeit womöglich längst zu einem Bestandteil ihres Lebens und ihrer Ziele geworden ist, ohne daß sie sich dies bisher eingestanden hätten. Inwieweit hängt also Ihre persönliche Identität untrennbar von Ihrer Arbeit ab? Sandra ist erfolgreich und fühlt sich ihrer Arbeitsstelle verpflichtet. Statt sich also dadurch verängstigen zu lassen, sollte sie die Vorteile ihres Erfolgs nutzen und es sich selbst gönnen, ihn noch weiter auszubauen.

Sandra leidet auch an Verschleißerscheinungen, ein ernst zu nehmendes Problem. Als von der Gratwanderung die Rede war, wies ich unter anderem auf die Notwendigkeit hin, sich so oft wie nötig eine Pause zu gönnen. Dies würde Sandra helfen, den nötigen Abstand zu gewinnen und dann frisch aufgetankt zurückzukommen, bevor sie irgendeine weitreichende Entscheidung trifft.

Zwar können Sie der Firmenpolitik vorübergehend dadurch aus dem Weg gehen, daß Sie sich einfach beruflich verändern. Niemand aber wird eine solche Flucht auf Dauer durchhalten. Auch Büropolitik gehört zur Arbeitswelt, und zwar auf jeder Ebene.

Die grundlegenden Erfolgsprinzipien hat Sandra bereits beherzigt. Sie hat sich eine Finanzplanung aufgestellt und außerdem in ihrem Unternehmen ein recht ansehnliches Gehalt und andere Vergünstigungen aushandeln können. Nun muß sie an der nächsten Stufe arbeiten. Dabei geht es für sie darum, sich selbst ins rechte Licht zu rücken und zu der nötigen Zufriedenheit mit sich selbst zu finden. Angesichts ihres bisherigen Werdegangs bin ich sicher, daß es Sandra schaffen wird.

Alle Frauen, die auf dem Weg nach oben sind, bewegen sich wegen der noch geringen Anzahl an Vorbildern, die als Beispiele dienen können, letztlich auf Neuland. Ich sehe dabei sechs verschiedene Bereiche, in denen es sowohl auf seiten der Frauen als auch hinsichtlich der Arbeitsplatzstrukturen noch eines Anpassungsprozesses beziehungsweise Strukturwandels bedarf, bevor sich Frauen auf diesem Neuland werden behaupten können. Diese Bereiche sind:

- Selbstvermarktung,
- Entwicklung diplomatischer Umgangsformen,
- erfolgreiches Arbeitsverhältnis zwischen Männern und Frauen,
- Beherrschung der neuen Technologien,
- persönliches Wohlbefinden,
- gesellschaftliche Veränderungen und Arbeitsbedingungen.

Einige dieser Themen wurden zwar bereits angesprochen, allerdings in einer eher allgemeinen Form. In der Folge möchte ich diese Aspekte deshalb einer etwas eingehenderen Analyse unterziehen und andeuten, worauf wir während der nächsten Jahre unser Hauptaugenmerk richten sollten.

Es heißt häufig, sich selbst und seine eigenen Kenntnisse und Fertigkeiten in den Vordergrund zu stellen sei eine schlechte Eigenschaft. Mitnichten! Denn weil in unserer männlich dominierten Gesellschaft den Frauen ohnehin sehr wenig geschenkt wird, werden sie folglich nur dann weiterkommen, wenn sie es verstehen, die eigenen Talente nicht nur ihrem Arbeitgeber, sondern auch der Gesellschaft überhaupt geschickt zu »verkaufen«.

Voraussetzung für den Erfolg einer jeden Marketingstrategie ist die Fähigkeit des Anbieters, die Bedürfnisse und Wünsche des Kunden zu verstehen und die jeweilige Ware konsumentenorientiert zu präsentieren. Das gleiche gilt natürlich auch für die Arbeitsplatzsituation, der Unterschied ist lediglich der, daß Sie es lernen müssen, sich selbst als das zu Verkaufende und Ihre Firma als den entsprechenden Kunden anzusehen.

Die erfolgreiche Vermarktung jedes Produkts beginnt bereits mit der Analyse, was die Ware zu bieten hat. Übertragen sind das Ihre Talente und Qualifikationen. Inwieweit unterscheiden sich dieselben also vom üblichen Angebot? Warum sind Sie besser? Was können Sie Ihrer Firma bieten, das ihr vielleicht sonst kein zweiter bieten kann?

Während der letzten Rezession erwies es sich ein weiteres Mal, wie wichtig es ist, daß jeder die eigenen Fähigkeiten sowie deren besonderen Wert genau kennt und dies auch zum rechten Zeitpunkt kundtut: Es war zu einem teilweise drastischen Personalabbau gekommen, und wer damals nicht wußte, wie er seinem Unternehmen den eigenen Wert verkaufen sollte, stand von vornherein unter dem Damoklesschwert, mußte fürchten, entlassen zu werden. Selbstvermarktung kann für das reine Überleben am Arbeitsplatz genauso entscheidend sein, wie sie für das spätere Weiterkommen vonnöten ist.

In derselben Rezessionsphase mußte ein mir bekannter Unternehmer sein Forschungsbudget drastisch kürzen, Konsequenzen im Personalbereich waren unumgänglich: Zwei Stellen innerhalb der Forschungsabteilung wurden völlig gestrichen, eine weitere wurde einer anderen Abteilung zugeteilt.

In dieser Situation war die Notwendigkeit der Selbstvermarktung besonders deutlich, dennoch warteten die meisten Angestellten einfach ab. Nur eine einzige Mitarbeiterin des Forschungsteams war geschickt genug, um zu erkennen, daß es hier mehr als nur einer guten Leistung bedurfte: Sie bemühte sich, ihre Talente und Qualifikationen angemessen ins rechte Licht zu rücken. Da es ihr außerdem gelang, auch einige überzeugende Worte hinsichtlich ihrer Eignung für die andere Abteilung zu finden, erhielt sie als Ergebnis ihrer erfolgreichen Eigenwerbung die Stelle schließlich auch zugesprochen.

Frauen gehören nicht zu denen, die von jeher die »Eigen-Werbetrommel« zu rühren gewohnt sind. Es besteht also noch ein gewaltiger Nachholbedarf – nur Mut!

Entwicklung diplomatischer Umgangsformen

Sie können es lernen, sich an der Büropolitik zu beteiligen, und vielleicht gewinnen Sie sogar regelrecht Gefallen daran. Wenn Sie das geschafft haben, dann ist es an der Zeit, einen Schritt weiter zu gehen und den eigenen diplomatischen Stil zu entwickeln.

Zum eigenen Stil zu finden wird denjenigen Frauen zusagen, die ihre Arbeit lieben – denen, die sich zwar nach wie vor über negative Ereignisse aufregen können, den Stier dann aber doch bei den Hörnern packen, statt sich zu bedauern oder gar ganz aufzugeben. Das sind Frauen, die gewinnen wollen, trotzdem aber auch dann noch mitlachen können, wenn es auf ihre eigenen Kosten geht. Sie bekommen einen Antrieb dadurch, wenn sie einmal einen Fehler gemacht haben, lernen daraus und sehen zu, wie sie nach der Kurskorrektur weiter Sprosse für Sprosse der Karriereleiter erklimmen.

Gerade Frauen verfügen über einzigartige diplomatische Stärken: Sie erkennen die entscheidenden Nuancen der »Körpersprache« im allgemeinen wesentlich früher als Männer, und sie sind wesentlich flexibler im Arrangement der Rollen, die sie spielen können. Eine Frau, die guten diplomatischen Stil zeigt, nutzt ihre natürlichen Talente – Humor, Einfühlungsvermögen, die Fähigkeit, Diskussionen auf das Wesentliche zu konzentrieren –, um ihre Kollegen positiv zu beeinflussen.

Brenda beispielsweise ist stellvertretende Leiterin einer Werbeagentur. Es war ein reines Vergnügen, sie dabei beobachten zu können, wie sie sich bei einer Tagung unter ihre Kollegen, Kolleginnen und Kunden mischte. Während des Eröffnungsempfangs, noch vor dem Hauptreferat, hatte sie alle Kunden kurz persönlich begrüßt, die bedeutendsten zum anschließenden Abendessen eingeladen. Nach dem Essen widmete sie sich dann hauptsächlich ihren kleineren Kunden, den Kollegen sowie ihrer potentiell neuen Kundschaft. Dabei verstand sie es jedesmal, ein paar persönliche Worte einfließen zu lassen, und sie machte jene Anwesenden miteinander bekannt, von denen sie glaubte, sie könnten einander nützlich sein oder auch einfach nur gut miteinander harmonieren.

Dieses Organisationsvermögen, kombiniert mit angemessenen Umgangsformen und diplomatischem Vorgehen, gehört zu den Fähigkeiten, die gerade Frauen in die Geschäftswelt einbringen können.

Besonders beeindruckend war, wie problemlos Brenda sich in der firmenpolitischen Arena zu bewegen verstand. Sie tat das alles »anleitungsgetreu« und trotzdem auf eine Art, die sehr individuell geprägt war, ist das, was vielen Frauen angst macht, nicht nur angegangen, sondern hat es als Teil ihrer Persönlichkeit integriert.

Erfolgreiches Arbeitsverhältnis zwischen Männern und Frauen

Wir müssen zusammenarbeiten und dafür sorgen, daß wir in Zukunft nicht in zwei Einöden enden: einer männlichen und einer weiblichen Arbeitsplatzkultur. Männer und Frauen müssen es lernen, sich als Mitglieder des gleichen Teams zu betrachten.

Bedauerlicherweise tun sich aber besonders Männer damit noch immer sehr schwer. Sie neigen allzuoft dazu, Frauen nicht als Partner, sondern als Bedrohung ihrer eigenen Macht zu betrachten. Folglich akzeptieren sie Frauen am Arbeitsplatz nur widerstrebend als gleichberechtigte Mitarbeiter, betrachten es mit Unbehagen, wenn Frauen zu den Rechten und Verantwortlichkeiten in der Arbeitswelt Zugang suchen, die für Männer selbstverständlich sind.

Aber sie werden den Lauf der Zeit nicht aufhalten können. Die ehrgeizigen Frauen, und zwar nicht nur die aus unserer, sondern auch aus der kommenden Generation, haben sich längst auf eine veränderte Wirtschaftswelt eingestellt. Eine Umfrage, die 1980 von der University of California in Los Angeles und dem American

Council on Education durchgeführt wurde, zeigte, daß damals bereits eine von vier Studentinnen ernsthafte Karrierepläne in bisher von Männern dominierten Bereichen hatte: Wirtschaft, Ingenieurwesen, Jura oder Medizin. Mittlerweile schreiben sich in den Vereinigten Staaten sogar gleich viele weibliche wie männliche Bewerber für die Studienrichtungen Jura und Wirtschaftswissenschaften ein.

Männer haben sich daran gewöhnt, die Arbeitswelt praktisch allein zu beherrschen, und so war sie dann auch ganz nach ihren Bedürfnissen strukturiert. Die Abneigung gegenüber den »aufmüpfigen« Frauen, die ihnen womöglich auch noch einige Fehler vorhalten, war groß. Solange es aber Männer und auch Frauen gibt, die nicht bereit sind, ihre alten Ansichten zu korrigieren, so lange wird auch das Geschäftsleben als Ganzes darunter leiden.

Wenn sich der »Kampf zwischen den Geschlechtern« erst einmal am Arbeitsplatz breitmacht, dann werden die davon betroffenen Unternehmen unweigerlich am Markt scheitern, Erfolg wird eine Firma nur dann haben können, wenn die dort tätigen Männer und Frauen als Partner zusammenarbeiten. Wenn gemeinsames Schaffen und gegenseitige Abhängigkeit sich entwickeln und wachsen, dann wachsen auch die Gewinne und werden die Fortschritte größer.

Judy ist Geschäftsführerin einer Finanzierungsgesellschaft, die für die Erdölindustrie arbeitet. Obwohl das nach wie vor eine Männerdomäne ist, sind sich Judy und ihre männlichen Kollegen einig: Ihre Zusammenarbeit ist nicht nur erträglich, sondern funktioniert sogar sehr gut. Nach Ansicht ihrer Kollegen hat sie bewiesen, daß sie als hauptverantwortliche Geschäftsführerin mindestens gleichermaßen effektiv arbeitet wie ein Mann – sie versteht nicht nur etwas von ihrer Arbeit, sondern hat auch ihre Fähigkeit zur Entscheidungsfindung unter Beweis gestellt und verfügt darüber hinaus über eine besonders »gute Nase«. Judy meint, ihre Beziehung zu den männlichen Kollegen funktioniere vor allem deshalb so gut, weil sie erkannt hat, wie sehr Männer nun einmal zur »Geheimniskrämerei« neigen. Sie geht damit eben auf eine natürliche, ungezwungene Art und Weise um, anstatt es als persönlichen Affront aufzufassen.

In dem Maße, wie Judy zu Kompromissen bereit ist, zeigt sich auch das Management ihrer Firma konzessionswillig. Ihnen ist durchaus bewußt, daß sich eine einzige Frau in einem ansonsten reinen Männerbetrieb einsam fühlen kann, und sie haben sogar

Schritte unternommen, um anfänglich noch skeptische männliche Kollegen für Judy zu gewinnen. Auch von seiten der so Überzeugten wird sie inzwischen unterstützt, sowohl bei der Arbeit wie beim Aufbau der Beziehung zu den Kollegen.

Beherrschung der neuen Technologie

Die Herausforderung, auf allen möglichen Gebieten mit den neuesten Entwicklungen Schritt halten zu müssen, ist sehr real. Jede Frau wird sich dabei eines anderen Lernstils bedienen und unterschiedlich schnell Fortschritte machen. Ich bin zwar nicht unbedingt eine Prinzipienreiterin, halte in diesem Fall aber an der Überzeugung fest, daß niemand, der an der Arbeitswelt der Zukunft teilhaben möchte, an der Beherrschung des Umgangs mit der neuen Technologie vorbeikommt. Denn auf allen Gebieten wird der Computer ein alltägliches Werkzeug, für die allgemeine Kommunikation wie für spezielle Funktionen.

Dorothy ist Schriftstellerin. Bis vor einigen Jahren wußte sie praktisch überhaupt nichts über Computer, heute dagegen benutzt sie einen für ihren gesamten Schriftverkehr. Darüber hinaus trägt sie, wenn sie nicht im Büro ist, ständig eine tragbare Mikroeinheit bei sich, um auch zwischen ihren Terminen, sofern dazu Zeit ist, an ihren Artikeln weiterschreiben zu können.

Ich spreche in diesem Zusammenhang nicht nur vom Erlernen der rein technischen Bedienungsmechanismen mikroelektronischer Geräte, noch weitaus wichtiger ist es, sich bewußtzumachen, in welchem Ausmaß die technologische Revolution die Managementsysteme aller Geschäftsbereiche verändern wird.

Frauen werden also nicht umhinkommen, sowohl an entsprechenden Lehrgängen über die Bedienung von Computern teilzunehmen als auch Seminare zu besuchen, in denen demonstriert wird, wie die neue Technologie jeweils in ihrer Branche und im speziellen Tätigkeitsbereich einzusetzen ist. Über die rein technische Seite hinaus gibt es noch ein weiteres zu beachten, wenn Sie zu entscheiden haben, daß in Ihrer Abteilung die elektronische Datenverarbeitung eingesetzt wird: Angesichts der Angst vieler Arbeitnehmer vor dem Umgang mit Computern empfiehlt es sich, sie eher behutsam einzuführen.

Sofern der Einsatz der neuen Technologie also auch in Ihrem Unternehmen absehbar bevorsteht, gibt es letztlich keine andere Wahl als die, sich rechtzeitig entsprechend vorzubereiten. Selbst dort, wo die Computerisierung noch nicht zur Wirklichkeit geworden ist, ist der Plan dazu oft schon längst gefaßt – wir Frauen können es uns nicht leisten, unsere Karriere aus Furcht vor der Technik aufs Spiel zu setzen!

Berücksichtigen Sie bei alledem auch, wie vorteilhaft die Anwendung des Computers für Sie sein wird: Er hilft Ihnen Zeit sparen und erhöht somit Ihre Leistung.

In welcher Branche und in welcher Position Sie auch immer tätig sind, die neue Technologie wird in Zukunft – falls es an Ihrem Arbeitsplatz nicht schon längst der Fall ist – auch Auswirkungen auf Ihren Bereich haben. Machen Sie sich *jetzt* mit ihr vertraut.

Ihr persönliches Wohlbefinden

Während Erfolg nach wie vor das Ziel berufstätiger Frauen ist, dürfte der Weg dorthin zukünftig vielleicht einen doch etwas anderen Zuschnitt haben. Zwar gehört der Workaholic-Stil immer noch zum allgemein vorherrschenden Bild, dennoch wird sein Preis von Männern wie Frauen zunehmend sorgfältiger aufgerechnet.

In Zukunft werden sie beispielsweise dem Opfer, das die Bereitschaft fordert, aus Karrieregründen immer wieder von einer Stadt in die andere umzuziehen, mehr Beachtung schenken als bisher. Es ist hinreichend belegt, wie groß die Probleme sind, die aus einem ständigen Neubeginn erwachsen, einschließlich der Schwierigkeiten, sich ständig neue Freunde und Freundinnen suchen und neue Unterstützungssysteme aufbauen zu müssen. Frauen kämpfen ständig gegen Verschleißerscheinungen. Verursacht wird jener nicht enden wollende Druck, dem sie sich vor allem in Form eines pausenlosen »Sich-beeilen-Müssens« ausgesetzt sehen, durch die Überschneidung von Karriereambitionen und privaten Bedürfnissen. Mit einem solchen Druck langfristig fertig zu werden ist äußerst schwierig. Sie müssen sich daran gewöhnen, Konzessionen zu machen. Die Herausforderung wird sein, ihre Ziele ständig neu zu bewerten und mit ihren Ansprüchen an ein persönliches Wohlbefinden in Einklang zu bringen.

Fast alle Frauen, die für dieses Buch interviewt wurden, erzählten von ihrem Versuch, ebendieses Gleichgewicht zu finden. Die meisten derjenigen, die sich eingehend damit beschäftigen, arbeiten daran, die nötige Willenskraft aufzubringen, um bestimmte Streßfaktoren aus ihrem Leben herauszuhalten. Gleichzeitig versuchen sie dabei, den Terminkalender so zu gestalten, daß darin möglichst auch Fitneß, Freizeit und Ruhezeiten für sie selbst Platz finden.

Auch solche Planungen im persönlichen »Managementbereich« dürfen in ihrer Bedeutung nicht unterschätzt werden. Zunächst sollten sie als kurzfristige Ziele gesehen werden, wobei es für den Anfang schon reicht, über einen bestimmten Zeitraum von etwa drei bis sechs Monaten zu planen. Möchten Sie einen Abendkurs besuchen oder sich einen Abend pro Woche für eine bestimmte Aktivität freihalten? Möchten Sie mehr Zeit für Ihre Familie haben? Wenn Sie Ihre Ziele sorgfältig und realistisch abstecken, dann sollte es Ihnen auch möglich sein, sie zu erreichen.

Eine ähnliche Strategie müssen Sie auch an Ihrem Arbeitsplatz wählen. Sobald es eine Frau gelernt hat, Arbeiten zu delegieren und die Fähigkeiten anderer Menschen mit einzubeziehen, wird sie es auch lernen, ihr eigenes Arbeitstempo etwas zu drosseln. Eine Bekannte von mir äußerte sich zum Beispiel über den Erfolg dieser Strategie in ihrem eigenen Leben wie folgt: »Normalerweise hatte ich zu dieser Jahreszeit sieben Großprojekte laufen. Es ist jetzt das erste Jahr, in dem ich nur zwei Projekte betreue. Und zum ersten Mal seit langem kann ich mich abends ohne das Gefühl schlafen legen, daß ich eigentlich doch hätte mehr tun müssen. Es ist einfach wundervoll.«

So manche Frau leidet im Büro noch immer unter der Zwangsvorstellung »den Laden auf Trab halten« zu müssen. Der Wunsch, sich selbst, ihr Personal und ihre Abteilung ordentlich in Schwung zu bringen, ist durchaus löblich. Problematisch wird es allerdings, wenn sie glaubt, das müsse immerfort geschehen.

Es kann nicht oft genug betont werden, wie wichtig eine erfolgreiche Zeiteinteilung für Ihr allgemeines Wohlbefinden ist, folglich zu lernen, welche Projekte aufgrund ihrer Priorität sofort bearbeitet werden müssen und welche noch warten können. Verschieben Sie solche Vorgänge, die weniger drängen. Akzeptieren Sie es außerdem, daß einiges möglicherweise sogar gänzlich unter den Tisch fällt. Es hat sich erfahrungsgemäß immer bewährt, bestimmten Problemen und Ereignissen eine geringere Priorität beizumessen. Vor allem dürfen Sie eines niemals vergessen: Sie müssen sich neben all Ihren Aktivitäten unbedingt auch Zeit für sich selbst und Ihre eigene Erholung gönnen!

Gesellschaftliche Veränderungen und Arbeitsbedingungen

Die Arbeitswissenschaft ist längst zu dem Ergebnis gekommen, daß äußerer Druck als Mittel zur Leistungssteigerung nur einen geringen Effekt hat. Die Frauen, deren Arbeit von hoher Qualität ist, sind diejenigen, die innerlich motiviert sind. Ihr eigener Wunsch nach Erfolg spornt sie zu ihrer überdurchschnittlichen Arbeitsleistung an.

Das Erreichen höherer Standards und die Aufrechterhaltung eines optimalen Produktivitätsniveaus am Arbeitsplatz sind zum großen Teil von einem Faktor abhängig: der Zufriedenheit mit dem Beruf. Frauen werden qualitativ höhere Arbeitsleistung erbringen können, wenn sie in Zukunft das Gefühl haben dürfen, mehr akzeptiert und finanziell besser belohnt zu werden, als dies in der Arbeitswelt derzeit noch der Fall ist. Die Arbeitgeber werden lernen müssen, daß es darauf ankommt, nicht nur Männer, sondern auch die Frauen in ihrem Selbstwertgefühl am Arbeitsplatz zu bestärken.

Eine der ersten Änderungen, die nun seitens der Unternehmen fällig sind, muß die sein, den Forderungen der Frauen nach gleichem Lohn für gleiche Arbeit mehr Beachtung zu schenken. Die Kluft der Gehaltsunterschiede zwischen Männern und Frauen muß endlich schrumpfen. Frauen brauchen ihre Leistungsfähigkeit nicht erst zu beweisen, sie haben ihre Fähigkeiten und ihre Eignung schon hinlänglich gezeigt. Es ist längst gerechtfertigt, sie auch endlich angemessen zu bezahlen.

Frauen bringen ein gleiches Maß an Energie und gutem Willen in ihren Arbeitsplatz ein wie Männer. Wird es allerdings seitens der Unternehmen versäumt, diese positive Grundhaltung anzuerkennen, werden die weiblichen Angestellten das Gefühl haben, ihre Bedürfnisse kämen gegenüber denen der männlichen Kollegen zu kurz, wodurch auch ihre Arbeitsleistungen und letztlich der Profit der Unternehmen entsprechend beeinflußt werden.

Fragen wie diese werden Frauen auch weiterhin an ihrem Arbeitsplatz beschäftigen. Solange der Punkt noch nicht erreicht ist, an dem

»Frauenprobleme« keine Probleme mehr sind, werden weibliche Arbeitnehmer und Unternehmen zusammen an deren Lösung arbeiten müssen. Auch wenn wir so weit noch nicht sind: Ich glaube fest daran, daß dieser Tag kommen wird.

Fazit

In der Einleitung zu diesem Kapitel wurden jene Frauen erwähnt, die an der Seite ihrer Männer auf den Feldern große Leistungen vollbrachten. Das tun Frauen aber auch heute noch, selbst wenn ihre Arbeitsfelder mittlerweile andere – übrigens gleichermaßen wichtige – geworden sind. Obwohl wir uns noch immer den unterschiedlichsten Problemen und Herausforderungen gegenübersehen, können wir Frauen inzwischen einige Früchte unserer mühevollen Arbeit davontragen.

Immer mehr Frauen sind berufstätig. Dieser Trend wird sich fortsetzen, allein schon aus wirtschaftlicher Notwendigkeit heraus. Es gibt aber auch noch einen anderen Typus von Frau, der heute mündig geworden ist. Dabei handelt es sich um jene, die nicht nur mit der Möglichkeit, sondern mit dem dezidierten *Wunsch* aufgewachsen sind, später berufstätig zu sein. Sie streben eine Karriere keineswegs nur wegen der finanziellen Absicherung an, sie sehen in einer Karriere vielmehr ein Ziel in sich, und zwar als eine Möglichkeit zur Selbstverwirklichung.

Frauen werden wohl den größten Teil ihres Lebens berufstätig sein. Dieses Buch soll Ihnen dabei helfen, die Jahre Ihrer Berufstätigkeit zu den schönsten Ihres Lebens zu machen. In die Tat umsetzen können diesen Traum allerdings nur Sie allein.

Als erstes müssen Sie umgehend damit beginnen, Ihre Arbeit als wesentlichen Bestandteil Ihres Lebens zu betrachten, der kurz- wie langfristiger Planungen bedarf. Zum zweiten müssen Sie Ihre Pläne in die Tat umsetzen – dabei könnten Ihnen einige meiner praktischen Ratschläge behilflich sein. Ihr schlimmster Feind ist nämlich der passive Fatalismus. Schließlich müssen Sie es lernen, die Gratwanderung zu bewältigen. Und genau darin wird wohl auch die wichtigste und schwierigste Herausforderung liegen, der Sie sich stellen müssen. Der Weg auf dieser Gratwanderung wird nämlich über unbekannte Teilstrecken führen, die voller unerwarteter Höhen und Tiefen, Kurven und Schlaglöcher sind. Trotzdem sollten Sie dieses permanente Ringen um eine optimale Abstimmung Ihrer Arbeit mit Ihrem persönlichen Privatleben eher als eine ständige Entdeckungsreise sehen, die letztlich sowohl die berufliche als auch die private Sphäre bereichern kann.

An der Spitze *ist* Platz, und das nötige Rüstzeug, um dorthin zu kommen, haben wir Frauen längst!